岁月有痕

难忘一刻

新的起点

思维碰撞

华师一家人

讲座一瞥

在北京师范大学讲学

在沈阳师范大学讲学

在湖南省长沙诺贝尔摇篮教育集团讲学

在湖北宜昌电视大学讲学

在广东省珠海北大附属学校讲学

在东北师范大学讲学

在河南省鹿邑教育局讲学

在吉林省教育学院讲学

在天津市大港油田中学讲学

名师工程

教研提升系列

小课题研究18解

徐世贵 吴中辉 著

西南大学出版社

SWUP

国家一级出版社 全国百佳图书出版单位

图书在版编目（CIP）数据

小课题研究18解 / 徐世贵，吴中辉著. — 重庆：西南大学出版社，2022.6

（名师工程）

ISBN 978-7-5697-1438-8

Ⅰ.①小… Ⅱ.①徐… ②吴… Ⅲ.①中小学-教学研究 Ⅳ.①G632.0

中国版本图书馆CIP数据核字（2022）第074861号

小课题研究18解

XIAO KETI YANJIU 18 JIE

徐世贵 吴中辉 著

责任编辑：牛振宇

责任校对：张 丽

出版发行：西南大学出版社（原西南师范大学出版社）

地址：重庆市北碚区天生路2号

邮编：400715 市场营销部电话：023-68868624

网址：http：//www.xdcbs.com

经　　销：新华书店

印　　刷：重庆升光电力印务有限公司

幅面尺寸：170mm×240mm

印　　张：18.5

插　　页：1

字　　数：323千字

版　　次：2022年6月 第1版

印　　次：2022年6月 第1次印刷

书　　号：ISBN 978-7-5697-1438-8

定　　价：68.00元

Preface 前言

为一线教师开启小课题研究的大门

有人当了10年教师，仍然停留在新入职教师的水平；而有人只当了一年教师，却能达到10年老教师的水平。这是为什么呢？原因很简单：成长比成功更重要。如果教师仅仅满足于获得经验，而不对经验进行深入研究，那么，即使有20年的教学经验，也只是一年工作的20次重复。如果对名师、名校长做一番研究，你会惊奇地发现，他们的成长、成名都与研究有密切关联，这不是一种巧合，而是一条必经之路——名师、名校长必须走的研究之路。

那么，教师怎样做研究呢？每每提到“研究”，许多教师总有惶恐感：研究！我们高攀不起，那都是专家学者的事，我们一线教师做不了的！果真如此吗？其实，不能走大路就走小路，不能做大课题，就做小课题。那么，教师怎样做小课题研究呢？摆在你面前的这本书就可以为你指点迷津。

本书有以下特点：

一是突破性。小课题研究是最近几年才异军突起的，面临许多需要回答的新问题，比如，小课题研究与“高、大、上”的规范研究是什么关系？小课题研究的内涵和特征是什么？高大上的规范研究有范式，那么小课题研究的范式是什么？小课题研究的方法有哪些？小课题研究的行动研究怎样落地？小课题研究与高校的教育科研有什么不同？本书都一一做了回答。

二是真实性。教育科研是一把“双刃剑”，做得好大有裨益，做不好则劳民伤财，给教师和学校增加不少负担。对此我们不能掩耳盗铃，自欺欺人。本书尊重科学，不哗众取宠，不绕圈子，敢于说真话，直陈小课题研究中的弊端和软肋，努力规避“假、大、空”的研究。

三是系统性。本书包括“小课题概念理解”“课题选题与立项”“方案设计与论证”“课题实施与方法”“中期检查与深化”“成果梳理与推广”几个方面的内容，共 4 篇 18 章，比较全面系统地介绍了教师做小课题研究的基本内容。教师做研究所需要的选题立项、方案设计、研究方法、成果梳理和推广，以及如何应对各种检查验收等，书中都有较翔实的说明和介绍。

四是通俗性。为了避免读起来有抽象枯燥、高深难懂之感，本书摒弃理论上的虚华和浮躁，采用朋友圈互动对话的表述方式。这种方式有以下两个优点：一是针对性更强，化难为易，直接回答教师感到困惑的问题；二是亲切自然，化繁为简，通俗易懂，教师容易接受。本书没有华丽的辞藻，语言朴实、通俗易懂，读者看得懂，用得上。

五是操作性。徐特立老先生说：“用与学的分离，是工作和学习双方的失败。”摒弃过于强调理论的构建与说教，本书做到了理论与实践、学习与应用相结合，重实际、重实践、重实效、重实用。书中引入了大量鲜活的典型事例、案例，能给教师很好的借鉴和启迪。本书力图把抽象的理论通俗化，力求把广泛存在的表述具体化，使理论可学，技术能用，方法有效。

探索世界的方式多种多样，归纳起来主要有两种：一种是发现外部世界，一种是发现自己。人生最大的遗憾莫过于始终没能利用自身潜能和特长去创造本能出现的奇迹。每个教师都是一支潜力股。世界上最公平的事，就是拿努力换结果。

有好书为伴，一路辛苦，一路欢歌，教师走研究之路，路会越走越宽广。

Preface 目录

基础篇

方法篇

基础篇

人心在哪里，舞台就在哪里；舞台在哪里，成就就在哪里；成就在哪里，幸福快乐就在哪里。

没有厚积就没有薄发，没有深入就没有浅出。火山爆发之所以壮丽强劲，是因为它聚集了巨大的能量。

第1章 教师走研究之路，路越走越宽

——高度重视小课题研究

科研是教师专业成长和学校发展的原动力和生长点，也是给教师和学校带来生机与活力的重要因素。如果教师走上研究之路，边工作边研究，路会越走越宽，专业成长也就不仅有了宽度，而且有了深度。一言以蔽之，科研能兴师，也能兴校。为此我们在这里与广大的教育同仁和专家一起来讨论交流“如何有效开展教育科研”的问题。

以什么样的方式来讨论交流更好呢？通常情况下，很多科研专著的内容涉及许多原理和概念，读起来晦涩难懂，枯燥无味。所以，这次写作我想采用朋友圈互动对话的表述方式。这样的方式主要有以下好处：一是针对性更强，化难为易，直接回答教师的问题，解决教师的科研难题；二是亲切自然，化繁为简，通俗易懂，教师更容易接受。当然，这也是一种新尝试，希望能得到教师的青睐和支持。

上善若水：老师，非常荣幸能与您近距离交流教师教育科研这个热门话题。是什么原因促使你们来写这本书的呢？

生命如歌：这与我的研究经历有关系。从辽宁本溪满族自治县教师进修学校调到北京华师教育科技研究院后，我不仅自己做教学科研工作，还指导教师做研究。在此期间，我获得多项国家、省、市级优秀教科研成果，还出版了《中小学教师教育科研》《教师怎样做小课题研究——高效助力教师专业化成长》《做个研究型教师——微课题研究实施指南》等专门研究教育科研的专著。经过多年的教学，无论是在实践层面，还是在理论层面，我都有了很多新的研究和思考，而且，这些年来，我也收到了很多一线教师提出的教科研问题。

实质上，探讨“教师怎样做小课题研究”，就是探讨教师怎样做教育科研。我们首先需要了解什么是教育科研，再来探讨小课题研究的相关问题。

一、正确看待教育科研

一路春风：有这样一个情况，有人轻视教育科研，认为教育科研都是在做无用功，劳民伤财；有人却把教育科研说得神乎其神，过分夸大其作用。那么，我们到底应该怎样正确看待教育科研的功能和作用呢？中小学教师该不该做教育科研工作？怎样才能更好地开展教育科研呢？

生命如歌：你提了一个很常见但是十分重要的问题。我们喜欢直来直去，不喜欢绕圈子，更不喜欢说假话，尤其是关于学术科研问题。我们认为真正做教育研究的人应该敢于说真话。其实，教育科研是一把“双刃剑”，做好了才有用，做得不好真的是劳民伤财，给教师和学校都增加不少负担。对此，我们不能掩耳盗铃，自欺欺人。

一路春风：您觉得目前教育科研中存在的主要问题是什么？

生命如歌：毋庸置疑，多年来，教育科研的成绩是有目共睹的，教育科研在科研兴师、科研兴校、深化教育教学改革等方面都发挥了重大作用，但教育科研的实效性也一直受到拷问。课题越研究越大，问题越研究越难，课题级别越申报越高，文章越写越空，研究成果离实践越来越远，科研的信度越来越离谱，在课题研究如火如荼的“繁荣”背后其实隐藏着许多“泡沫”。

当前，课题研究存在“八多八少”的现象，即申报课题的多，能够深入研究的少；挂名“坐车”的多，实际做研究的少；评估检查时汇报的多，平时落实的少；“装门面”“赶新潮”的多，能够联系实际的少；急功近利、求短期效应的多，能够持之以恒的少；应付上级要求的多，能够解决实际问题的少；研究成果评比奖励的多，推广运用的少；论文著作发表出版的多，阅读应用的少。总的来说，教育科研的现状不容乐观。

桑榆未晚：我也感觉到目前教师申报的多是“假、大、空”的课题，要么研究的问题与教学无关，要么研究的成果重复且无用，不能解决教育教学的实际问题。

生命如歌：“空谈误国，实干兴邦。”我一直认为中小学的教育科研与自然科学研究、高校或专业研究机构的科研不同，一线教师应尽可能不做纯学术理论的研究。中小学一线教师的精力有限，首要任务是把课上好、把班管好，所以他们更适合做小课题研究、行动研究和叙事研究。如王殿军教授所说：“对中小学教师而言，完全可以做到教学和教科研‘鱼与熊掌’兼得，二者相得益彰。中小学教师应该从教育教学中的‘小问题’入手，通过教科研工作的推动，努力让自己成为研究型教师。”

桑榆未晚： 老师，我知道您小时候的家境不好，生下来就挨饿；也不是名牌大学毕业，只有中专文凭。您既没有显赫的家庭背景，也没有令人羡慕的高学历，但您却成长为一名特级教师，获得多项国家级和省级优秀教科研成果奖，出版70多部教育专著，还经常被邀请到全国各地讲学。您的成功秘诀是什么呢？

生命如歌： 一路辛苦，一路欢歌。如果非要说有秘诀的话，那就得感谢教育科研了。我的成长始终伴随着教育科研，是教育科研让我发现了自己的兴趣，开发了自己的潜能，是教育科研引领了我的专业成长，激发了我的工作热情，让我体会到了奋斗的快乐。

二、小课题研究的功能

春华秋实： 听您这样一说，我也对教育科研有了兴趣和信心。根据您的经历和体会，您认为一线教师做课题研究到底有什么意义？

生命如歌： 教师做课题研究可谓获益良多，我认为主要有以下四点。

一是提高了工作效率。

两眼一睁，忙到熄灯。相当多的教师每天忙忙碌碌，从满头黑发忙到两鬓斑白，日复一日，年复一年，废寝忘食，夜以继日，就这样一辈子过去了，最后徒留感慨：时间都去哪儿了？为何如此忙碌？忙碌有所获吗？他们看似勤奋，实则苦干有余，巧干不足。那么怎样改变这种现状呢？我想我们需要在忙碌的时间里加入“研究”这个因素。面对忙碌的现实，我们需要思考。唯有研究才能改变，唯有改变才有效率。说到改变，我想跟大家分享一个故事。

南京师范大学附属小学的贲友林老师在《做一个不忙碌的老师》一文中说：“前段时间，办公室的同事很好奇地问我：‘怎么看不到你改试卷？’我说：‘改完了。’他们非常纳闷：‘没看到你改啊？’我告诉他们，平常教学过程中的形成性测试，我们班‘考、评、改’一气呵成。具体操作如下：一场考试时间若是80分钟，我会提前10到20分钟结束考试，由学生提出考卷上需要评讲的题目，然后组织全班学生分析、讨论，对于试卷上那些全班学生都觉得不需要评讲的题目，则快速核对答案，同时同桌间交换试卷互批。之后，我收齐试卷，统计学生的错题，就错误率高的题目再组织研讨。最后，把试卷发给学生，让学生订正，然后面批。如此一来，同事在办公室里就看不到我埋头于试卷堆了。”

“再想想我们以往是怎么操作的呢？‘考试—批改—评讲—订正—再批改’，虽然工作程序井然，但教师工作量大，费时费力。而我那‘偷懒’的做法，效果却比传统‘勤劳’的做法要好。考完就评讲，学生听得特别专注。订正后的面批更具有针对性。改变，源于思考。思考，又带给我们改变的动力与方向。”

春华秋实：贲友林老师的做法和体会太值得我们思考了。

生命如歌：从贲友林老师的做法和体会中，其他老师能感悟到：他有很强的研究意识，这种研究意识促使他改变了自己的工作现状，节省了时间，提高了工作效率。

因此，教师应该增强研究意识，在勤奋工作的同时也应腾出点时间思考：我平时勤奋工作到底是否有效？哪些工作是有效的？哪些是在做无用功？怎样去改进？这样才能变蛮干为巧干，变低效为高效，变被动为主动。只有像贲友林老师那样走研究之路，才能摆脱工作中的许多困境，提高工作效率。

二是助推专业成长。

有人当了 10 年教师仍然停留在新入职教师的水平，而有人只当了一年教师，却能达到 10 年老教师的水平。这是为什么呢？其实原因很简单，进步迅速的教师都重视学习和研究。教师进行课题研究与专业成长不仅要求宽度，还要求深度。宽度可以理解为大量的阅读，深度就是在课题研究上有所突破。教师的课题研究如果面面俱到、平均用力，就很难有所突破。就像锋利的刀刃，只有看准一个地方下功夫，才能劈开一条道；我们面对难点问题时，只有把时间、精力、方法等集中于一点，才能有所突破。其实，不管在哪一个领域，只要肯花时间持续不断地阅读、学习和研究，就可以具备高于这一领域平均水平的知识。课题研究也是如此，也需要经历集中力量深挖一口井的过程。

有的教师专业成长缓慢，总在原地打转，一个重要原因就是不能有效地进行课题研究。课题研究就是深挖一口井，一个教师想做到短期速成，就必须目标专一。

我一直认为，每个教师都是一支潜力股，都蕴藏着巨大的发展潜能，但这潜能需要教师用“自主成长力”去努力开发。课题研究能为教师的专业成长助力，可以让教师把别人的智慧借过来，把看懂的东西用起来，把困惑的问题摆出来，把研究的成果写出来，把成功的经验传出去。

三是增加工作情趣。

人生最开心的事莫过于做自己喜欢做的事，按照自己理想的生活方式活着，读自己喜欢的书，说自己想说的话，去自己喜欢去的地方，体验自己喜欢的生活。身为教师，也应该为自己的人生增加更多快乐因素。教育科研能给教师的工作增加更多情趣，让教师带着快乐去工作，让教师的生命精彩纷呈。

亚里士多德说，生命的本质在于追求快乐，获得快乐的途径有两条：第一，发现使你快乐的时光，增加它；第二，发现使你不快乐的时光，减少它。教师追求快乐的途径就是把工作当成实现自我价值的事业，把工作当作愉快的带薪学习，而不仅仅是在为校长工作，为赚钱工作。从事一项工作，不如喜欢这项工作；喜欢这项工作，不如享受这项工作。

有人曾经问一位科学界泰斗：“您的事业和家庭都如此美满，请问您是如何配比的？”这位科学家回答：“我用 100% 的时间工作，我用 100% 的时间生活。”有一个社会学家给出了幸福的定义：幸福就是做自己喜欢的事儿，顺便养活了自己。这些人生信念启示我们：科学求索世界，躬行历练人生。聪明的教师懂得把有意义的工作与有趣的生活结合起来，平衡事业与生活也是一种生存的艺术。将个人兴趣和自己的工作结合在一起，就能把有意义的事情变得有意思，把有意思的事情变得有意义。兴趣会使你在工作时充满活力，工作将不会那么辛苦和单调。因此，教师应该学会从研究中找寻生活的快乐。

我认为人生要有两个情人，一是爱人，二是事业。“工作虐我千百遍，我待工作如初恋。”从事一项工作，不如喜欢这项工作；喜欢这项工作，不如享受这项工作。人生最好的状态不过健康地活着，合理地忙着，潇洒地玩着，充实地过着，开心地聚着。美国的一家权威研究所曾经对 1500 人进行了长达 20 年的调查，研究“积累财富的方法”。调查发现，1500 人中有 1245 人是以金钱为首要考虑因素去选择职业，剩下的 255 人则是以自己的兴趣为首要考虑因素，选择自己想从事的职业。20 年后，在被调查的 1500 人中，有 101 人成了亿万富翁。而不得不提的是，在以金钱为首要考虑因素的 1245 人当中，只有 1 人成了亿万富翁，剩下的 100 个亿万富翁都是那些选择自己喜欢的工作的人。

可见，一个人在事业上取得成就的大小和兴趣是有很大关系的。如果你一直做自己喜欢做的事，你的内心便会充满愉悦和快乐。所以，千万别逼迫自己去做不喜欢的事，否则容易事倍功半。去寻找自己喜欢的事吧，做自己喜欢的事，你更容易靠近成功。

四是走向名师必由之路。

如果用心对名师、名校长做一番研究，你会惊奇地发现他们的成长、成名都与教育研究工作有密切关联，这不是一种偶然的巧合，这说明教育研究是一条可行之路——名师、名校长必须走的研究之路。

每个教师都有可能成为名师。创造学认为，世界有许多种发现，但归纳起来只有两种：一种是发现外部世界，一种是发现自我。无论是发现外部世界，还是发现自我，都要靠学习研究。创造学还认为，每个健全的人都有巨大的发展潜能。人生最大的遗憾，莫过于始终没能利用自身潜能和特长去创造本可以出现的奇迹。而一个人要想利用自身潜能和特长去创造本可以出现的奇迹也要靠学习研究。同样道理。一个教师在教育职场不甘于平庸，不甘于埋没自己的智慧和才华，而要有所作为，就必须投身于研究，从一个“教书匠”转变为研究型教师，再从研究型教师成长为名师。

真正的名师是通过自我培养成长起来的。越是民族的，越是世界的，越是个性的，越是大众的。个性是人最有价值的一部分，人最精彩的东西在个性里边，人的创造力在个性里边。天生我材必有用，这个“有用”是建立在寻找自己的独一无二，即属于自己、区别于别人的个性的东西的基础之上的。你发现了自己的个性，也就找到了你自己；你找到了你自己，也就找到了成功。那么，教师怎样通过开发自己的个性走向名师呢？做研究是必经之路。

三、怎样看待教科研的难度

桑榆未晚：老师，听您这样讲，我真正感到做课题研究对教师的专业成长至关重要，但是每每谈到课题研究，我们总有一种高不可攀的感觉，觉得课题研究是专家的事。

生命如歌：的确，每每说到课题研究，很多一线教师都感觉高不可攀，他们想做研究，但是无从下手。这是因为他们主要存在以下几种心理障碍：一是对科研缺乏了解，有恐惧感；二是不感兴趣，觉得研究总是与抽象枯燥、神秘深奥相联系；三是没时间，日常的教育教学工作已经足够繁重，哪里还有空余时间做研究呢？

果真如此吗？其实不然，如果教师对课题研究进行一番了解，会发现研究既不像他们想象中的那么神秘深奥，也没有那么抽象枯燥，关键在于能不能用心钻研。

对于课题研究，我也有过“恐惧”，甚至误认为那是专家们的事情，与我们普通教师相距甚远。直至看到一位又一位同事的课题不仅结了题，还因此获奖，我也开始跃跃欲试。通过教科室老师的培训和指导，我觉得课题研究不再是冷漠高深的模样，而是逐渐变得亲切起来，不再那么遥不可及、神秘莫测。我也才明白，原来研究是有章可循的，只需循序渐进，按章办事，就能攀上课题研究的高峰。

我研究的课题是“数学课堂失语的成因与对策”。以前，数学课常常是我在唱“独角戏”，我讲得口干舌燥，学生们学得无精打采，举手和发言的学生很少，课堂效率自然也不高。为此，我非常苦恼。开展课题研究后，我对初一到初三的学生进行抽样调查，了解他们课堂失语的原因。找到原因后，我如同饥饿的孩子，又找到大量的课堂失语方面的文章，深入地研读，积极寻找解决问题的对策。同时，我还进行了自我反思，思考是什么原因让学生在我的课堂上失语，以及我该怎么做才能打开他们的话匣子。

近一年来，我写了《数学课堂失语的成因与对策》与《学生课堂失语师之过》两篇论文，开展“数学课堂失语的成因与对策”讲座一次。前后与百余名学生谈心，了解他们内心的真实想法，逐渐消减了师生间的隔阂。

我坚决摒弃老套的“一言堂”教法，采取小组合作交流、探究启发式教学。如今，学生们都能够积极参与小组合作讨论；汇报交流时 80% 以上的学生勇于积极举手发言，而且仪态大方、声音洪亮。课堂气氛真正活跃起来了，课堂效率大大提高，班级成绩也得到整体提升。

从上面孙小林老师的亲身经历可以看出，课题研究并不可怕，也并不是大多数教师认为的那样高不可攀。

回顾我做科研的经历，我从没学过怎么做课题研究。什么课题选题，什么研究背景、课题界定、理论假设，我根本就搞不懂是什么意思。我从一点一滴学习积累做起，边学习，边研究。我不仅自己学会了做研究，当上了主管科研的副校长，出版了《中小学教师教育科研》等几部专门研究教育科研的专著，还能组织指导学校教师做研究。我虽然只有中专文凭，可是经过 30 多年的努力，我在专业职称上实现三级跳：评中学一级破一格，评中学高级破一格，而后又被评为辽宁省特级教师、首批正高级教师。如今，我已经是北京华师教育研究院的特聘专家，东北师范大学、沈阳师范大学等几所高校的兼职教授，辽宁省校长培训特聘专家。

另外，对“难”的工作也应辩证地看待。古人说：“天下事有难易乎？为之，则难者亦易矣；不为，则易者亦难矣。”从平凡到卓越没有不可逾越的鸿沟，当年中国工农红军在井冈山的力量实在太微弱了，就那么几个人，几条枪，有多少人相信他们能成功呢？毛泽东相信！他说，星星之火可以燎原。于是，中国共产党从平凡走向卓越。天下没有比人更高的山，也没有比脚更长的路，课题研究并不是“高不可攀”的，要相信，所有的持之以恒都将得到回报。

四、为什么有的教科研不成功

上善若水：您的这番话打消了我的一些顾虑，让我们知道课题研究真的不是想象中的那样高不可攀。

生命如歌：以上分析是为了鼓励大家去做科研，打消大家对课题研究“高不可攀”的顾虑。但是从哲学角度来看，我们要辩证地看待事物，对待科研不能掉以轻心。就像毛主席说的那样，“在战略上藐视敌人，在战术上要重视敌人”。所以，在这里我也要给大家泼点冷水。

我想直白地告诉大家：没有多年的积累，教育科研是不可能取得重大成果的。人们总是容易看到别人成功、顺境的一面，其实，掌声、鲜花往往伴随着艰辛、汗水、曲折、失败……研究一定要经历一个艰苦奋斗的过程。一蹴而就那是梦，不是实际。

上善若水：老师，根据您的经验，教师做教育科研不成功的原因主要有哪些呢？

生命如歌：为什么有的教师做教育科研不成功？原因是多方面的，但我认为主要与下面几种因素有关。

一是科研认识不足。有的教师对科研的性质和难度认识不足，认为科研工作很简单，于是，在从来没有受过培训的情况下，单凭一时的热情去做研究。深入研究后才发现，原来科研并不像自己想象的那样简单。他们在碰到钉子以后，或浅尝辄止，草草收兵，或七拼八凑他人的成果“交差”，或者干脆放弃研究。

二是缺乏科学规范。因为缺少科研方法和经验，在研究过程中，有的教师不讲规范、不讲逻辑，主观臆断，从选题确立到方案设计，从研究方法到具体实施，从材料收集到报告撰写，都不清楚应该怎样做，导致研究不到位，研究成果出不来，研究效果堪忧。

三是不愿做有效研究。有些教师急功近利，将教育科研作为晋职评优的敲门砖，为研究而研究；也有的教师静不下心来，贪多求快，总是期望教育科研能取得立竿见影的成果；还有些教师迷失了自己的专业发展方向，看到什么热门就研究什么，朝三暮四，大课题小课题忙得不亦乐乎，结果是只见文章发表，不见教学行为优化，教学质量得不到提高。

四是盲目追求高深研究。有的学校不考虑教师的科研素质和能力，盲目要求教师简单机械地套用自然科学的研究方法去做“高、大、上”的规范性教育科研，是不科学的。这不仅人为增加了教师研究工作的难度，还让他们陷入烦琐的数据统计工作之中。尤其是让一些科研能力低的教师做严密的“高、大、上”研究，为做研究而研究，越研究越理论化，越研究越专业化，越研究越窄越高深，越研究越神秘化。其结果可能事与愿违。

五是管理指导不到位。对于教师做研究，只有号召，没有具体措施和要求，或只要求教师去做研究，却没有指导教师做研究的具体方法，帮助他们解决其中遇到的具体困难。这样让教师如何取得有效的科研成果呢？

六是为利益而科研。有的教师从教多年以来一直“被迫研究”，如为了职称晋级、评优而去申报课题，并不是真心热爱做研究。这样的研究的初衷真是大错特错，因为：首先，研究是一个积累的过程，是教师工作成果的升华；其次，应为了实现专业成长目标而进行研究，有了研究才有成长，有了成长才会获得快乐，我们应该追求更快乐、更有价值的人生。

五、执着比方法更重要

上善若水：我明白了，做科研要想取得预期的成果，关键在于两个因素，一是研究方法与能力，二是研究的执着精神。

生命如歌：是的，天道酬勤，亦酬执着。做研究一靠方法，二靠执着。而且我认为，执着比方法更重要。为什么做课题研究的教师很多，真正见成果的却是凤毛麟角？这是因为很大一部分教师在做研究时浅尝辄止，中途退出了；还有一部分教师虽然勉强坚持下来了，但研究成果并不理想。其成果尽管受到方法与能力等因素的影响，但主要还是取决于其是否有为科研孜孜以求的精神。世界上最公平的事，就是拿努力换结果。越努力，越幸运。

上善若水：那么，您认为做科研需要哪些执着精神呢？

生命如歌：教师做课题研究应该记住下面几个关键词：专业情怀、瞄准目标、耐得住寂寞、不惧挫折、成功强化。

（一）专业情怀，培养志趣

课题研究是从功利出发，还是从人生理想追求出发，结果与效果是截然不同的。如果只是为了急功近利的评职称评优评先做研究，是做不好研究的；如果是为了提升自己，把工作做得更好而做研究，就比较容易成功。教育科研的专业情怀尤为重要。

如果你能把课题研究作为一种志趣，即将个人兴趣和课题研究结合在一起，就能把有意义的课题研究变成有意思的事情，又能把有意思的事情变得有意义。这是一种生活智慧，因为课题研究的兴趣会使你内心充实，充满活力，使教育教学不那么辛苦和单调，也让你的生活变得更加快乐、幸福。

（二）瞄准目标，审慎专一

当用放大镜把太阳光聚焦于一个点上时，阳光的热量集聚在这个点上，并使被照物燃烧起来。教师做课题研究也是一样，只有冷静、审慎、专一，才能成功。

一个人一辈子围绕一件事转，全世界围绕你转；一个人一辈子围绕全世界转，全世界最终会抛弃你。围绕一件事转，把一件事做好做精，证明你是一流的，独一无二的，你是最好的，你是伟大的。这容易使你获得成功。明确目标就要全神贯注，聚焦于一个点才是硬道理。一个人什么都想要，最后反而什么都得不到。方向比努力重要，目标比勤奋有效。人生最重要的不是努力，而是方向。

教师做课题研究最忌“这山望着那山高”，喜新厌旧，动辄“移情别恋”。做课题研究要目标专一，目标确定以后，就要“咬定青山不放松”，不达目的不罢休。做小课题研究一定要坚持一个正确的研究方向，一定要养成长期关注一件事情的习惯。如此，研究才会有深度。

（三）耐得住寂寞，经得起诱惑

当代哲学家、作家周国平认为，人们往往把社交看成一种能力，恰恰忽略了独处也是一种能力，而且在一定意义上而言，独处是比社交更为重要的能力。反过来说，耐不住寂寞，不会享受孤独，也未尝不是一种很严重的缺陷。独处是人生中美好的体验，耐得住寂寞，经得起诱惑，才有另一种充实。

要出奇，先入迷，要成功，先发疯，不疯魔不成活。因为做科研我也入过迷，发过疯。爱因斯坦说：“人的差异产生在业余时间里。”我不是一个智商很高的人，如果说我有什么特别之处，那就是比较用功，再就是有独立思考的习惯。30 年来我很少休过节假日。我是“五不”：不会喝酒、不会玩麻将、不会吸烟、不会跳舞、不善交往。我把大部分的业余时间用于读书、学习、实验、创作。我自费订阅了十几种刊物，通过剪贴、抄写，积累各种教学资料卡片几十本，达几百万字。读书学习已成为我生活和生命中不可缺少的一部分。

梁实秋先生在《寂寞》一文中写道：“寂寞是一种清福。”事实上也的确如此，因为人只有在孤独的时候，才能够透过思想和经历意识到自己的存在。这其实就是一种境界。此时，你可以跳出红尘，“与自己对话”“与古人同游”；“在寂寞时会感到自己渺小，也正是这种渺小的感觉，才是自己存在的明证”。

成功都是逼出来的。人都有惰性，你不逼自己一把，都不知道自己到底有多优秀。教师在小课题研究中遇到困难时也有必要逼自己一把，有压力才有动力。鸡蛋，从外打破了是食物，从内打破了是生命；人，从外打破的是压力，从内打破的是成长。退一步，山穷水尽；逼一把，柳暗花明。

（四）不惧挫折，持之以恒

做科研需要持之以恒，既然选择做科研，就要做好吃苦和长期作战的思想准备。有一幅漫画《挖井》，挖井人已经挖了五口井，却每次都在马上就要见到水的时候放弃了，结果一无所获。一些教师做研究就像这个挖井人一样，并不是不知道如何去挖一口井，而是在贪婪和浮躁的驱动下，总以为下一口井才更容易挖到水，于是不停地去寻找捷径，不停地错失一口又一口只要坚持挖就可以见到水的井。虎头蛇尾，浅尝辄止，研究如何能取得成功？做研究就像挖井一样，没有持之以恒的钉子精神是绝不会获得成功的。

世界上有两种人：一种人是成功者，他们面对一个困难和问题有一万种解决办法；一种人是失败者，他们面对一个困难和问题有一万种逃脱的理由。做小课题研究若是经不住困难、挫折和失败，是做不好的。

记得在辽宁教育学院学习时，我开始迷恋写论文。有一次，我将一篇自认为写得不错的论文交给一位老师看，期待着得到鼓励和赞扬。然而，老师看完论文后并没有赞扬我，甚至连评价都没有，只告诉我“要好好打基础”。从他的表情中，我知道这篇论文写得不怎么样。

经历这次挫折，我并没有气馁，也没有放弃，仍旧坚持写下去。20年后，这位老师再次看到我写的论文，感到十分惊讶。现在大家看到的是我发表了很多文章，出版了70多本专著，获得过一些科研成果。但在这成功的背后，我也经历过无数次的挫折和失败。

受不了委屈就做不了大事。教师做课题研究一定会出现“三多”现象，即困难多、闲话多、挫折多，只有闯过“三多”才能到达成功的彼岸。特级教师张富对这一点深有体会，他说：“教改不能指望一蹴而就，要作长期打算，当效果暂时不明显时，要坚持下去，不能半途而废。我从1960年开始，就向报刊投寄教改文章，10多年时间寄出了几十篇，只登出过短短的几百字，但我没有放弃，一直坚持实验，深入想，认真写，直到1980年，写文章的第20个年头，才正式发表了阐述观点的教改论文，此后便一发不可收。”

（五）成功强化，充满激情

都说失败是成功之母，其实成功更是成功之母。努力和奋斗的动力来源于对荣誉和成功的渴望，因此成功最能激发和强化一个人努力和奋斗的动力。我从开始发表一篇篇小文章获得成功，到后来发表稍长一点的文章成功，再到出版教育专著成功，就是成功不断强化的结果。

教师在做小课题研究时切记不要盲干。一方面要注意经常反思，总结经验教训；另一方面还要学会“借力”，读好书，交高人。一个人能走多远，看他与谁同行；一个人有多优秀，看他有什么人指点；一个人有多成功，看他与什么人相伴。多向专家名师请教，就能少走弯路。有了一次次小的成功，之后拾级而上会更有信心，从而逐步向大的成功迈进。

海尔集团董事局主席张瑞敏说：“坚持把简单的事情做好就是不简单，坚持把平凡的事情做好就是不平凡。所谓成功与伟大，就是在平凡中做出不平凡的坚持！”简单的招数做到极致，就是绝招！科研的道路上并不拥挤，只是坚持的人太少太少，成功贵在坚持，难在坚持，成在坚持。做科研是一件意义非凡的事情，值得教师用一生的时间去努力，让自己奋斗的足迹成为最值得欣赏的风景。

春华秋实：“听君一席话，胜读十年书。”今天的交流给我带来的收获太大了，让我们这些教师不仅对教科研有了更详细的了解，同时还增强了做科研的兴趣和信心。我们一定会努力的。谢谢您！

第2章 怎样理解小课题研究的内涵和特征

——小课题研究概念的诠释

什么是科研活动？就是借助教育理论和经验，以日常教育教学活动为依托，有目的、有计划地探索教育规律的活动。不能走大路，就走小路。小课题研究是近些年来中小学异军突起的一种教育科研方式，备受一线教师青睐和欢迎。那么，什么是小课题研究？小课题研究的基本特征是什么？教师怎样有效开展小课题研究？今天我们来聊聊这个话题。

一、小课题研究的界定

一路春风：老师，在教科研领域，小课题研究可谓是耳熟能详，那么，什么是小课题研究？它的内涵和基本特征是什么？

生命如歌：小课题研究，有时也称为微课题研究，就是教师在自己的教育、教学实践中选择微小的问题为课题，并运用教育科研方法，在较短的时间内进行研究，从而发现教育教学规律的一种研究。“小课题”研究是相对“大课题”研究提出来的，即一种“草根式”的小型化研究，是一种自下而上、土生土长、具有乡土气息的研究。具体可参考以下案例。

如何调动起学生提问

顾忠福老师任教六年级语文，最近为班上的学生不愿发言而大伤脑筋。的确，那样的课堂常常如“无人之境”。（发现问题与困惑）

经过一番思考，顾老师认为这可能是因为课堂时间紧，发言机会少，导致一部分学生的积极性被挫伤。（分析问题）

于是，顾老师根据《中国青年报》文章的启示，尝试让学生“站起来就说”（查找资料）。为此，他对本班学生做了一个征求意见调查，54%的支持率让他颇感欣慰。

然而真正实施起来，竟无一人主动站起来回答问题。（研究尝试）

在征求部分学生意见的基础上，顾老师感到光凭“激励”还不行，还得

“强迫”，于是他又公布了一项新规定：“每周每个学生在语文课上主动发言不少于两次；凡少于两次的学生必须当众唱歌，必要时还得‘请家长’……逐周累计发言次数，奖励前三名。”（反复研究）此举效果显著，课堂气氛随即“活跃”。

然而，顾老师很快发现：少数同学是前半周看热闹，后半周胡乱找几个问题应付了事。针对这种情况，顾老师采取了“要点提问法”“即时提问法”，对那些一堂课上一次都没主动发言以及心不在焉的学生突然提问。（再次反复研究）

伴随着这样的“软硬兼施”，学生们的强迫感日渐消失，慢慢习惯了“站起来就说”的形式。（说明效果）

大课题研究与小课题研究的区别是显然的，但它们之间又是相互联系的：通过小课题研究培养教师进行大课题研究的能力，为进行大课题研究做准备；而大课题研究也都可以细分成许多小课题研究，通过小课题研究把大课题研究具体化。小课题研究因小而专，因专而精，因精而实。

下面是大课题研究与小课题研究的对比表，我们可从中加以区别。

表 1　大课题研究与小课题研究的比较

类别	选题	管理	方法	投入	结果
大课题研究	偏重宏观重大问题	受制于上级科研部门，严管立项、研究、结题验收	以实验、观察、调查、文献等方法为主	投入的人力、精力、财力较大	结题报告及相关资料
小课题研究	偏重教育教学的微观实际问题	在学校帮助下教师自主确定研究内容、时间、方法、进度	以边工作、边学习、边研究的行动研究为主	投入的时间、精力、财力相对少一些	教育教学案例、教学模式总结、教育教学经验小论文等

注意：小课题研究降低了课题研究的难度，适当缩小了研究范围。但这并不意味着小课题研究随随便便就能取得成果。既然是一种研究，就一定需要付出努力和有创新突破。任何有价值的研究都不是轻而易举就能做到的。

二、小课题研究的基本特征

一路春风： 我明白了，大课题研究与小课题研究的区别是相对的。小课题研究的范围相对要小，难度相对低，用时相对较少。那么，老师，请问小课题研究的基本特征是什么？

生命如歌：小课题研究主要有以下几个特点：

1.微小——切口较小，内容简单

所谓“小”，即小巧，是小问题、小环节、小项目之意。对此，我们可以从以下三个方面来理解：一是研究范围切口小、周期短，研究容易上手。研究的切入点可以是教学内容中的某一章节或某个专题，也可以是教育教学中存在的个别现象、案例或特殊问题等。二是研究成果的呈现方式简而小，可以是一篇有特色的经验总结、一节教学模式的展示课、一个优秀的教学设计、一篇教学论文等，也可以是研究小报告、访谈记录、调查问卷及报告、学生作品等，还可以是音像作品、课件、图表或教具等。三是规模小，研究涉及的范围小、人员少、时间短，在日常教学实践中进行研究，不需要额外的精力或金钱投入。

比如，“关于培养学生良好习惯”这个选题，需要研究的内容太多了，怎样选题？全国优秀班主任董大方老师只选择了“班级自我管理标准化程序”进行研究，收到了很好的效果。她说：“为了培养学生良好的习惯，我尝试了很多方法，效果都不太好。后来，我看到一本书上有这样一段论述：‘科学管理就是把复杂的问题简单化；把简单的问题可操作化；把可操作化的问题量化、数字化；把量化、数字化的问题可考评化；把可考评化的问题程序化。’于是，我尝试这种管理方法，该方法从学生早上进学校到晚上睡觉前都规定了一定的自我管理程序。我把程序表打印出来发给学生，教育他们严格地按程序进行自我管理。该程序具有很强的操作性，把纷繁复杂的内容做得简单而具体，让学生目标明确，因此，学生也就更容易养成好习惯。”

2.灵活——自由选择，自主性强

所谓“灵活”，可以从三个方面理解：一是选题立项灵活。小课题研究本质上是一种个人研究行为，小课题可以申报立项，也可以不申报立项，提倡一种“教学即研究，教师即研究者，成果即成长”的理念。二是研究内容和时间灵活。对于小课题研究什么、什么时候研究、怎么研究，教师可以“我的事，我做主”，不一定事事都要科研管理部门批准。三是组织形式灵活。小课题研究可以由个人承担研究项目，单独开展研究，也可以成立两人以上的小组共同研究，还可以以教研组、备课组、年级组、教学班为单位组建微型课题组，开展研究工作。小课题研究人人都可以做，时时处处都可以进行，教师的小课题研究可以在兴趣中播下种子，在实施中开花，在辛勤努力下结出硕果。

辽宁省本溪县草河城中心校车新老师说，他确定“提升小学低年级学生写字质量的研究”这一选题，完全是出于个人爱好。他懂一些书法常识，平时喜欢写行书，可是他的学生是二年级的小孩子，怎么引导学生写好铅笔字、让学生乐于练字、让班级有书法氛围呢？书法指导要从楷书和铅笔字开始，可学生能听懂书法的一些生僻术语吗？他想到了社会上的辅导班，于是找到本溪市书法协会主席子墨老师对其进行指导。接着，他又到本溪市青少年宫听了高乐老师的幼儿铅笔字辅导课。通过借助外力和自己的一番研究，车新老师形成了自己的书法教学风格，总结出一个书法指导、兴趣培养的成功模式。

3.真实——从实践中来，为实践服务

所谓“真实”，即实在、实用、扎实。小课题研究是教师个体的研究，是教师“面对真问题，开展真研究，获得真成长”的研究，如特级教师董大方选择的小课题研究——“‘低起点，小步走，多活动，快反馈’转变后进生的研究”。

初一下学期，我们班转来一个富商的儿子。他学习成绩不好，人也很散漫。观察他一段时间后，我发现他是一个很聪明的孩子，就是学习不够努力，没有养成良好的学习习惯。

期中考试后，我找他谈话，帮助他分析期中考试成绩，并且问他关于提高成绩有什么计划。他说：“我太笨，学习不行。学习好的人都是特别聪明的。”我说了三个成绩略高于他的学生的名字，问他：“这几个同学学习怎样？”他回答：“不好。”我问：“你追上他们有困难吗？”他笑着说：“太容易了，他们不比我强多少，每科只是高出我几分。”我告诉他：“你的目标就是追上他们，他们怎样学你就怎样学。”他信心满满地答应了。

期末考试的成绩证明，他真的追上了他们。成绩出来后，他对我说：“老师，我说话算数吧？”以后每隔一段时间，我都给他定一个可追赶的目标，这些他要追赶的学生的成绩与他相当，只是比他略高一点。我告诉他：“要追上他们，就要了解他们，了解他们是如何学习的，了解他们是如何思考的，了解他们是如何战胜困难的。”他每次都爽快地答应，并且斗志满满地行动起来。为了追赶别人，他常常主动与追赶的对象研究问题，学习别人的学习方法和学习态度，取他人之长补己之短，如此一来，他便找到了适合自己的学习方法，进步很快，并且养成了良好的学习习惯。升入初三时，他已经成为班级的优秀学生了。

董大方老师的这个做法是利用小目标激励学生。她根据后进生的特点，把目标分解，采取“低起点，小步走，多活动，快反馈”的方法鼓励学生。董大方老师运用此方法转变后进生，取得了较好的成效。事实证明，这个小课题研究是非常有价值的。

4.快捷——周期短，见效快

所谓“快”，即时间短，见效快。时间短，或者说即时性体现在两方面。一方面，小课题生成于教师的教育实践之中，根植于教师的课堂教学之中，具有随机性、偶发性、情境性。另一方面，小课题的研究周期很灵活，课题研究的时间视研究的内容而定，可长可短，时间短的两至三周就可以完成，长的三至五个月，最长的一般不超过一年。它不需要固守三到五年的研究周期。见效快体现在：由于研究的周期短且都是在实际工作中解决具体问题，所以小课题研究速度快、效率高。解决了一个问题，就可以转到下一个问题的研究；每解决一个问题都可以从中得到一些收获。有些研究并不需要触及问题的方方面面，也不需要形成系统的经验总结，更不苛求一定要将自己的研究心得发表，关键是要教师自己有所收获、成长，并体味到愉悦，这本身就是成功。

5.简约——结题自由，成果多元

大道至简，简约，但不简单。简约是减去多余、重复的程序，精简复杂的研究过程。从研究管理看，小课题申报时间自由，方案简洁，结题不拘一格，成果多种多样。从研究过程看，小课题研究不是另起炉灶，而是与当下的工作如影随形，工作过程就是研究过程。小课题研究是以解决问题为任务，以教育教学实践为载体，通过观察思考、探索实践、总结反思，实现策略优化、行动改进、教育有效，是一种贴近教师特点、贴近教育生活、贴近工作实际的田野研究。

从研究成果看，小课题研究成果呈现的形式多种多样。比如，研究成果可以是撰写的小课题结题报告、教育教学论文，也可以是撰写的教育案例、教学案例或教学反思，还可以是梳理出的教学法与教学风格，甚至还可以是有创意的课件、教具学具等。

三、小课题研究的过程

春华秋实：老师，小课题研究的过程又是怎样的呢？

生命如歌：小课题研究重在行动，关键在过程。小课题研究方案设计出来后，还只是“一纸空文”，只有确定了实施方案，才能把设想变成现实。小课题研究的过程很重要，如果没有研究过程，小课题研究也就失去了意义。所以，小课题研究的过程是重点。

通常，小课题研究的过程一般包括六个环节：选课题—查资料—定计划—择方法—做中研—理成果。

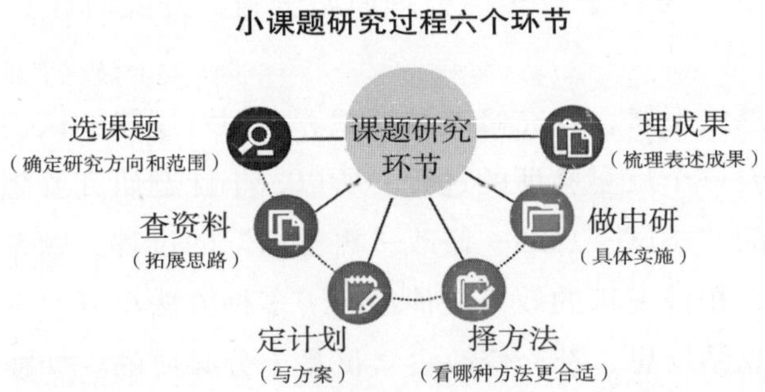

图 1　小课题研究的六个环节

小课题研究一般要经历以下六个环节：

第一步，发现问题与困惑。问题即课题，小课题研究的目的是解决教育教学中存在的各种具体问题。如前面“如何调动起学生提问”小课题研究案例，顾老师之所以取得了让学生在课堂上积极发言的研究成果，是因为他抓住了“学生不愿发言”这个令他苦恼的问题，所以，教师做好小课题研究的首要前提是要能发现问题。

第二步，选题与确定研究范围。面对诸多实际问题，教师首先要明确该选哪一个作为研究课题。当问题成为困难时，教师需要分析问题的主要表现与原因，继而查阅资料、学习和借鉴他人的经验，寻求解决问题的办法。

第三步，搜集资料与寻找解决方法。这是一个分析问题和研究问题的过程。例如，在前文案例中，顾忠福老师受到《中国青年报》文章的启示，尝试让学生“站起来就说”，又面向本班学生做了一个征求意见调查，得到学生 54% 的支持率。正是这些举措使他的研究获得成功。所以，搜集资料是十分重要的。针对问题，教师可从以下几个方面去寻找解决问题的方法：①分析问题产生的原因；②围绕研究专题，从图书和网上查阅相关材料，借鉴别人的经验；③直接向有经验的教师请教；④动脑子思考。总之，应设法找到解决问题的办法，并形成思路或计划。

第四步，尝试操作。小课题研究的核心是行动，是按照研究方案的设想尝试实践、检验效果的过程。顾老师在课堂上让学生尝试“站起来就说”，就是把握住了小课题研究的核心的体现。在尝试实践中应注意这样几个问题：一是注意观察和体会尝试实践的效果。二是注意边实践边研究，边研究边实践，反复修正。三是注意收集与整理原始资料，并随时注意记录、反思和总结。

第五步，总结反思，补充修改再尝试。人们对规律的认识往往不是一次完成的，都需要一个反复验证的过程。所以，小课题研究要想获得成功，也必须经历反复的“尝试—总结—修改—再尝试”的过程。顾老师最终使学生“站起来就说”，积极发言的效果是他经历了多种方法反复启发诱导尝试才达到的。所以，总结反思、补充修改再尝试是十分必要的。如顾老师在课堂上进行了至少三种方法的尝试：第一种方法是鼓励学生“站起来就说”；第二种方法是“强迫”“每周每个学生在语文课上主动发言不少于两次；凡少于两次的学生必须当众唱歌，必要时还得‘请家长’……逐周累计发言次数，奖励前三名”；第三种方法就是采取“要点提问法”“即时提问法”，对那些一堂课上一次都没主动发言以及心不在焉的学生突然提问。伴随着这样的“软硬兼施”，学生们的强迫感日渐消失，慢慢习惯了“站起来就说”的形式。

在这一环节中，有效的反思是至关重要的。面对问题，不仅要知晓正在发生的是什么，进而寻求可行的解决策略，更为重要的是，要深入探究导致这一现象的根源是什么。例如，在识字教学中，需要分析哪些方法的效果好，哪些方法的效果不好，原因何在，应该怎样去改进。然后修改计划，再进行新一轮的尝试。

第六步，研究成果的表达。因为小课题研究的内容是很广泛的，当然其研究成果的呈现方式也是多种多样的，如教育叙事、论坛、论文、日志、案例描写、课例报告、经验总结、教师个案成长的案例材料等。

四、小课题研究需注意的问题

桑榆未晚：老师，您认为教师要扎扎实实做好小课题研究，还应该注意什么问题呢？

生命如歌：相较于大课题研究，小课题研究的研究范围变小了，难度降低了，但毕竟还是一种研究。做研究本就不是简单轻松的事。小课题研究要取得预期的研究成果，就一定要付出和投入，潜下心来做研究。通常，要做好小课题研究，还应该注意这样几个问题。

（一）正确理解中小学科研的性质

海纳百川：通过您的讲解，我们对小课题研究有了很清晰的了解，那么我们又该如何正确理解科研部门要求的那些规范性、正规化的研究呢？

生命如歌：目前，教育科研出现的困局和问题与我们对中小学教育科研性质的认识与理解有关系，或者说，目前我们对中小学教育科研的概念和性质还没有做到真正的、正确的理解。这里谈谈我个人的一些建议。

1.不能简单机械地套用自然科学的研究方法

当中小学教师的教育科研研究范式尚未完全形成时，参考借鉴自然科学的研究方法是十分重要和必要的。适合的方法和原理是研究的重要推力，可以让教师少走弯路，但是，自然科学研究与中小学教师做的研究有很多不同之处。因此，中小学教师的教育科研不能简单机械地套用自然科学的研究方法。

自然科学研究与社会科学研究有很大的不同，比如，袁隆平研究水稻从观察到实验需要绝对精确，各种数据不能出现丝毫错误。而社会科学范畴的教育科研则大有不同，其许多因素是无法控制的，也是无法统计的。如学生的学习成绩，就不是由单一因素决定的，它既受学科教师教学的影响、班主任管理的影响，同时也受家长的影响以及学生本人的基础和努力程度的影响。所以很难精确地统计影响因素，影响的变量也很难精确地控制。

有的教师用孤立变量和偏重于数据处理的自然科学研究方法来研究教育

教学问题，这不仅增加了研究工作的难度，也让教师陷入烦琐的数据统计工作中。

由于教师不是专业的研究者，以及教育工作的复杂性，教师的教育科研具有几个特点：一是教师必须以教育教学工作为主，教育教学研究为辅，教育科研必须融入教师的工作之中。二是研究不能过于深奥、烦琐。三是教育科研不可能像自然科学研究那样要求数字统计十分精准。事实证明，除了极少数科研骨干能做“高、大、上”的教育科研之外，大多数的中小学教师难以完成科研部门要求的“高、大、上”的教育科研，即使勉强开展研究也是浅尝辄止，没有多少实际效果。

静待花开：也就是说，我们需要学习借鉴自然科学的研究方法，而不是简单机械地套用。要从每个教师研究的实际需要出发，选择适合的研究方法来学习借鉴，而不是一成不变地机械套用自然科学的研究方法。

2.不能简单机械地套用高校科研方法

生命如歌：是的。同样道理，在当前中小学教师的教育科研范式尚未完全形成之际，参考和借鉴高校科研的研究方法也是十分重要和必要的。适合中小学教育科研的高校科研方法和原理可以让中小学教师少走弯路，但是高校科研与中小学教师的教育科研是有很多不同之处的，因此也不能简单机械地套用高校科研的方法。

从工作性质和研究性质来看，高校偏重理论研究，而中小学偏重实践研究。就科研条件来看，中小学教师没有高校教师得天独厚的条件，查阅资料不如高校教师方便快捷。因此，对于有经验有能力的骨干教师来说，可以学习借鉴高校的科研方法，而大多数中小学教师极有可能简单机械地套用高校的科研方法，即简单机械地套用“提出课题—建立假说—实验设计—实验实施—资料整理—实验报告”的方法去做专业化、规范性的研究，把简单的问题复杂化。这很可能把教师拖进复杂的研究领域，不仅严重影响教师的教育教学工作，还增加了研究难度，让教师产生畏惧心理，难以取得理想的科研效果。事实证明，中小学教师更适合做简便易行的叙事研究。

3.科研指导管理不能统一标准

静待花开：除了注意中小学教育科研的性质，还要考虑什么因素呢？

生命如歌：还要考虑教师之间的差异。实事求是地讲，参与课题研究的教师虽然都对教育科研充满热情，但其科研素养是参差不齐的。鉴于此，我认为应该对参与课题研究的教师进行分类要求和管理。根据教师的科研能力，大概可以把参与课题研究的教师分成两大类：

第一类，骨干教师和名师。这类教师研究的课题可以相对大一些，难度可相对大一些，研究方法多采用实验研究法，在研究过程中管理相对严格、规范。可以按照科研的规范来要求骨干教师和名师。

第二类，科研新兵（包括一般教师）。这类教师研究的课题相对浅显，难度较低，研究方法多采用叙事研究法。在管理上，对科研新兵可多加指导，少一些“清规戒律”和“高、大、上”的要求。对于大多数没有经过科研培训的和缺乏科研经验的教师，科研指导应先易后难，可以先从简单的课题开始，循序渐进，逐渐过渡到相对难的课题。如此便可减少很多“劳民伤财”的一哄而起、一哄而散、虎头蛇尾的浮躁科研现象。

（二）不是一定要课题立项才能做研究

静待花开：老师，做课题研究是不是一定要立项，否则就没有人承认这是研究？

生命如歌：不是的。在有些教师看来，要想做研究，必须得到科研部门的批准，即纳入规划，否则是没办法进行的，或者研究出来的成果也是没人认可的。这是误解，其实做研究是教师个人的事，与科研部门批不批准是没有直接关系的。一个教师如果真心想做研究，不管立项与否，都会投入去做。当研究出了成果，就像袋子里的锥子一样，总会有被人发现和承认的时候。30 多年来，我做了很多项研究，基本都没立项，却获得了很多国家、省、市级优秀科研成果奖。因此，立项与做科研没有必然的联系。

课题立项有利有弊，如果你能处理好其中的利与弊，既立了项，又出了成果，当然更好。课题立项有很多好处：一是可以得到专家的指导和引领，减少课题研究的盲目性，降低研究难度。二是课题研究得到督促检查，强化研究工作。三是研究的成果容易被认可。可以拿到成果证书，这对教师的职业生涯有较大帮助。课题立项的不足之处在于容易失去研究的自主性，比如，从教师立项开始到研究结题，都是在教科研部门和学校领导的牵制下进行的，写材料、打报告、检查验收等一系列工作都要服从上级安排，教师失去了科研自主性。研究毕竟是教师自己的事，由教师自己确立并独立承担，教师即研究者，是研究的主角，而不是配合专家进行研究的助理。失去教师的真实研究和思考，研究的意义何在？

为了引导教师做有效研究，我曾多次建议创课题管理新常态。教育科研做得好不好，关键不在立项不立项，重在实际效果。我建议科研管理部门不仅要关注立项研究，还要关注没有立项的研究，要知道有的课题研究虽然没有立项，但比立项课题更有实效。科研管理部门应把工作重心放在发现研究成果和推广普及研究成果上。

静待花开：我明白了，课题立项有利有弊，教师要处理好立项的利弊关系——既充分利用立项给自己带来的有利因素，同时又不能失去自我，要保持自己独立研究的优势。

生命如歌：是的，不能只为拿证而研究，也不能因盲目服从研究形式而丢掉自己的研究目标和重点。

（三）实验研究不是做科研的唯一方法

上善若水：在我的印象中，如果做课题研究，就一定要做实验研究。是这样的吗？

生命如歌：实验研究不是做科研的唯一方法。当前教师做研究有一个认知误区，那就是认为课题研究等于实验研究。由于受规划课题的影响，教师只要做研究，不管是哪种内容的研究，都会马上进入“提出课题—建立假说—实验设计—实验实施—资料整理—实验报告”这个模式的心理定式。似乎只有这样的研究才是真正的科研。在研究方法中，实验研究是最难、最复杂的，这也是造成教师累得筋疲力尽却又很难出研究成果的重要原因。

其实，条条大路通罗马。研究方法有很多种，适合的才是最好的，并非所有的研究都需要做实验研究。如撰写案例的叙事研究法，梳理教学或班主任经验的总结法，研究学生试卷、作业、日记等的文献研究法，调查学生阅读或离异家庭学生行为与心理的调查法，研究潜能生或优秀生的个案研究法等，这些都不是实验研究的方法，却都是非常适合教育研究的方法。

由实验研究派生出这样的理解：要做研究，首先就得做实验，研究是以后的事。其实不然。比如，可以用经验总结法，它是对过去工作的研究，是一种回溯和追因研究，研究对象是一个“过去”的、已经完成的教育事件，而不是对未来的展望或发出的某种指令。如魏书生（班主任工作经验）、钱梦龙（语文导读艺术）、李镇西（民主教育）等许多名师的研究成果都是在对过去多年工作实践的梳理总结和提炼的基础上获得的。

由实验研究派生出这样的理解：研究成果一定是“研究报告”。有的教师认为只有研究报告才是科研成果，其实不然，研究成果的表述形式是多样的。除了研究报告，具备典型意义的叙事研究、教育教学案例、教学设计，有创新的教学经验和班主任经验总结（实际做法与理论分析结合），有独特教学模式的展示课，反映独特教学风格的教学设计，有质量的调查问卷及报告、学生作品，音像作品、课件、图表或教具等实物，都可以是研究成果。不管哪种研究成果和表述方式，关键是要有创新、有突破。

上善若水：通过您的解释，我们明白了：小课题研究的方法是多样的，不一定非要用实验研究的方法。

生命如歌：是的，研究方法不拘一格，应根据自己的研究课题内容和实际需要灵活机动地运用。

（四）科研通关需过“三道坎”

静待花开：老师，您认为教师做小课题研究会遇到哪些困难？

生命如歌：小课题研究的过程常常不是一帆风顺的，当然最难的是实施过程，因为它需要教师具有执着和持之以恒的精神，这在前文中提到过，这里不再赘述。教师的科研实施过程会依次出现三个高原期，通俗地说，教师做科研需过三道坎。

第一道坎：选题难。教师对小课题研究的理解存在误区。一提到科研，教师首先想到的就是高深的理论、繁杂的过程、有重大影响的成果。具体表现为：阐述研究背景时不是从自己的工作实际出发介绍确立课题的缘由，而是搬出高深的理论、国家教育方针政策、课程标准、中外教育家的论述等“高大空”的内容。由于确定的研究目标过高过多，教师自己在科研道路上已设置了障碍物，堵住了前进的路。克服教师头脑中这种固有的意识非常难，然而，一旦克服了这种意识，其他工作就迎刃而解了。提出问题比解决问题更重要，可见教师要做好小课题研究，必须突破“选题难”这道关。这个问题我们将在下一章再进一步详细讨论。

第二道坎：方案设计难。有的教师设计课题方案不是从自身需要出发，而是为了完成科研部门的要求，为写方案而写方案。方案设计完了，教师却感到无从下手。具体实施时从哪儿入手呢？具体如何操作呢？有的教师会在这个阶段徘徊很长时间，这将严重影响小课题研究的进程。所以，教师做小课题研究一定要先明确研究内容，设计方案一定要紧扣研究目标，让研究目标更好地为研究服务。

第三道坎：提炼难。老师对研究成果的提炼不到位。许多教师做了大量研究工作，也取得了不少成果，但要他们总结时，他们要么妄自菲薄，轻视自己在研究中获得的所感所悟，没有认识到这就是有价值的成果，要么泛泛地罗列，所述成果不明晰，不精练，做得有余，写得不够，给人一种“茶壶里煮饺子——有嘴倒（道）不出”的感觉。

许多教师做小课题研究得不到想要的研究成果，这与教师对研究成果缺乏分析提炼有密切的关系。教师在做小课题研究时，仅仅满足于现象，还不能对事物的本质进行认识。很多教师默默地做了大量的工作，也收获了许多感悟和认识，但不能精当准确地提炼和总结自己的研究成果，这真是非常遗憾和可惜的事情。

做小课题研究的过程是不断调整和总结的过程。要有多次的阶段性总结和提炼，最后才能形成研究报告。所以，教师必须重视对小课题研究结果的提炼和总结，“沙里淘金”，要对研究过程中分散的、局部的、表面的各种材料进行去粗取精、去伪存真的分析研究，从而得出结论，发现规律。

五、课题研究“卡壳”怎么办

静待花开：老师，看来闯过这“三道坎”对教师做小课题研究确实十分重要。那么，在做小课题研究时“卡壳”怎么办？

生命如歌：任何一项课题研究都不会是一帆风顺的，困难和挫折是家常便饭。大部分课题研究，只要你肯下功夫钻研，一般都能获得成功。但是也有一些课题研究容易“卡壳”，让研究者研究不下去，导致研究无法深入。这是因为课题研究进入了“高原期”。那么，教师做课题研究“卡壳”了应该怎么办呢？为此，我提出以下建议，仅供各位同行参考。

（一）分析课题范围是否偏大

课题研究“卡壳”，首先要分析选题是否太大、太空。越研究面越宽，越研究越复杂，这是教师做课题研究普遍存在的问题。这时，教师一定要先重新审视课题的选题，可以考虑调整内容，缩小研究范围。研究范围缩小了，难度自然就会降低。例如，你原来选择的小课题是“关于小组合作学习的研究”，课题范围较大，如果改成“小组合作学习恰当合作时机的研究”或者“小组合作学习评价方法的研究”“小组合作学习文化建设的研究”等，研究范围就小了。一个针尖容易扎得深，微小的课题往往更容易进行深入研究。

（二）分析研究思路是否正确

如果课题的选题没问题，研究却进行不下去，这可能与研究的思路与方法有关系。要分析研究思路和方法是否正确。比如，关于课堂教学的许多研究，包括教学设计、教学方法、小组合作等，许多教师总希望从网上、理论家的书籍里找到现成答案，而不是从自己的课堂教学实际和实验中找答案。这个思路就是错误的。

“纸上得来终觉浅，绝知此事要躬行。”教师做研究不要太迷信名家和书本，要关注原生态。实践是理论的源泉。教师要相信，自己在课堂上和学生接触所获得的那种感悟往往更真实、鲜活，更可靠。如果教师在做课题研究时“卡壳”了，可以开个学生座谈会，虚心向学生请教，或者找有关学生谈心，征求学生的意见，这很可能会让你的课题研究从“山重水复疑无路”走向“柳暗花明又一村”。例如，当你进行改进教学方法的研究时，如果不知道用何种方法更好，那么你可以去问你的“老师”（学生），他们或许能给你一个意外惊喜，让你眼前一亮。

（三）分析研究能力是否有欠缺

教师做教学和管理工作都是行家里手，做研究却普遍缺少经验。其实，教师做研究都是“从战争中学习战争”。我也是这样，在不会做研究时去做研究，在研究中提高自身的研究能力。所以，当教师做研究“卡壳”时，应该考虑是不是自己的研究能力有欠缺，难以驾驭课题。这时，教师不要过于着急和气馁，要及时给自己充电，缺什么补什么。教师可以通过扩大阅读面、搜集资料等方式给自己充电，当然也要给自己留足思考的时间，去寻找课题研究的灵感。此外，在小课题研究“卡壳”时不妨向名师和专家请教。要知河水深浅，须问过河人。

（四）考虑放弃，及时调头

曾经有人向一位企业家请教成功的秘诀，企业家毫不犹豫地说："第一是坚持，第二是坚持，第三还是坚持，第四是放弃。"最后一句出人意料。放弃？作为一个成功的企业家，怎么可以轻言放弃？该放弃的时候就要放弃！他认为，如果你已经付出足够的努力，却还不成功的话，那可能就不是努力程度的问题，而是努力的方向以及才能不匹配的问题了。这时，最明智的选择就是尽快放弃，及时止损，寻找新的努力方向，做研究千万不要在一棵树上吊死。

六、处理好学习与研究的关系

桑榆未晚：您一再强调边工作、边学习、边研究。那么，应该怎样处理好学习与研究的关系呢？

生命如歌：小课题研究工作毕竟是高于常规工作的一种创新工作，教师仅仅依靠自己头脑中的那些"家底"来做研究肯定是力不从心的，在关键时刻会黔驴技穷。所以，教师在做小课题研究出现问题时，要问自己：我的观念是不是过于陈旧？怎样去突破？我的经验不够应该如何弥补？我应该如何拓展思路……

没有厚积就没有薄发，没有深入就没有浅出。文化积淀不够，科研知识少，研究能力差，是造成教师不能搞好小课题研究的重要原因。这里介绍资深教育专家程红兵校长做科研的深刻体会，供教师借鉴。

我第一次做课题研究就得了奖，编辑希望我写写当年获得上海市青年教师教育教学研究课题成果奖的体会。那是 25 年前的事情，当时我刚到上海不久，得知有这样的机会，非常认真地做了相关准备。不久之后，我便得知自己获得了课题立项的资格，这种感觉是很神圣的。

过去，我写语文教研论文大多是有感而发，虽然痛快，写得洋洋洒洒，但细细推究起来，反思批判的较多，而针对现实解决问题的不多。

这其实是我第一次做所谓的课题研究，完全是临时抱佛脚，之前只会写文章，不会做课题。于是，我开始郑重其事地学习研究的方法，如行动研究法、调查法、比较法、资料研究法。通过了解研究的程序，请教有关专家，查阅大量相关研究资料，知道别人的研究做到什么程度，我明白了自己应该站在什么角度上继续研究，研究的逻辑起点在哪儿，研究的最终指向是什么。我对课题研究的理解不断清晰起来，也开始像模像样地做研究，分析问题及其产生的原因，寻找解决问题的方法，并在实践中尝试着去探索。每当预设的教学和现实的教学比较吻合，确实解决了教学实践中的问题时，我就觉得特别开心，当然，我也因此出了一点成果，并获得了相关奖励。

获奖事小，重要的是我通过这次研究学会了做课题，尽管还是形式上的。更重要的一点是，我学会了规范化思维和规范化研究，虽然这些还只是浅层次的学习，但比以往的信马由缰要规范许多。

这些都为我后来承担教育部课题奠定了很好的基础。由此看来，设立上海市青年教师教育教学研究课题成果奖还是十分有意义的，这个奖项能教会青年教师做课题，让青年教师在研究中学会研究，激发青年教师去探索、实践，从而激励他们在专业化发展的道路上取得更大的成绩。

程红兵校长的科研体会启发我们：想要做好课题研究，就必须学习科研知识，提升研究能力。因此，教师做课题研究要多阅读、多积累、多思考，这是提高科研工作有效性的根本出路。

静待花开：老师，教师在学习外来材料时应该注意什么？

生命如歌：做研究必须要学会借助专家学者和名师的理论和实践成果来拓展自己的思路，从而少走弯路。但是一定切记：学习别人为的是强大自己，而不是迷失自己。目前，各种学派的说法让人眼花缭乱，今天听这个专家这样说，明天听那个专家那样说，今天学这个，明天学那个。听得多，学得多，却没有把所学的知识吸收、纳入到自己的知识体系中。这种研究往往就是“荒了自己的地，种了别人的田”。也就是说，学习要活学活用，融会贯通，在学习中感悟，在思考中升华。学习本身不是目的，学会举一反三、灵活运用知识才是学习真正的目的。为此，必须积极、认真地思考，弄清知识的来龙去脉以及知识的有机联系。要找到适合自己的“田地”，最终种好自己的“一亩三分地”。

静待花开：学习名家，却不迷信名家；学习书本，却不唯书本。可以这样理解吗？

生命如歌：是的。最怕教师的研究不是从自己的课堂上、学生身上找成果（答案和规律），而是从网上、从专家的著作里找成果（答案和规律）。

做研究一定要有自己的坚守，不迷信宣传，不崇拜权威，不盲目跟风。人云亦云的尽量不云，老生常谈的尽量不谈，做研究要学会独立思考，而不是跟着“风”跑。做研究可以不追求完美，但要追求创新和特色。随波逐流、循规蹈矩将是科研道路上最大的敌人。“独立之思想，自由之精神”应成为科研者的座右铭。教师只有保持自己的独立意识，才不会被社会上的不明之风刮得晕头转向。

桑榆未晚：非常感谢老师的分享，今天您和我们分享了“小课题研究的界定”“小课题研究的基本特征”“小课题研究的过程”“小课题研究需注意的问题”“课题研究‘卡壳’怎么办”等专题内容，思路清晰，理论联系实际，通俗易懂，让我们受益匪浅，由衷地感谢您！

生命如歌：看来教师对待小课题研究的态度，还是应该像毛泽东说的那样，“在战略上要藐视敌人，在战术上要重视敌人”，这样许多矛盾和问题就能得到很好的解决。

第3章　选题决定研究成果的成败

——小课题研究如何正确选题

方向比努力更重要。有的教师做课题研究收效甚微，其实并非因为他们不会做研究，而是因为选题不当。良好的开端是成功的一半。因此，做小课题研究必须高度重视选题，选题成功，研究才有可能成功。那么，小课题研究该如何选题？小课题研究的选题有哪些误区？

一、高度重视小课题研究选题

春风化雨：老师，前面您提到"选题难"将是教师做小课题研究遇到的第一道坎，选题在小课题研究中真的那么重要吗？

生命如歌：是的，不怕路远，就怕走错了方向。选题决定着研究的成败。选题不成功，研究就不可能成功。所以，做课题研究时，确定选题千万不要草率，要慎之又慎。

（一）怎样理解小课题研究选题

春风化雨：怎样理解小课题研究选题？

生命如歌：什么是课题？课题就是研究者要确定的研究范围、内容和方向。通俗地说，就是你要研究的是什么？要解决什么问题？确定这些答案也就能确定研究课题了。比如，有一位教师选择的小课题研究题目是"如何改善性格内向的学生"，他回顾了自己的选题之路：

其实，刚开学时我就发现班里有一部分孩子性格比较内向。当然，不能说内向性格不好，但有时这些孩子确实会因为这种性格错失了许多机会，影响了他们各种能力的发展。所以，我就比较关注这些孩子。后来，学校要求我们要确立自己的微课题研究，我就选了这个方向的课题。说实话，对于怎样帮助这样的孩子，一开始我也很迷茫，于是我找来相关的书，了解内向性格是如何形成的，以及该如何帮助他们。然后，我再和家长进行沟通，进一步了解孩子在家里的一些表现。了解清楚这些情况之后，我制定了一系列针对这部分孩子的措施。比如，在课堂上多给他们表现的机会，多鼓励表扬他们，与其他任课老师沟通，及时了解他们的情况，等等。通过这一系列的措施，这些孩子有了很大的进步，有的从刚开始的一句话也不说，到现在能主动回答问题了；很多人也敢于站在人前说话了。对于其他孩子来说，这些表现可能不算什么，但对于他们自己来说算是跨出了一大步。这些孩子取得如此大的进步，我感到非常欣慰。（选自徐世贵、李淑红的《做个研究型教师——微课题研究实施指南》）

这个小课题选题是很有价值的。一是这个选题是从自己的身边找到的有价值的问题，在自己熟悉的领域进行研究，有针对性；二是这个选题有意义，立德树人，教书育人，良好的性格影响学生的一生；三是这个选题大小适中，便于操作。

（二）小课题研究的选题误区

春风化雨：您能跟我们谈谈教师在小课题研究选题方面容易出现哪些误区吗？

生命如歌：根据我的了解，教师在小课题研究的选题上常常出现下面几个误区：

1. 选题太大，越研究越复杂。选题大是教师做课题研究的通病，之所以会这样，一是盲目跟风，追着研究热点跑；二是不能从大的课题中选取一个小的点去深入研究，而是跟着上边的口号跑，如素质教育的研究、心理健康的研究、课堂有效性的研究等，有的课题连专业研究人员都难以驾驭，一个普通教师选择如此大的课题岂不是自找苦吃？

2. 重理论轻实践，选题太空。所选课题根本不是来自教学实践中的真问题，导致选题不恰当。由于我们中小学教师受理论水平和科研时间的限制，我们的教科研工作只能以应用研究和开发研究为主，而不是以理论研究为主。但是，有相当一部分中小学教师为了达到早出成果、快出成果的目的，都倾向于选择理论性课题。事本近而求诸远，事本简而索诸繁。有些教师舍近求远，放着身边鲜活生动的课题不研究，而是跳出实践去研究高深的长篇大理论，在办公室里搞"书斋式""注解式"研究。这造成教育科研工作与实际工作脱节，研究的问题并不是学校和教师自身迫切想要解决的状况。从书本到书本，其研究成果的价值十分有限，简直就是扬短避长，研究成果只见文字不见效果。

3. 问题没有转化成课题。教师选择选题时可以抓热点问题，但问题不一定就能成为课题，有的问题要分解转化才能成为课题。但是，许多教师简单地把问题确立为课题，缺乏从问题到课题的转化过程。如“中国青少年非智力因素研究”这个课题就太大了，使人难以入手研究。一是研究对象是“中国青少年”，个人根本无法完成对全国各个地域的青少年进行调查与研究的重任；二是“非智力因素”是一个外延很大的概念，“研究”并没有对其加以限定，不知道从哪一方面着手研究，实在难以操作。因此，这个问题没有转化成课题。

二、怎样优化小课题选题

春华秋实：看来小课题研究的选题真不是简单的事，老师您快和我们说说，教师到底应该怎样去优化小课题的选题？

生命如歌：科学家爱因斯坦先生有句经典的话：“提出一个问题往往比解决一个问题更重要。”教师确定一个好的小课题研究题目，有一个重要前提：教师要有问题意识，善于发现问题。好的选题不是一下子从天上掉下来的，处处留心天下皆学问，机会总是恩赐给有准备的头脑。在进行小课题选题前，教师应该要有一定的阅读积累和观察思考。没有阅读积累和观察思考，教师不可能优选出既有价值，又符合实际，且研究范围大小适中的好课题。

表 1　小课题选题价值优劣对比表

项目	真问题	假问题
是否客观存在	有一定基础，客观真实存在	无基础、虚无、臆想的
是否揭示矛盾关系	揭示事物之间的真实矛盾、因果关系，涉及多个变量	不揭示真实矛盾、因果关系，不存在多个变量
是否具有可探讨的答案	目前尚没有答案，需要探讨	没有可探讨的答案
是否具有可解决性	具有通过研究解决的可能性	没有解决的可能性
是否存在提法上的问题	提法准确	提法不准确

春华秋实：是的，对于每天都需要面对的各种教育教学事务，教师往往都习以为常，若不留心观察，难以发现问题。

生命如歌：善观察者可见常人所未见，不善观察者入宝山空手而回。教师做研究需要用心去观察。关于具体怎样优化小课题选题，我建议要考虑“三做一微”。

（一）该做，有价值

什么样的小课题是好课题？一个好课题，关键是要有研究价值。有价值的课题才是该做的课题，如下面这个案例。

一位教师自担任班主任以来，每周都会根据学校要求认真准备班会。一段时间后，他感觉只是完成学校布置的班会任务还不能满足本班管理的需要，于是就尝试着改变班会课的形式，由过去教师一个人的“独角戏”变成师生共同准备，让学生走上讲台主持班会，结合班级日常情况增加班会课内容，并在此基础上申报了课题“初中系列主题班会课的设计与实施研究”。经过不断积累，这位教师总结了从初一到初三规范系列主题班会课的内容，为全校班主任老师提供了很好的借鉴。学校德育处也由此受到启发，进一步深化了对主题班会课的管理与指导，申请了“十三五”课题“初中系列主题班会课程化的实践研究”，此课题已通过省级教育科学规划“十三五”课题的立项申请。

上述案例中的课题之所以有研究价值，是因为所选的课题有针对性、创新性、实用性三个特性。所以，教师确定选题时一定要充分考虑以下三个特点。

1. 针对性。从大的方面说，课题要针对时代特点，符合时代要求。从小的方面说，课题要针对教学工作的重点、难点和热点问题，选那些迫切需要解决的，有代表性、典型性的问题。

2. 创新性。课题研究的过程就是不断创新的过程，没有创新就谈不上研究，所以要选择有独到之处的课题，不做无效的重复性劳动。所谓创新，一是选择尚无他人研究的课题开展研究，二是在已有人研究过的问题上有新的突破。

3. 实用性。搞研究应求效益，求应用，而不是“搞名堂”，走形式。研究成果要有推广价值，对别人有启发、指导、借鉴作用。

教师选“有价值”的课题，应抓住“四点”策略：

1. 抓住难点。中小学教师在教育教学实践中经常会遇到一些实际问题，如学生学习兴趣不浓、学习习惯不好、课堂教学效率低下等，这些问题虽然已有不少人研究过，但并没有得到完全解决。另外，在教学中，我们经常会遇到各种各样的困惑，比如，近年来盛行的赏识教育适合所有学生吗？难道教育就不能有批评和适当的惩罚吗？该如何把握惩戒的度？有的教师根据这样的疑问提出了“适度惩罚对儿童形成良好行为的效果研究”课题。

2. 挖掘亮点。教师们在自己的教育教学实践中通常会积累一些成功的经验，如：有的教师善于做学困生的工作，形成了良好的师生关系；有的教师善于培养学生的写作兴趣，帮助学生提高写作能力；有的教师在组织课堂教学方面很拿手，课堂秩序很好；有的教师在班级管理方面有自己的一套做法，带出了文明班级……这些成功的经验都可以成为研究的选题。比如，一位教师发现自己的课堂语言不够简洁，就以“如何净化课堂语言”为课题开展研究，即便没有开题，也没有研究资料，却有日趋干净的课堂语言和实实在在的课堂效果。如此，足矣。

3. 寻找盲点。盲点就是别人还没有发现的选题。研究别人已经研究透的东西，往往费力不讨好。课题研究要独辟蹊径，可以在学科与学科之间、学段与学段之间，以及学校教育与家庭教育、社会教育之间的“边沿地带”寻找未解决的问题，确立研究的课题。比如，课堂的小组合作学习，不同年级的各科教师都已经研究过了，再研究很难有所突破。但在小组合作学习中也存在盲点，如在给学生分组时，后进生往往会受到排斥，如果你能从小组合作中后进生如何分组这个方向深入研究的话，会比较容易寻找到突破点。

4. 关注热点。作为中小学教师，要善于发现有价值的问题，要对自己所从事的教育教学工作有较为深入的了解，如此方能关注到值得研究的问题。机会总是偏爱有准备的人，若是平时不积累，机遇来了也没能力把握住，只能与之擦肩而过。要成为研究型教师，就要经常阅读与教育相关的报纸、杂志，经常浏览权威教育网站，多参加学术活动，到名校去参观学习……深入了解国内外的教育理论及实践，才能更好地对相关热点问题进行研究。

（二）能做，可驾驭

遇到有价值的课题，若能力不足难以胜任，研究也会落空。课题的选择必须充分考虑主客观条件，分析课题在实际研究过程中的切实可行性。从主观方面看，需要考虑自己是否具备课题研究必需的知识水平和研究能力，自己的经验、精力以及兴趣所在等是否满足研究的需求；从客观方面看，需要考虑是否具备做研究所必要的资料、工具、设备、经费、时间，以及该研究是否能得到领导的支持和各方面的配合，等等。

总之，要做到由点到面、由浅入深、由小到大地进行研究。确定课题应该从生活现象入手，从工作中碰到的问题入手，从学生学习的思考入手，使选题与自己的能力相适应，不贪大求远。如中、小学的衔接教育很有研究价值，但是它跨了小学和中学两个学段，普通教师很难做好两个学段的沟通工作，因此，这个选题就难以开展研究。如果选了这样的课题，就是给自己出了难题。所以，教师不仅要看选题有无价值，还要看自己能否胜任。

（三）想做，有兴趣

选择课题要考虑自身的优势和劣势，并且尽可能就优避劣，扬长避短。选题要从工作实际出发，选择自己熟悉的、感兴趣的、了解深入且资料多的题目，这样你才能充分发挥自身优势。

做你最喜欢做的事。多年的研究体会让我意识到，选题除了考虑自己的特长与优势，还要考虑自己是不是真正喜欢。当你对某个课题感兴趣时，你才会全身心投入研究，乃至念念不忘。所谓“念念不忘，必有回响”，此时你最有可能迸发灵感，也最有可能有所突破。而且，你是为了感兴趣的事而用心钻研，意义大不一样。因为选题都是自己喜欢钻研的事，教师做研究时内心是充满愉悦的。

（四）做实，很微小

教师选题一定要在“微小”上下功夫，即“微课题，短周期，快出果”。课题大，则难于深凿。选择课题千万不要犯贪多、贪大的毛病。“微小”是微课题最突出、最本质的特征。如果丢掉了“微小”这个特征，我们的研究就不能称为小课题研究。

课题研究范围大了内容就多，内容多就会广而不深，中心不突出。许多教师的课题研究无法坚持下去，十有八九是因为课题太大了。尽管专家反复强调课题要小，可是很多教师仍然不肯在“小”上下功夫，课题研究越来越大、越来越虚、越来越空，最后自己也不清楚到底研究了什么。如“中学语文赏识教学的研究”“小学数学有效教学策略的研究”“学生学习兴趣培养的研究”“美术欣赏能力的研究”等课题，就不太适合教师做小课题研究。

从研究的方向来说，专业研究人员的研究通常是宏观层面的研究，通过研究，形成新的理论；而一线教师的研究更多是趋向微观层面的研究，研究的目的就是解决自己遇到的困惑、问题。这样的研究往往是很个性化的，研究范围只限定在某个班级、某个教师，甚至某个学生。比如，教师针对某个学生每天都不交作业的问题开展研究，先是通过走访家长、学生、任课老师等了解该生的学习习惯、家庭生活、亲子关系、学习基础等情况，找出他不交作业的原因，综合考虑其性格、智力情况等，最后制定具体措施，帮助学生解决不交作业的问题。这个研究只针对某个学生，不是为了发现规律，而是为了解决具体问题。

所以，教师做研究，不要去研究宏大的教育问题，而是要寻找教育教学中的具体问题，将自己遇到的难题或者困惑作为研究的问题（课题），针对具体问题提出相应的解决方案，如此，研究就不是空洞、盲目的了。特别是经验不足的教师，我建议还是先从小课题开始研究，即先易后难，由浅入深，由小到大。待有了经验和积累，再去扩大研究范围，增加研究难度。

总之，小课题研究可以“小题大做”，以小的角度研究大问题，先小后大、先易后难，重在突出重点，目标专一，不能四面出击。

三、怎样化大课题为小课题

桑榆未晚：老师，我认为教师小课题研究的选题偏大的一个重要原因是不能把大课题化为小课题。您能不能谈谈怎样把大课题化为小课题这个问题。

生命如歌：陶行知先生说：“对于教育问题，用分析的客观的方法研究。将大问题分析为数十数百个小问题，每一小问题至少有一人继续研究办理，如是，即大问题也不难解决了。”化大课题为小课题是课题研究的一种策略。那么，怎样化大课题为小课题呢？

首先，要处理好课题与项目的关系。选题的课题与项目既有区别又有联系。项目，也可以看作问题。“问题即课题”并不是说所有的问题都可以原封不动地拿来进行小课题研究，而要从“可行性、价值度”两个方面对其进行必要的分析提炼，把项目的大问题分解成微小问题，然后才开始做研究。比如，上级下发的项目“基于学生核心素养发展的基础教育课程与教学改革研究”就是一个全国性的、宏观的研究课题，对学校的教师来说，是无法直接进行研究的。教师可以根据大课题的要求以及自己所教学科和具体工作，选择一个角度，开展相关研究。有的教师就根据这个大课题的要求，申报了自己的子课题“提升学生核心素养的初中语文校本课程开发的研究”“基于学生核心素养发展的初中化学实验教学改革研究”“基于学生核心素养发展的初中生物作业设计研究”等。

其次，缩小研究范围。缩小研究范围是化大课题为小课题的一种常见做法，使用的方法通常是大题小做式——将教学中存在的共性问题作为一个大课题，将其分解为若干个小课题。比如说，对于语文教学研究，可以先将其分解为识字教学、阅读教学、作文教学三个方面，再选其中一个方面来研究。如果仍然觉得研究范围大，可以再分解，如作文教学还可以分为指导学生提高培养观察能力的研究、指导学生提高读书搜集资料能力的研究、指导学生提高写日记能力的研究、指导学生进行作文批改的研究等等。

总之，小课题研究可以“大题小做”，以小的角度研究大问题。

四、怎样选准突破口（切入点）

绿水青山：老师，为什么有的教师已经确定了课题，在实施时却不知从哪里下手？

生命如歌：这与怎样选准突破口（切入点）有关系。

军队打仗要寻找突破口，教师做研究也要寻找突破口。特级教师钱梦龙谈过这样一件事。

我也曾是后进生。我在小学留过三次级，老师断言我将来肯定没出息。别人都认为我无可救药了，这时学校来了一位武老师，他说：“钱梦龙，我只教你查四角号码字典，如果你能学会，你肯定是一个非常聪明的孩子。”当我用四角号码法查出我的名字时，我非常高兴，对查字典有了极大的兴趣。以后，每当进行新课以前，武老师总是让我把该课的生字查出来写在黑板上，我高兴得不得了，我崇拜武老师，也爱上了国文课。学期结束后。在武老师给我写的评语中有这样一句话：“ 该生天资聪明。”这使我受益无穷，终生难忘。现在回想，也许当时武老师是故意这么写的，但他影响了我一辈子，激励了我一生。今天，我对我的每个学生也要影响一辈子，所以，一走进教室，面对 45 个学生，我感到他们都能成才。

（钱梦龙，有删改）

上述案例中，武老师选择的突破口是教钱梦龙查四角号码字典，当钱梦龙获得成功后给予鼓励赏识——“该生天资聪明”。老师的鼓励给了钱梦龙信心，促使他不断进步。可见小课题研究选准突破口十分重要。

选择突破口要考虑以下几个问题：一是以小见大，循序渐进；二是考虑教师的优势（知识、技能、特长等）；三是寻找易于切入、易被突破的地方；四是与眼前工作结合。

五、小课题研究选题的来源

提出一个问题比解决一个问题更重要。教师要有问题意识，善于发现问题。在日常教学中，教学目标的确立、教学方法的选择、教学过程的设计、教学活动的开展、教学效果的检测等每一个角度都值得我们深思。而这些都是小课题研究的选题资源。教师要抓住可能产生选题灵感的时机，争取在教育教学活动中捕捉稍纵即逝的灵感。

（一）在困境中寻找问题

在教育教学活动中，教师难免遇到各种各样的困境和矛盾。教师可将教育教学实践中无法迅速有效解决而又绕不开的问题作为研究对象，借助课题研究帮助自己走出困境。比如，一位化学老师提出这样一个问题：“初中化学中概念公式很多，学生不太感兴趣，怎样将化学问题与生活连接起来，提高学生对学化学的兴趣？”他的问题就可以提炼为“初中化学概念教学的策略研究”或“初中化学教学生活化的途径探索”等课题，然后对其进行研究。

（二）在阅读中启迪问题

教师应拓宽阅读面，多阅读。阅读能给人启迪，教师在阅读中受作者某一观点、某一件事、某一句话的启发，可能在选题上产生灵感。如有一位小学语文教师在教授《我最好的老师》一课时，思路怎么也拓展不开，后来在网上查阅到“嗅苹果的故事”。

一天，学生们向苏格拉底请教：“老师，怎样才能坚持真理？”笑容可掬的苏格拉底让大家坐下来，随后取出一个苹果。他用手指捏着，慢慢地从每个同学的座位旁边走过，一边走一边说：“请大家集中注意力，嗅一嗅空气中的气味。”

然后，他回到讲台上，把苹果举起来左右晃了晃，问：“谁闻到了苹果的气味？”有一个学生举手回答：“我闻到了，是香味！”

苏格拉底再次走下讲台，拿着苹果，慢慢地从每一个学生的座位旁边走过，边走边叮嘱：“请大家一定集中注意力，仔细嗅一嗅空气中的气味。”

稍停，苏格拉底第三次从讲台走到学生们中间，让每一个学生再嗅一嗅苹果的气味。经过三次“嗅一嗅”之后，除一个学生外，其他学生都举起了手，都说闻到了苹果的香味。

那位没举手的学生环顾周围看了看，觉得一定是自己错了，于是也随波逐流地赶紧举起了手。苏格拉底脸上的笑容不见了。他举起苹果缓缓地说：“非常遗憾，这是一枚假苹果，什么气味也没有。”

（蒋光宇，有删改）

这个故事与《我最好的老师》一课中怀特森老师的做法十分相似，后来这位小学语文教师把这个故事引入了课堂，大大增强了课堂效果。以此为契机，这位教师做了“小学语文开发课程资源”的小课题研究，并取得了可喜的研究成果。

（三）在实践中发现问题

小课题几乎全部来源于教育教学实践。教师不要盲目迷信名家和书本，应多关注产生于自己课堂和身边的那些问题。因为这是原生态的、有温度的问题，更真实可靠。如有人通过观察发现：一位教师课堂提问只是局限在第一排和教室中间区域的同学，提问面只覆盖全班同学的 23%；而另一位教师偏好提问男同学和优秀学生，其中一位同学一节课被提问 8 次，而有 7 位内向的女同学自开学以来从未举过手，也从未回答过教师的问题；一位教师课堂巡视时总习惯性地走向窗口一边，而到靠门一侧的次数不足 20%。（听课者将观测到的这位教师的课堂移动路线记录交给他，竟使他大吃一惊）这一发现值得引起重视，如果教师从中发掘选题，一定非常有价值。

（四）听报告看公开课捕捉问题

教师参加学术会议、听名师报告、看公开课等，也会触发很多教育教学灵感。教师及时捕捉这些灵感，很可能会发现很好的小课题研究选题。如有一位教师这样说：

“我是第一次听丁如许老师的报告，丁老师的报告很生动，颇具操作性，对班主任如何做好工作，成为优秀班主任很有帮助。他结合自己几十年班主任工作之实践，总结出班主任走科研之路应该勤于实践，善于反思，敢于创新，乐于积累，精于研究，长于写作。这对我也很有启发。而他的‘没有活动，就没有教育’的思想让我对开展微课题研究有了新的想法。”

小课题研究的选题来源是十分广泛的，这里就不一一列举了。有经验的教师平时总随身带一个本子，把通过读书、看报、上网查阅资料、外出学习、谈话交流、留心观察等获得的有价值的东西和自己被触发的灵感记录下来。这些都是很好的选题素材。同时，这也是教师为自己建立的一个小课题研究的“问题库”，需要时随时可以提取。

六、选题参考，举一反三

海纳百川： 老师，您能不能再给我们分享几个关于教师选课题的案例。

生命如歌： 我现在给你们举一个走科研之路、助推专业快速成长的神奇例子，向你们展示小课题与大课题应如何选择，以及实际研究中应如何操作。相信你们看完以后一定会有所感悟。

从“小课题”到“大选题”
——一位特级教师的专业成长之路

吴再柱　黄梅县苦竹乡中学

没有比脚更长的路，没有比人更高的山，没有比自主成长更好的发展方式。回顾我的个人专业成长，如果能称之为小有建树的话，我认为最让我受益的就是不断地给自己“挖坑”：从小坑到大坑，从浅坑到深坑，从单一坑到连环坑。越过一路的“坑坑洼洼”，我实现了从“小课题”到“大选题”的迈进，让自己逐渐地稳健起来、丰富起来、厚实起来，并越发宁静起来、快乐起来、加速起来。

一、关于课堂模式

小课题 1：“5·3·1”课堂教学模式

2000 年，我想寻找一条适合农村学校也适合自己的提高课堂教学效率的路径，但无从着手。一个偶然的机会，我从一位老师那里借来一本语文名家教育文集。我无比兴奋，如获至宝。因为当时在我们这个偏僻的县城，根本无法买到这样的教育专著，更别说我所在的乡镇了。笔记做了整整一个本子，密密麻麻的。那可是我为做小课题研究积累的“第一桶金”。获得了这“第一桶金”后，我便开始课堂改造。经过近两年的努力，我自主构建起一种自称为“5·3·1”的课堂教学模式，也就是在教学活动中，有计划地将每节语文课划分为三个阶段：（1）15 分钟的说话训练；（2）30 分钟的导读点拨；（3）10 分钟的巩固与质疑。这样的教学模式确实调动了学生的语文学习主动性，提高了学生的语文成绩，特别是在培养学生的表达能力方面发挥了较大作用。这在当时的农村学校里是难能可贵的。

小课题 2：“双体互促”课题实验

2003 年秋季，我接手了初二的一个班级。当时班级人数较多，有 78 个学生。通过观察，我发现人数多给课堂教学和班级管理带来很多困难，比如，课堂不好管理、学生学习主动性很差、学生的个性发展堪忧、学生之间缺乏合作意识，等等。于是，如何解决大规模班级的教学问题，如何提高教学的有效性，如何让更多学生积极参与教学活动，成为我思考的主要内容。这时，我便策划了一次课题实验——“双体互促”课题实验（与小组合作学习模式相似）。每组 6—8 名学生，所谓“组内异质，组间同质”。通过小组合作的方式，来提高学生学习的积极性和主动性。这一次教改实验并非我的原创，是我从互联网上借鉴过来的，但当时在本地我也算是“第一个吃螃蟹的人”。这个实验在优化学习态度、加强课堂互动、提高语文成绩等方面均发挥了较大的推动作用。

小课题 3：理顺开放课堂的辩证关系

2012 年，我所在的黄梅县苦竹乡中学开始了“四学本真课堂”课改实验。我们以备课组为单位编制导学案，让学生在课堂上通过学习小组的形式进行自学、互学、展学、查学等。这期间，对于语文课堂的“放”与“不放”，我探索了很长时间。

在一节校内研讨课上，我主讲了《在山的那边》一课。这节课引起了老师们的关注和争论。一些老师认为，“课改课”就应该把课堂完全交给学生，让学生自主发挥。但我个人认为，我们需要辩证地看待开放课堂的“放”与“不放”的关系，在理性的基础上开放课堂。换句话说，开放课堂应该坚持一种

“中庸之道”。具体来说，至少包括以下几个方面：一是“放开展示，不放指导”，二是“放开体验，不放示范”，三是“放开对话，不放效率”，四是“放开课堂，不放质量”。我把这个课例写成《理顺开放课堂的辩证关系》一文，投稿给《中国教育报》。刊发后，文章被许多网站转载。

二、关于语文教学

小课题 4：写教学反思

2003 年，我正在寻求个人的专业成长路径。其时，不知从哪里看到“教学反思”这样的倡议。这让我非常心动，于是，我便开始了教学反思的写作之旅。有时，我在课堂上忍不住停下来，在课本上写下一两个关键词，只为捕捉那昙花一现的“灵感”；下课后马上到办公室根据关键词写下三五句话、一两个段落。就这样，备课本的空白处被我写得密密麻麻。到了周末，我会将其规范整理。此后的一两年里，我所写的几篇关于教学反思的文章陆续发表在《湖北教育》《语文教学通讯》《中国教育报》上。这在当时的农村学校几乎是石破天惊的。我写教学反思不光是为了发表，更是为了探求规律。我个人认为写教学反思是一种非常有效的成长方式，教师发现问题和解决问题的能力在反思中逐渐提高，教学素养也在反思、写作、阅读中不断提升。

小课题 5：层进式阅读

在进行教学反思的同时，我看到许多学生的阅读习惯比较差，大多是低效阅读，甚至是无效阅读。于是，我不断尝试，不断完善，逐步提炼出一种层进式阅读的阅读方法。这种阅读方法要求学生先按照各自的阅读习惯进行“随意性浏览”，之后根据老师的提示进行“指向性勾画”，接着再围绕一些问题进行“探究性阅读”，最后则是从语言、主题、结构等方面进行“欣赏性批注”。运用层进式阅读方法之后，学生的语文学习活动明显增多，不同基础、不同个性的学生都有了不同层次的学习收获，学生的阅读兴趣和阅读能力明显增强。那么，如何进行欣赏性批注，让学生实现个性化阅读呢？我便尝试一种“素读”的方式，也就是什么资料都不参考，完全凭借自己的一颗“素心”来理解文章，写批注，做一个个性化阅读的先行使者。这样的“素读素教”，我坚持了很多年，也写了一些文章登载于《语文报·教师版》《语文教学通讯·初中刊》等报刊上。

小课题6：立足于试题的研究

我个人认为，研究试题、原创命题对于教师而言是非常有必要的。通过研究试题，教师可以在日常教学中更好地把握重点、突破难点；通过原创命题，教师可以感悟试题走向，把握试题细节，并以此提高教学的有效性。

1. 解剖试题。如深层阅读题，一般由四五个小题组成：（1）整体感知题；（2）局部探究题；（3）词句品析题；（4）拓展迁移题。发现这个特点后，我们的每篇课文几乎都可以这样备课、上课了。学生平日里训练有素，做起试题来自然驾轻就熟了。

2. 分析方向。即分析试题的总体走向。说得更明白一些，就是试题如何跟时代接轨。我曾经买来两套全国各省市的试题汇编，用了两三个月时间，全面浏览，定点解读，从中发现了一些门道，写成文章《阳光·绿色·和谐——一线教师谈中考语文试题》，并投稿后发表在《语文教学通讯·初中刊》上。更重要的是，分析试题有助于指导日常的语文教学。

3. 原创命题。每年中考调研考试后，我总要拟出一套原创试题。比如，阅读题，我都是自己找来时鲜的文章，自己命题，自己拟出参考答案。长此以往，我便多了一双“命题的眼睛”：一篇好文章，一个好广告，一个好商标，在我眼里都可能是一道好试题。这种创造性活动，让人感受到创造的快乐，对于教师的专业成长也大有裨益。

三、关于德育管理

小课题7：德育“双六一”

我的班主任工作经验并不多，但因工作需要，我对德育管理也有一些思考。2010年，我被调到了黄冈黄梅县独山中学。学校安排我主管政教（德育），这让我有些惶恐，因为在这方面我是“一张白纸”。同时，也让我有些期待，因为我可以在这张“白纸”上描绘出别样的德育蓝图。

经过思考，我起草了一份德育“双六一”学年计划（思路“六个一”和建设“六个一”）。这份德育计划被老师们戏称为“学校发展规划纲要”。为进一步实现班主任专业化成长，我又起草了一份《班主任专业化成长助长方案》。它包括以下内容：（1）每天读一些书籍；（2）每周做一点反思；（3）每月写一个案例；（4）每期做一个课题；等等。实践证明，这对于提升全校班主任的综合素养是有很大好处的。当然，我自己也获益匪浅。相关做法我已在《中国教育报》《中国德育》《师者》等报刊上进行过介绍。

小课题8：关于“特别学生”的教育

许多时候，我们更多地把关注点放在留守儿童身上，但随着工作的深入，我发现有三类学生更需要我们特别关注：一是家庭较为特殊（如孤儿、父母离异、父或母残疾等）的学生；二是身体、心理等方面较为特殊的学生；三是学习习惯较差、学习基础薄弱的学生。而且，这三类学生往往与留守儿童重合，更加大了教育难度。为便于表述，我姑且将其称为“特别学生”。在教育实践中，我慢慢地提炼了《特别学生教育“三字经”》。这对于“特别学生”的教育起到了很大的作用。《特别学生教育“三字经”》的摘录如下：特别生，需费神：明底数，绘愿景；知背景，进心灵；家校合，结同心；扬正气，造环境；班科联，共育人；观所好，给责任；防未然，察言行；约法先，言必信；欲惩戒，法理情；按程序，持冷静；常修炼，长本领。

大选题1：乡村教师突围

2013年前后，乡村教师的待遇很低，许多教师的生活几乎到了举步维艰的地步，跳槽等行为此起彼伏，甚至还有乡村教师因为家境贫寒而自杀。就我个人而言，当时也进入一个各方面发展的“瓶颈”阶段。于是，我便开始进行“乡村教师突围”的系统思考。其实在很多年前我就开始了关于这方面的思考，也写了许多文章，只是相对比较零碎一些。经过几周的琢磨、整合，我萌发了出版《乡村教师突围》一书的念头。在我看来，乡村教师要想从平凡和贫穷中实现突围，一方面需要国家在人力、财力方面的投入，另一方面则需要教师与学校的整体突围，也就是“心灵突围”“理念突围”“课堂突围”和“学校突围”。《乡村教师突围》一书在清华大学出版社出版后，曾在全国范围内产生了一定的影响。一些学校将其推荐给全校教师阅读，网络、报刊上出现了许多读后感。该书还被选入“《中国教育报》2014年影响教师的100本书”“中国教育新闻网、《中国教师报》2014年教师喜爱的100本书”。这是我始料未及的，当然也乐见其成。

大选题2：公民教育与现代学校

“七年求索，五易其稿，三十万字，一个梦想”，这是我对“公民教育与现代学校”这个选题研究的概括。2009年暑期，我在武汉大学参加“农村教师素质提高工程”校长培训，聆听了一些专家关于办学理念的讲座。经过一些时日的思考，我萌生了“公民教育”这一理念。此后，我便持续进行“公民教育”这一选题的研究，一直到 2016 年书稿交付印刷，整整七年，可谓是“七年求索”。“五易其稿”，从初稿到定稿，较大幅度地修改和调整，足有五次之多。“三十万字”，这里指的是书稿字数。“一个梦想”，那就是“公民教育”。我所提出的“公民教育”是基于学生成长和学校发展的一种教育思想。学校实施“公民教育”的目的，是为社会主义和谐社会、美丽中国培养合格公民。在书中，我从“公民教育”“公民学校”“公民校长”“公民教师”“公民课堂”“公民家长”“公民学生”等七个方面，对这种思想进行了较为系统的阐述和例证。

大选题 3：乡村少年成长

我是一名乡村教师，面对的是乡村学生。他们的家境如何？他们的童年生活怎样？他们的性格为何如此？他们的学业问题在哪？他们怀有怎样的梦想？这些都值得我去探索。

2016 年下半年，我教八年级语文，全班共 52 名学生。该班学生各科考试成绩大多比较领先。但问题也不少，比如，留守学生达到七成以上，单亲家庭的孩子就有 11 个，学生成绩分化严重，等等。2017 年元旦前夕，我在课堂上提出了一个想法：大家一起来写“乡村少年说”，也就是学生按照老师提供的话题写出成长的经历和真实的心声。我还承诺他们，将来一定要结集出版。教室里顿时一片欢声笑语。于是，从那一天起，全班学生正式投入到“乡村少年说”的写作中。我将其分为“说课业”“说课外”“说师友”“说家庭”“说成长”“说梦想”六个板块，共八十多个子话题。全班分成三组，每组每周一个话题，每个话题每人写三五百字即可。写作的要求非常简单，那就是“真实”。这样的写作方式得到了几乎全班同学的欢迎。那些基础不好、害怕写作文的学生也积极参与其中，而且都“有话可说”。就这样，到 2017 年 6 月份，这些话题都已写完，我也整理完毕。到同年年底，这本 23 万字的书稿便基本成型。后来，出版社将其命名为《乡村少年成长密码》。可以说，这本书最真实、最朴实地反映了当代乡村少年生活、学习等方面的成长状况。

大选题 4：整本书阅读

“整本书阅读——‘陪你读名著’”可以说是我给自己挖的一个大坑。36

部名著，光是通读一遍就很不容易，更别说给每部名著分别写一篇5000字以上的导读文章了。然而，这个大选题我坚持做下来了，而且有了不错的结果：24万字的《特级教师陪你读名著》一书已经出版。在做该选题的过程中，我还在《中国教育报》《语文教学通讯》《黄冈师范学院学报》等报刊上发表了许多文章。其中，在《黄冈师范学院学报》上发表的《师生双重视角下的“整本书阅读”个性化攻略例谈——以统编版七年级名著导读为例》一文被中国人民大学复印报刊资料《初中语文教与学》全文转载。2017年秋季，我主动请缨，给七年级学生开设一门“名著导读”课程。校长答应了，但我自己却犯愁了：这门课程我能教吗？这么多的书我能读得完、读得懂吗？

开弓没有回头箭，一本薄薄的《朝花夕拾》我读了两三个星期；《西游记》我读了两个多月；一年下来，教案我写了十多万字；导读方式由最初的“点面式”调整为“三步式”，最后演变成“一书一式”，初中全套正好是“36式”；早晨读，夜晚读，周末写，逢年过节都在读和写，疫情肆虐时也仍然在读写……终于，在2020年正月初十，我完成了整部书稿。

清华大学附属中学特级教师王君老师在该书序言中这样写道，我觉得这本书真是作用多多：可以把它当作“钥匙”，一把钥匙开一把锁。一篇文章打开一部书，很轻巧。可以把它当作“镜子”来读，一面镜子辉映一种阅读思想，足以反观自省，很深刻。也可以把它当作“渡船”来读，一艘船有一个节奏，既可从流漂荡，也可急流勇进，很自由。而且，这本书，老师读，学生也可读，一册在手，名著之阅读地图在胸也！全国著名语文特级教师王君老师给予如此高的评价，是我万万没想到的。我倍感荣幸的同时也十分庆幸，坚持做完这个大选题，我如释重负，更是如获至宝！

第4章 观念决定思路，思路决定出路

——小课题研究方案的设计

选择大于努力，思路决定出路。“凡事预则立，不预则废。言前定则不跲，事前定则不困，行前定则不疚，道前定则不穷。”一部好电影，首先要有一个好的剧本；一次成功的战斗，首先要有一份好的战斗方案；一次成功的治疗，首先要有一份好的治疗方案。同样的道理，小课题研究的方案在某种程度上决定了研究的成败。那么，什么是小课题研究方案，教师又该怎样去设计小课题研究方案呢？现在，我们就来聊聊“怎样设计小课题研究方案”的问题。

一、重视小课题研究方案设计

一路春风：在我们做课题研究时，单位领导和上级科研管理部门会让我们设计小课题研究方案。设计方案就那么重要吗？做研究就一定要设计研究方案吗？

生命如歌：小课题研究要不要设计一个方案呢？这是肯定要的。小课题研究的选题确定以后，教师该如何设计研究方案呢？要有一个思路和点子，也就是要构思做法，体现在研究计划或方案里。写研究方案有这样几点好处。

首先，有利于整理思路。教师设计方案的过程，就是整理研究工作思路的过程。有了方案，课题研究就有了明确、清晰、可行的思路。

其次，可使课题具体化。有了研究内容，如何去实施和操作呢？只有设计方案，把课题具体化，才能去分步实验和操作。有人说，制定出具体、可行的研究方案，就等于完成了课题研究的一半，这是颇有道理的。

再次，有助于评估。有了研究方案，研究者在研究过程中可以对照方案检查自己的研究工作进展是否按计划进行，是否取得阶段性成果；而且，学校领导和科研管理部门对课题研究进行检查督促也有了依据。

当然，课题研究方案也不必太固定化。做研究总要写方案，有人习惯写一个粗线条的框架；有人就凭感觉、头脑的记忆和情况的随时变化做研究。但是总体而言，写方案一定比不写方案好。尤其是研究经验不足的人，更应该设计好方案。至于有的人虽然研究计划写得好，但只是摆设，这就另当别论了。

春华秋实：我也了解到，有的教师虽然课题研究方案做得很好，可是研究效果并不是太好，这是为什么呢？

生命如歌：原因有很多，有的是叶公好龙，纸上谈兵。虽然方案做得好，但是并没有真正实施。而有的是方案设计上存在误区，具体体现在以下几个方面。

一是过于看重方案设计。对于小课题研究，设计研究方案固然是好事，但如果处理不好，它不仅不能发挥其应有的作用，反而会成为研究的负担和障碍。有的教师为了写方案绞尽脑汁，废寝忘食，还没开始研究就被设计研究方案给难住了，以至于开始对小课题研究产生了动摇；有的教师为了写方案而写方案，方案表面设计得很好，却是花拳绣腿，根本不实用。

其实方案设计既重要，也不重要。做研究不能被方案束缚，关键是研究的过程。况且，任何一个研究方案在实施过程中都不会是固定不变的，常常是随着研究的推进，不断发生改变。

二是头重脚轻，操作性不强。许多教师设计研究方案普遍存在头重脚轻的问题，即关于研究目的、理论依据的内容写得很多，而对研究过程、解决问题的途径方法却很少提及。这就使教师的方案设计走进了误区。方案虽然设计出来了，但只是一纸空文，教师还是不会做研究。

春华秋实：看来设计课题研究方案是十分重要的，怎样操作也非常重要。

生命如歌：是的，研究方案是一把“双刃剑”，运用好了助力课题研究，运用不好劳神费力，对课题研究没有什么帮助。从教师设计方案的态度而言，研究方案主要有两种：一种是迫于学校或者课题管理部门对课题研究的要求而做的方案。这是被动的拼凑，这种方案是应付检查的一种摆设。另一种是教师本人对自己的研究进行有创意的设计，承载着教师研究灵感的方案。后一种方案显然可操作性强，会更行之有效。所以，要想把研究方案设计好，首先应该有一个正确的态度。

二、小课题研究方案基本框架

上善若水：那么，教师又该怎样有效设计小课题研究方案呢？

生命如歌：要设计出一个课题研究方案，首先就要确定出方案的框架。下面我就来谈谈课题研究方案的基本框架。

因为每个教师的研究课题不一样，写出来的方案也不尽相同。但方案的基本框架都是大同小异的。制定课题研究方案可以从“为什么研究、具体研究什么、怎样去研究”三个大的方面进行，具体围绕四个要点：

1. 提出问题（说明要研究的问题）。针对什么实际问题确立小课题？研究这个小课题有什么实际意义？

2. 研究内容（明确研究的内容），也就是界定题目中的关键词，包括研究的内容、重点、范围、对象等。

3. 研究实施（怎样实施研究）。比如，起止时间的规划，最好安排到周，每周几次，明确指明结束的时间；明确每段时间内要完成的研究任务，以及分别采取的方法等。

4. 成果及形式。比如，过程性成果可以是课例、案例反思、故事等，最终成果可以形成《××××× 研究报告》。但是也不能太固定化。课题所研究的内容不同，其写作项目和形式也有所不同。

一路春风：您能不能给我们举个案例？

生命如歌：好的。铜山县徐庄镇薛湖小学张浩令老师做的小课题研究方案就不错，简约而不简单，可以作为参考。

“如何让除法计算扎根”小课题研究方案

江苏省徐州市铜山县徐庄镇薛湖小学　张浩令

一、课题研究的目的和意义

研究目的：

通过研究，引导学生在探索除数是一位数的除法的计算方法的过程中，理解并掌握相关的口算和笔算方法，使学生能够正确笔算除数是一位数的除法，并能够运用它解决一些简单的实际问题。

研究意义：

除数是一位数的除法，是学生在已经掌握表内除法和简单的有余数的除法的基础上学习的，本课题研究可以使小学生进一步掌握除法计算的基本原理和方法，为继续学习多位数除法奠定基础，也能使学生进一步积累用学过的计算知识解决实际问题的经验，体会计算与实际生活的联系，增强数学应用意识。

二、课题研究的内容及研究方法

研究内容：

1. 调查分析小学生除法计算失误的成因。

2. 探索能够提高小学生计算除数是一位数的除法的正确率和计算速度的教学方法和训练的策略：

（1）进行表内乘法的加工巩固。

（2）以口算能力训练为基础，加强学生的口算训练，让口算成为小学生每天的必修课。

（3）进行除法算理的分析指导，让学生知道除法是怎样进行计算的。

（4）培养学生估算的习惯。一是计算前的估算，可以估计出得数的范围；二是计算后的估算，可以判断出得数是否正确合理。

（5）以富有趣味性的数学活动培养学生计算的兴趣，提高学生的计算技能，增强学生的数学数感能力。

3. 培养学生自觉检查验算、独立纠正错误的习惯。

4. 做好示范，加强书写格式指导，使学生养成认真、细心、书写工整等良好习惯。

研究方法：

1. 调查分析法。调查了解学生当前的计算能力现状。

2. 个案发展分析法、对比实验法。

3. 经验总结法。收集活动中的资料进行整理，并对活动中取得的经验和体会及时进行总结归纳，形成研究方法。

三、课题研究读书学习计划以及具体时间安排

（一）准备阶段（2008 年 11—12 月）

撰写计划，收集相关资料，学习新的课堂教学改革理论和有关除数是一位数的除法的优秀教学课例和经验总结。

（二）实验阶段（2008 年 12 月—2009 年 11 月）

调查分析小学生计算除数是一位数的除法失误的成因（案例、反思），建立资料档案，进行研究。

确定研究方法。（2008 年 12 月）

总结计算失误成因，探索提高学生计算除数是一位数的除法的能力的策略。（2009 年 1—10 月）

交流心得体会，提出新问题。（2009 年 11 月）

读书计划：

①阅读《小学数学课程标准解读》。

②阅读《江苏教育》2006 年—2008 年各期，每天保证阅读 30—60 分钟。（完成时间 2008 年 12 月—2009 年 1 月）

③阅读中国轻工业出版社出版的《有效教学论：理论与策略》，每天保证阅读 30—60 分钟，并撰写读书笔记，选择书中的有效策略应用于课堂，在实践中应用理论。（完成时间 2009 年 1—3 月）

④阅读《小学数学教学研究》中关于小学数学的文章，每天保证阅读 30—60 分钟。（完成时间 2009 年 4—7 月）

⑤阅读有关数学教学的文章与著作，并上网检索相关文献资料。坚持阅读《小学数学教学》（现已更名为《小学数学教育》）等杂志，求购有关数学教学著作，进行系统的阅读思考。（伴随整个研究过程）

（三）总结阶段（2009 年 12 月）

进行实验总结，撰写研究报告。

四、完成读书笔记与课例分析的具体时间安排

1. 完成理论学习和先进教学经验学习的读书笔记。

每星期写一篇不少于 500 字的专业日记，每月撰写两篇阅读随笔、一篇阅读心得，建立课题博客以及发布研究进展信息和学习研究体会。

2. 2008 年 12 月—2009 年 10 月，在研究过程中，对小学生除数是一位数的除法的计算现状进行记录，并分析其失误的成因，探索解决问题的策略，总结提出新的问题。

完成个案“除法计算失误成因”的分析。（时间：2009 年 2 月）

课例“除数是一位数的除法计算课例的设计与反思”。（完成时间：2009年5月）

运用除数是一位数的除法的教学方法和训练策略进行训练，并分析总结效果。（完成时间：2009年6月—2009年10月）

3. 2009年12月，进行实验总结，撰写研究报告。

三、撰写研究方案需注意的问题

时光静好：在小课题研究方案设计和写作过程中还应注意什么问题呢？

生命如歌：前面我讲过，小课题研究方案设计是教师做研究的第二道坎。尤其是当你申请把自己的研究列入规划课题的时候，如果课题研究方案设计不过关，就很难成功。所以，撰写小课题研究方案就显得特别重要。上面我们介绍的方案比较简单，实际上，列入规划课题的研究课题的方案更复杂一些。下面谈谈研究方案撰写的内容和要求。通常做方案设计要围绕以下八个要素。

1. 课题表述（课题名称）。

2. 研究目的（课题含义、界定、背景、对象、目标）。

3. 提出假设。

4. 研究方法。

5. 研究步骤。

6. 预期成果。

7. 完成条件。

8. 参考文献。

（一）课题名称

课题名称看似无关紧要，实际上它表明了一个课题研究的主题内容、研究范围以及研究方法等。课题名称是对课题研究实质的高度概括，应力求文字简洁，能展示课题的面貌，最好能体现研究的对象、范围、内容和方法。如“初中代数自学辅导教学的实验研究”，研究内容与方法一目了然。课题名称应以陈述式句型表述，不宜用口号式或结论式的句型，慎用疑问句，不要用似是而非的表达。

课题名称中往往包含“实践”“探索”“研究”等与研究方法相关的词汇。

我们可以这样理解：含有“实践”的，课题多以活动为载体开展研究；含有“探索”的，则需要研究者有所创新；单写“研究”的，课题采用的多是思辨性方法，或是多种方法的组合。“××研究”类课题如果采用单一的科研方法，则可在课题名中直接写明，如“××行动研究”“对××的调查研究”等。

（二）研究目的

研究目的介绍的是所研究课题的目的、意义，也有人写成“问题的提出”或“课题的提出”。首先，研究目的要阐明课题研究的背景，即根据什么、受什么启发而进行这项研究的。因为任何课题研究都不是凭空而来的，都有一定的背景和思路。其次，要阐明为什么要研究这个课题，课题的价值何在，具体解决什么问题。另外，要认真、仔细查阅与本课题有关的文献资料，了解前人或他人对本课题或有关问题所做的研究及研究的指导思想、研究范围、方法、成果等。如前面所举的课题计划案例的课题提出背景、目的和意义就是这样写的。

（三）提出假设

研究假设是研究者根据经验事实和科学理论，对所研究的问题预先赋予的有待验证的暂时性答案，是对课题所涉及的主要变量之间相互关系的设想。对各种教育问题和现象所作的尚待证明的初步解释，都属于假设性质。假设在课题研究中具有定向、限定和参照的作用。研究的问题以假设的形式表述，就会变得更加明确。

山东省泰安市泰山学院附属中学的孙明霞老师说：

我给“生命课堂”课题的理论假设是：通过该课题的研究，在实践层面（课堂）实现对生命的关注，教给学生生命的知识、生活的知识，同时关注学生的生命成长，也成全教师的生命。也期待通过该课题研究，把过去仅仅关注学生生存、生活、生命的教育拓展到课堂教学的各个层面，包括教学的准备、知识的建构、能力的培养、人的健康成长等。最终，解决初中生物学科教学中如何进行生命教育的问题。它适用于所有学科、所有学段的教学，成为各级各类学科教学中进行生命教学的范本。

有了这样的假设，就可以依此设计研究目标。通过研究，老师能合理选择与整合各种教学资源，落实国家课程；研究团队中的每位老师的专业素质得到整体提升；形成生命课堂的实践模型和理论框架；形成实践作业或拓展作业具有学科特点的设计与实施策略；丰富生命教育的内涵；探索出能够在各学科课堂教学中推广的生命教学范式。要特别注意的是，假设不是无目的地胡思乱想，也不是空想，一定是根据已有的事实和资料，设想出有研究价值的问题的因果或结论。一旦形成科学合理的假设，即可以根据确定的目标，在限定的范围内有计划地设计、进行一系列的研究活动。

（四）研究方法

研究方法是对怎样研究的回答，可以理解为原则、策略、程序、工具、方式的综合表述，重点写明怎样实施，如准备如何收集数据，将使用何种技术来分析、处理数据并推导出结论。若是实验研究，还要说明如何选取自变量、因变量，以及控制哪些变量。

研究方法可分为以下几个方面：①收集研究数据资料的方法，如调查法、观察法、测量法、文献法等。这些方法旨在获得研究对象的客观资料，而不给予研究对象人为的影响。②旨在改变和影响变量的方法，如实验法、行动研究法。这些方法要通过对研究对象施加某些干预而获得某些期望的结果。

（五）研究过程

研究过程设计是对自己的研究经历哪几个阶段进行的规划，即每个阶段，从起始到结束，需要做什么。研究过程一般分为准备、实施和总结三个阶段，如研究过程较长，则实施阶段还可再分为几个小的阶段。各阶段的时间安排一般写明“× 年 × 月— × 年 × 月”，需留有余地。

小课题研究真正的成效在于研究过程是一个“发现问题—学习思考—制定解决问题的方案—实施和记录—反思、调整和总结”的循环往复、不断变化的过程。而有些教师的小课题研究过程设计被简略化了：只在最初写个课题方案，在最后写个总结报告。其实，这是一个没有研究过程的研究，是一个虚有其表的研究。

其实，小课题研究过程的各个环节是相互联系、相互融合的统一体，并不是相互割裂、固定排序的。比如“学习”这个环节，它应该贯穿研究过程的始终，并不是像有的教师在方案和研究报告中写的那样：研究的第一阶段是理论学习，列举所学的教育理论，学习的时间是两三个月，然后第二阶段是实施，第三阶段是总结，除了第一阶段，此后的每个阶段都与学习无关了。其实，学习只有贯穿于整个研究过程、与研究的课题紧密相连才更有意义，而伴随着研究中的困惑与思考的学习才是真正有实效的学习。

（六）预期成果

预期成果就是正式展开研究之前希望得到的收获，包括问题解决的程度、可能产生的效益、成果应达到的水平和表现方式等。成果形式指最后的研究结果是以什么形式出现的。教育研究成果的主要形式有两类：一类是文本形式，如研究报告、论文、专著、个案集、研究日志、教学课例等。另一类是非文本形式，如音像制品、教具、学具等。研究成果最终用何种形式来呈现，需要根据成果的内容来决定。

预先设计成果的内容和表现形式，是为了使研究者能在研究开始时就着手积累材料，避免研究结束时才发现有些阶段性成果已经流失。

（七）完成条件

主要介绍物质条件、人力资源和前期成果等。物质条件包括图书资料、研究设备等。人力资源主要指核心人员的研究经验和能力，课题组人员的工作岗位、学术优势、年龄和专业的结构。前期成果主要指本课题组已取得的与本课题相关的研究成果。

（八）参考文献

参考文献在一定程度上也能反映研究者的视野与底蕴。因背景分析时已有文献综述，故是否要在研究方案后面列出参考文献，可视具体情形而定。

总之，设计课题方案应仔细分析上述各个因素，厘清彼此之间的逻辑关系，并综合为一个具有内在结构的整体。

四、撰写方案遇到困难如何解决

桑榆非晚：教师在设计小课题方案时难免遇到各种各样的困难和问题，这时又该如何解决呢？

生命如歌：为什么有些教师在进行课题设计和研究时感到很困难，思路拓展不开？这往往与教育信息闭塞和资料匮乏有密切的关系。有些教师手中除了一本教材、一本参考书以外，什么资料都没有。在一些学校，绝大多数学生和教师整日被“正统”的作业或教案所包围，很少有时间看课外书，或者说，他们缺乏学习的意识。教师忽视个人的读书与学习，势必造成专业方面的“贫血”，一旦做课题研究，教师就感到黔驴技穷了。知识可以分为两种，一种是继承性的，另一种是创造性的。继承是创造的前提，创造是继承的发展。可以说，没有对已存知识的继承就难以有所创造。后人的创造是在前人创造的基础上产生和发展的。

在此，我给教师提出以下几点建议，以供参考。

（一）参阅书刊等资料

教育科研是一种创造性活动，它需要借助教育信息和资料。所有治学有方的人都十分重视资料的积累，“读书—积累—创造”是成功者的必经之路。

设计方案遇到困难可以有针对性地去查阅相关资料。如你想做小学识字教学研究，你就可以查阅相关的书籍、学科杂志，甚至可以把一些相关资料复印下来仔细研究。看一看这项研究已经做到什么程度，别人有哪些研究，有什么成果可以借鉴，有过什么教训等，这样在别人研究的启发下，你可能就有了新的思路。

目前，大多数学校都建有图书馆和阅览室，至少会有资料室。这里既有自然科学、社会科学各种门类的图书，还有各种期刊；既有教育理论专著，还有优秀教师、特级教师的教育教学经验荟萃。这些都是教师充实自己的最好的精神食粮。

充分利用学校的图书馆和阅览室，你会大有收获。你可以在不上课时来到这里，用40分钟浏览一下期刊；你也可以有计划地每天挤出1小时来这里备课，查找资料；你还可以从这里选几本自己喜爱的专著拿回家读。总之，这里是你通向专业化的成长之路。

我是学校图书馆和阅览室里的常客。我经常借阅一些著作（近些年自己买书多了，很少去借阅），但大多时候喜欢阅读期刊和报纸，如《人民教育》《上海教育》《北京教育》《江苏教育》《辽宁教育》等期刊和《中国教育报》《中国教师报》《教师报》等报纸。因为看书过于投入，我曾几次被锁在阅览室里。

（二）网络搜索

一台电脑，一根网线，就能让你足不出户便知晓天下事，与素未谋面的同行交流。如今，越来越多的教师懂得利用网络带来的便利来增强自己的专业能力，拓展交往层面，同时让自己的生活更加丰富多彩。

教师要克服方案设计困难，可以向网络求助。主要有以下几种方法。

1. 围绕你所研究的专题去搜索资料，开拓思路。如你想做“提高初中数学课堂有效性的变式训练的研究”这个课题，却毫无头绪，你可以去搜索相关的资料，弄清楚什么是变式训练，变式训练的方法有哪些，怎样进行变式训练设计等。查阅信息资料的过程也是厘清研究思路的过程，这对之后进行这方面的方案设计十分有帮助。

2. 如果你不会写方案，可以从网上下载一些方案案例作为参考，以便开拓思路。

3. 利用网上咨询。如利用邮箱、QQ 等向有经验的教师乃至名师请教。

（三）求助学生

有这样一个故事。

有一位大公司的老总，在公司的 27 层楼办公。一天傍晚要下班的时候，他站起来，往窗户看了一眼。这一眼，让他惊叹：西边的太阳就要落山，彩霞满天，映照着绿柳炊烟，俯瞰人群涌动……这是一幅多么壮丽的美景啊！他拿起电话，对 10 层的中高层主管发出指令：“大家一律向西看！”

主管们向西看后，纷纷感叹道：“嗯，景色还真美啊！”可是，主管们看到的美景却不全面，因为发生了时间差，换了高度和角度。

于是，他们按照老总的指令，拿起电话打给一楼各部门负责人：“大家一齐看西边！”有的部门负责人忙着自己的工作，无暇顾及；有的按照指令，向西看到了一些屋顶；有的看到了西边快要下山的红太阳，却没有太多的感想：“这太阳天天都要落山，有什么看头呢？”但是，他们都还是将指令往下传，传给了在地下室干具体工作的职员：“大家一律向西看，谁不看就罚谁的款！”

地下室的职员干得正欢，接到指令，大家直起腰一齐向西看。看什么呢？四处是墙壁。于是，有的人继续干活，有的人牢骚满腹：“看什么看，有什么好看的？领导就是领导，整天没事干，尽整没用的。”

大领导、中高层主管、职员之间因为高度不同，眼界不同，认识不同，心态不同，出现了一系列的误解，因此最后只能得到适得其反的效果。（选自徐世贵、吕维智《给教师战胜职业倦怠的建议》）

这个故事启示我们，一个人所处的高度和观察的角度不同，对客观事物的认识以及感悟也会有所不同。教学工作也是如此。教师与学生有两层关系：一是成年人与未成年人的关系；二是先知者与未知者的关系，这两者所在的高度和角度是不同的。也就是说，教师感兴趣的东西，学生不一定感兴趣，教师能理解的知识，学生不一定能理解。

有一位中学老师有这样的体会：

我讲授《比例的概念和性质》一课前，反复钻研教材，编写教案，甚至自己一个人到空教室中试讲，设计板书。但课堂实际效果不佳，学生说我把他们讲糊涂了。刚开始我很不理解，我对知识点的理解没有错误，而且特别注意逻辑推理的严密性，怎么会把学生讲糊涂了呢？冷静思考以后，我才明白问题所在：我课前根本没有了解学生已经掌握了哪些知识，在旧知识的运用和理解上有什么缺陷，接受新知识会有哪些困难。仅从教材出发，片面强调逻辑推理的严密性，不考虑学生的可接受性，在课堂上滔滔不绝地把一个又一个结论抛给学生，使他们无法招架，教学效果当然不会好了。

所以，当教师在设计小课题研究方案遇到困惑时，可以想一想：我是不是对研究对象不够了解？如果是，你可以多查找资料，激发灵感，甚至可以把你的困难和设想告诉学生，让学生帮你出谋划策。这时，也许你会从“山重水复疑无路”的绝境走进“柳暗花明又一村”的新天地。

（四）同事交流

教师在设计小课题方案出现困难时，不妨向同事求助，请同事帮助你出谋划策。在同一所学校工作，同事既是工作伙伴，又是朋友，也可以说是一起学习的学友。你有一个苹果，我有一个苹果，彼此交换还是一个苹果；你有一种思想，我有一种思想，彼此交换就是两种思想。学友之间的信息交流、相互切磋乃至辩论，有利于双方互为补充、丰富知识、开阔视野。

才智相当的人在一起讨论，甚至争论，是有效学习的一个良好方法。和观点相同的人讨论，可以相互补充、相得益彰，使双方观点臻于完善；与持有不同观点甚至是对立观点的人辩论，可以揭露思维的矛盾、观点的偏失，促使我们深入地思考问题。

“独学无友”“孤陋寡闻”是教师专业成长的大忌。有些教师关门教书，闭门批改，把自己封闭起来，不愿和别人交往、接触。虽然不能说他们没有学习，能力没有提高，但学习效率和效果肯定会受到影响。结交学友可以有效地促进学习。与高尚的人做朋友，你会收获高尚；与勤奋的人做朋友，你会奋起努力；与学识渊博的人做朋友，你会收获知识；与追求卓越的人做朋友，你会加快前进的步伐。希望广大积极好学的教师都能够善交益友，与志同道合之人相互促进，共同进步。

（五）拜访名师

历史证明，拜师求艺是各行各业有所成就者迅速成长的一条成功经验。教师的专业化成长没有捷径，如果说有，那就是拜师求艺。拜师求艺可使教师少走弯路，或不走弯路，尽快成才。

怎样向专家请教？第一，真心真意地虚心请教。土耳其有句谚语是这样说的：“善问者能过高山，不问者迷于平原。”既然我们是去学习的，不懂不会的就要虚心请教，不要怕丢面子，不要怕人家看不起。第二，既要虚心学习别人，又不能迷失了自己。

你应该听过“扬州八怪”之一的郑板桥向石涛和尚学画兰花的故事。郑板桥说：“十分学七要抛三，各有灵苗各自探。”这是为什么呢？郑板桥解释道：“学一半，撇一半，未尝全学；非不欲全，实不能全，亦不必全也。”每个人都有自己的个性，如果觉得某个人在某一领域取得了不凡的成就，就一味模仿，那么你一辈子没有出息。齐白石说的“学我者生，似我者死”就是这个道理。另外，每个人的经验都有局限性，都或多或少地受到区域内、校内、教研组内思想文化的影响和限制——由于缺少新生事物的加入，风格逐渐趋向一致，少有突破和创新，从而走向退化。再者，指导教师和青年教师结成帮带对子后，即使双方形成了很民主的关系，也不能忽视指导教师的中心地位，这种无意中形成的等级关系也妨碍了彼此之间进行平等的交流与合作。

中国有句俗话：“师傅领进门，修行靠个人。”拜师求艺固然是好的，但并不能代替一个人的自学和专业成长。方法可以学，“路”如何走也可以由别人来指点，但路最终还是要靠自己走；知识方法可以传授，但能力不是讲出来的，不是机械套用的，是在实践中锻炼提高的。

（六）教研借力

无论是外出学习，还是参加校内教研活动，都是教师学习研究的好机会。教师应不失时机地抓住这些机会。另外，学习要注意以下几点。

一是要带着一种如饥似渴的强烈愿望去参加学习活动。

二是根据不同教研活动的需要做好准备工作。如参加听课活动，就应该事先问清听课内容，把课本找来预习，还可以写一个简单的教学设计，设想如果我来上这一课该怎么上，以便有个对比。如果是参加学术交流活动，就需要提前准备好交流的资料。

三是争做参与者，不做旁观者，积极参与探讨，切磋问题。积极参与其中才有更大收获。

四是注意积累资料。教师参加教研活动一定要做好记录，能录音、录像更好。会议交流发放的各种材料应及时收集起来，要做一个有心人。

五是事后应该注意整理和反思。由于活动时间较短，教师对一些教研活动内容的理解很可能还是感性的，要想形成准确深刻的理解，达到融会贯通的程度，就应加强事后的反复阅读、消化、理解。

一等教师创造，二等教师研究，三等教师克隆。教师在学习运用上面这些方法时应处理好模仿、借鉴和创新的关系。别人的思想方法只能学习借鉴，不能完全照搬。契诃夫说：“没有个人的思考，没有对自己经验寻根究底的精神，提高教学水平是不可思议的。”在小课题方案设计中，“我的方案我做主”，不管参考了多少资料，请教了多少厉害的人物，方案最终还是要自己来完成，要凸显自己的想法，写出有创新点的设计。

五、小课题方案的调整

时光静好：有了小课题研究方案，教师做研究时是不是就必须严格按照课题研究方案一成不变地实施呢？

生命如歌：不是的。课题研究虽然有方案计划，但实际的研究过程是不断调整、不断变化的。真正参与研究的教师都有这样的感受：研究的过程并不是完全像事先预想的那样一帆风顺、一成不变的。在实际的研究中，会不断遇到新问题，这就要求研究者不断调整思路、寻求新的解决问题的方法。

进行小课题研究时，只有在研究过程中不断反思和调整，才能确保研究始终走在正常轨道上；我们的教师也只有在这个过程中不断学习、反思和调整，才能不断成长和进步。

附小课题研究的资料积累流程图：

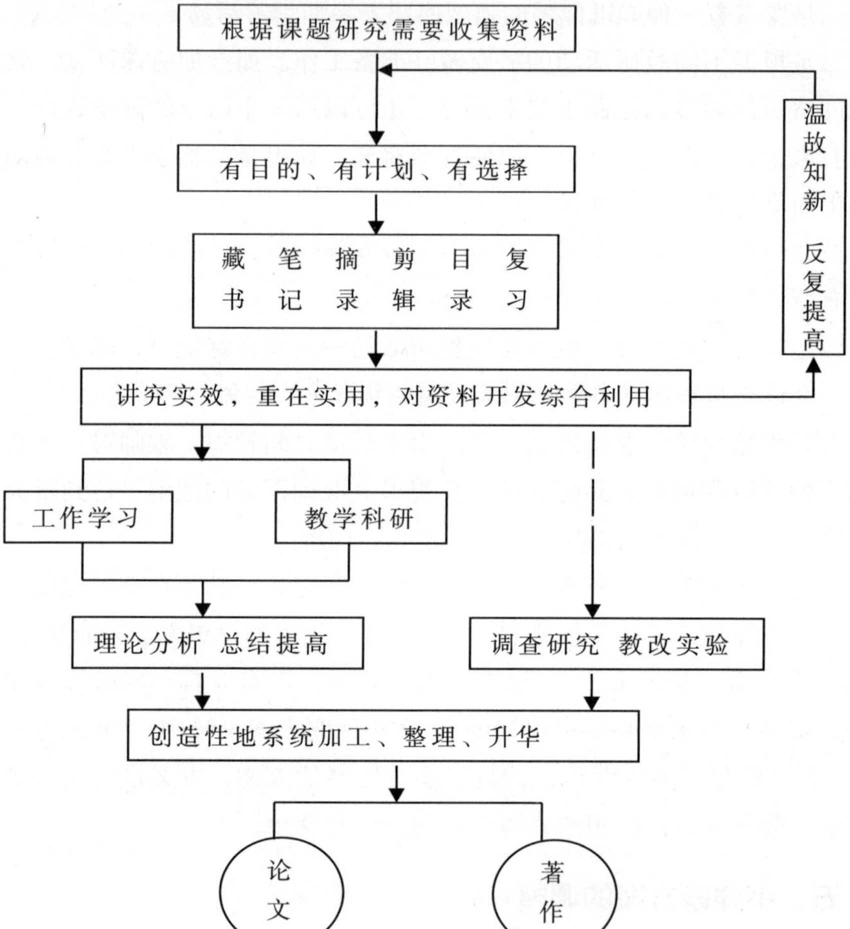

资料积累流程图

第5章 在创新中突破，在突破中出成果

——小课题研究如何创新

同样是做小课题研究，有的教师很快就能取得研究成果，而有的教师虽然也很努力，却“抱瓮出灌”，就是不出成果。造成这种情况的原因可能是多方面的，但是有一点是万万不可轻视的，即重视创新。小课题研究还存在这样的现象：教育理念听校长的，教学设计抄组长的，上课内容看参考书的，作业及答案全是练习册上的。教师做小课题研究如此操作是不可能出成果的。所以，小课题研究一定要重视创新，有创新课题研究才能有所突破。那么，什么是创新？教师在小课题研究中怎样去创新？现在我们来聊聊这个问题。

一、小课题研究要重视创新

一路春风：老师，为什么小课题研究要特别强调研究者的创新呢？

生命如歌：课题研究的核心是创新，不管是大课题还是小课题，在研究中都要重视创新。创新可以化腐朽为神奇。我想跟大家分享《特别的生日礼物》这个故事。

全国优秀班主任于洁老师的班里有一位女生，她的父亲在一次车祸中丧生。这位女生和她妈妈非常伤心，很长一段时间都无法走出失去亲人的阴影。她一直耿耿于怀，自己的父亲竟然连一句遗言都没留下就走了。作为班主任的于老师一时间也束手无策。在偶然中，于老师翻开了家校联系本，她在联系本上发现这个女生的父亲写下了大量文字，于老师感觉找到了沟通的突破口。她把这宝贵的文字整理成生日礼物送给了这个女生，女生收到这个特别的生日礼物激动万分，流下了感动的泪水。在于老师的帮助下，这位女生重新燃起对生活的希望，逐渐走出失去亲人的痛苦。于洁老师的这种做法就是一种创新行为。

谢淑美是福建省厦门市海沧育才小学的老师，福建省的骨干班主任、厦

门市优秀教师。育才小学的老师说，谢淑美老师总是主动接手全年级平均成绩排名最靠后的班级，并且一年下来，总能将“老末”变“老大”。老师们都称她为“落后班级”的“翻盘手”。她的成功得益于创新。微写作是谢淑美老师的教学秘籍。在一节复习课上，她结合中秋节，请学生从生活中择取素材来自创题目。学生很快创出了“一个人排队坐碰碰车要 3 分钟，我前面有 3 个人，轮到我玩需要几分钟？”等接地气的问题。谢老师将问题进行归类并细致讲解。课后，学生每人提交一份“创题心得”。通过自创题目，学生们找到了充分展示数学思维的平台。

二、怎样理解小课题研究的创新

一路春风：老师，听您这么一说，创新的确非常重要。那么，什么是创新？怎样理解小课题研究的创新呢？

生命如歌：从汉语定义上讲，创新是指以在现有的思维模式下提出的有别于常规或常人思路的见解为导向，利用现有的知识和物质，在特定的环境中，本着理想化需要或为满足社会需求而改进或创造新的事物、方法、元素、路径、环境，并能获得一定有益效果的行为。如下面这幅名为《创新的力量》的图片：没有创新的知识是呆板零散的，经验知识只是将零散的知识联系起来，形成简单的图案，而有了创意的知识却神奇地变成了一只猫。

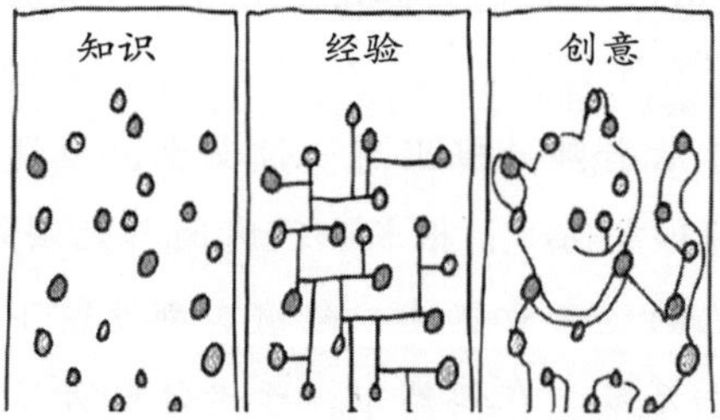

创新的力量

创新有三层含义：第一，更新；第二，创造新的东西；第三，改变。在小课题研究中，新的视觉、新的思维、新的方法、新的角度、新的内容都可以带来新的研究突破。在教学研究中，通过课题研究促提升，突破思维创新点。对于课堂教学而言，没有创新就没有精彩，有了创新教学才会精彩。如陈丽敏老师的课堂因分层导学有了创新点。

没有“创学”就没有精彩

自己的知识 + 前人的知识 = 创新的知识

在新课导入环节，她利用生活中常见的饮水泵输水和心脏泵血动态图的类比，形象地解释“泵”，水到渠成地过渡到“心脏的功能”，成功地抓住了学生的注意力。紧接着开展小组合作探究活动，引导学生根据导学案设置的问题，层层深入地观察心脏模型和心脏解剖图，积极思考、讨论交流，由学生自己来识别心脏的结构名称，阐述其工作原理，再辅以细致点拨，体现“以学生为主体，以教师为主导”的新课程理念。陈老师还适时将实物解剖的微课片段穿插于教学中，进一步突破重难点，将抽象的知识直观化、生动化，课堂氛围轻松活跃。在课堂小结阶段，巧妙地以板画贴图的方式巩固学生对心脏结构的识记，并有效利用板书构建概念图模型，让人眼前一亮。

在整个教学设计中，导入环节、小组合作探究环节、突破教学重难点环节、课堂小结环节等，都充分利用直观教具进行了新的视觉、新的思维、新的方法、新的角度、新的内容等一系列创新，成功抓住了学生的心。可见，创新是教学发展的重要生长点，也是创造教学精彩的重要因素。

三、小课题研究创新策略

春华秋实：教师在小课题研究中怎样创新呢？

生命如歌：教师在小课题研究中创新的内容、方法和途径有很多，通常可以从以下几个方面来考虑。

（一）增强创新意识

首先，教师要有创新意识和创新精神。有的教师在小课题研究中不能创新，是因为缺少创新意识和创新精神。如果教师没有创新意识和创新精神，教学还谈何创新。比如，教师用某一种方法教学生，但有一部分学生学不会，这个时候该怎么办呢？教师的做法大体上可以分为两类。

一类教师开始怀疑这些学生能否学得会，因此他们没有去尝试其他方法，他们的教学水平还停留在初任教师的状态。而另一类教师从不认为这些学生学不会，因此他们会继续尝试第二种、第三种乃至第十种教学方法，最终找到适合学生的教学方法，既教会了学生，也提升了自己，真正实现教、学、研相长。

从上面两类教师的教学行为看，他们的根本差异是教育观念与创新。所以，在小课题研究中，教师要增强创新意识和创新精神。教师只有突破传统的思维定式，勇于尝试和改变，才会有所创新，有所突破。

教师的创新意识与教师的思想观念有一定关系。有的教师认为教育教学工作平淡无奇，难以创新；有的教师认为只有专家和有创新能力的人才能创新，一个普通教师怎会有能力创新？其实不然，我建议大家读读陶行知的经典教育论文《创造宣言》，相信你们一定会受到很大启发。

有人说：环境太平凡了，不能创造。平凡无过于一张白纸，“八大山人”挥毫画他几笔，便成为一幅名贵的杰作。平凡也无过于一块石头，到了菲迪亚斯、米开朗琪罗的手里可以成为不朽的塑像。

有人说：生活太单调了，不能创造。单调无过于坐监牢，但是就在监牢中，产生了《易经》之卦辞，产生了《正气歌》，产生了苏联的国歌，产生了《尼赫鲁自传》。单调又无过于沙漠了，而雷赛布竟能在沙漠中造成苏伊士运河，把地中海与红海贯通起来。单调又无过于开肉包铺子，而竟在这里面，产生了平凡而伟大的平老静。

……

有人说：我是太无能了，不能创造。可是鲁钝的曾参传了孔子的道统，不识字的慧能传了黄梅的教义。慧能说：“下下人有上上智。”我们岂可以自暴自弃呀！可见无能也是借口。蚕吃桑叶，尚能吐丝，难道我们天天吃白米饭，除造粪之外，便一无贡献吗？

有人说：山穷水尽，走投无路，陷入绝境，等死而已，不能创造。但是遭遇八十一难之玄奘，毕竟取得佛经；粮水断绝，众叛亲离之哥伦布，毕竟发现了美洲；冻饿病三重压迫之下，莫扎特写下了《安魂曲》。望是懦夫的幻想。歌德说：“没有勇气，一切都完。”是的，生路是要勇气探出来，走出来，造出来的。这只是一半真理；当英雄无用武之地，他除了大无畏之斧，还得有智慧之剑、金刚之信念与意志，才能开出一条生路。古语说：穷则变，变则通。要有智慧才知道怎样变得通，要有大无畏之精神及金刚之信念与意志，才变得出来。”

所以，处处是创造之地，天天是创造之时，人人是创造之人。让我们至少走两步退一步，向着创造之路迈进吧！

陶行知的《创造宣言》启发了我们，教师是否能创新，关键看教师有没有创新意识和创新精神。如《人民教育》曾介绍过一个敢走“野路子”的小学数学特级教师刘永宽。他的教育生涯有着传奇般的色彩。他说：“这么多年来，我有一个教学座右铭，叫作‘让学生喜欢我’，学生喜欢我，就喜欢我这个学科，就不会不做作业，不会不听课。”刘老师在教育教学上有这样几个妙招：

第一招：数学课上讲笑话。每新接一个班，我都会做一件事：每一节数学课，我都要讲一个笑话，这个非常有效。数学课有笑话，别的课没有，学生就会对数学课感兴趣，觉得很开心。讲笑话时间大概一分钟，课前、课后、课中进行都可以，教师可随时调整时间。

第二招：不断调整自己的讲课形式。

第三招：可以“三不做作业”。第一，生病可以不做作业；第二，家里有人去世了可以不做作业；第三，家里有人结婚可以不做作业。

第四招：要教会学生讲三句话：老师，我还不懂；老师，我懂了；老师，我不同意，让我来说。

创新是刘永宽老师数学教学艺术永葆青春的根本。一位同校的教师说：“刘老师多次上过《面积的认识》的公开示范课，我也多次听过他的公开课，但是每次都有不同的新鲜感。这是因为他每上完一次公开课，总是要征求听课者的意见，他不爱听好话，反而喜欢大家挑他的‘刺’。然后他独自反思，寻求新的突破。”

刘永宽老师认为，创新并不是把旧的方法全部推倒，换一个全新的方法。也可以在原有方法的基础上，在某一环节上予以突破，或者对教学语言、教学工具的运用有所改变，只要能起到更好的教学效果，都可以视作创新。

（二）运用陌生原理

桑榆未晚：老师，我听说创造学上有一个陌生原理，这与创新有什么关系？教师应怎样运用陌生原理来进行创新呢？

生命如歌：陌生原理就是指教师要带着陌生、好奇的眼光去审视周围世界的一切事物，即使熟悉的事物也不例外。也就是说，将熟悉的人或事当作陌生的人或事，借用新的理论去加以研究。每一个初登讲台的教师，都会有当一个好教师的梦想。但时间久了容易懈怠，职业倦怠就产生了，对待工作就少了一份虔诚和执着，在工作中就会产生懒惰、抱怨、得过且过的心态，做事情难以坚持。在这种心态下，教师是不可能有教育创新的。例如，一个教师教一届学生教久了以后，很容易对学生形成刻板印象。如果有意识地将这些熟悉的学生当作陌生人，用新的教育思想、理论进行观察，就会产生不同于以往的新的发现和新的认识，被人忽视的后进生就有可能变成优秀生。

一把花生中的哪一颗最好吃？实践证明，第一颗花生最好吃。当把第一颗花生放进嘴里咀嚼时，那香甜的滋味如人参果一样，但继续吃下去，又觉得不过尔尔了。这给我们的启发是——初感，当人初次接触一个陌生的事物，会感到新鲜奇特，留下的印象也比较深，而当熟悉了之后便觉得司空见惯，好奇心易淡漠，感官也会因为重复多次而倦怠，变得迟钝以至麻木。为什么游记的作者很少是当地人，吟山咏人的好诗也往往得于初游者？这就是神奇的第一印象效应。

因此，教师要想做科研就要有所发现，有所求索，但学校环境对教师来说太熟悉了；备课，上课，课间操，辅导，考试，批改……这些习以为常的工作，对教师而言是周而复始、司空见惯了的。教师既不能从中发现新鲜的研究课题，也不能在研究中想出新招。那么，怎样在平凡中见神奇、见伟大呢？这就要运用陌生原理。

特级教师贲友林有过这样的做法和体会：

一个念头：2010 年，我被评为江苏省特级教师。9 月，我新接了三年级（6）班的数学教学工作。面对新班级、新学生，我的课堂是日复一日地重复昨天的故事，还是做一番新的探索？特级教师的称号给我过去的教学生涯画上了一个句号，而对今后的教学之路添注则是一个冒号。我期待改变学生学习的状态，改变课堂的面貌。

想象中的课堂，我曾用文字这样描述：课堂中，学生积极主动，善于倾听，勤于思考，敢于质疑，争先恐后地举手，自信大方地表达——或补充，或修正，或肯定，或质疑；课堂充满有主见又不失童趣与深刻性的争辩，一个个“小精灵”都是知识、思想、方法的生产者，是学习的主人。课堂中，生机勃勃，兴味盎然，师生都能感受到成长的气息。

让改变发生！没有人给我提要求，但我与自己有一个约定：以往课堂中惯用的熟悉的教学套路都先搁置不用，我得摒弃我原先积存的关于课堂教学的惯用做法，像一位新手教师一样面对课堂，面对学生，面对学生的数学学习。

后来，他成功了，还出版了一本书，叫《现场与背后——“以学为中心”的数学课堂》。敢于清零，是走出舒适区的前提！贲友林老师的成功就是因为他运用了创造学上的陌生原理。

桑榆未晚：陌生原理真神奇呀！我在小课题研究中一定尝试着去运用这个原理。

（三）突破固有观念，实现创新

生命如歌：科学是在不断改变思维角度的探索中前进的。要实现创新，除了利用陌生原理，突破固有观念也很重要。有这样一个小故事：

有一家公司招收新员工时出了这样一道测试题：在一个暴风雨的晚上，你开车经过一个车站，看到有3个人正在等公共汽车，一个是快要死的老人，非常可怜；一个是医生，他曾经救过你的命，是你的大恩人，你做梦都想报答他；还有一个是你做梦都想见到的梦中情人，错过这次机会也许你就再也见不到她了。但你的车只能再坐一个人，你会如何选择？

可能每个人的回答都有他自己独特的理由。有爱心的人会选择救老人，因为老人快要死了；知恩图报的人会选择医生，因为他救过自己；注重情感的人会选择梦中情人，因为一旦错过了这个机会，他此生就与梦中情人无缘了。

在200个应征者中只有一个人被聘用，他没有解释，只是说了他的选择：“给医生车钥匙，让他开车带着老人去医院，而我则留下来陪我的梦中情人一起等公共汽车！”

（张笑颜，有删改）

此时，我们应该明白为什么200人中只有这一个人被聘任了！是思维的定式局限了我们的想法。我们从未想过要放弃自己手中已经拥有的优势（车钥匙）。如果我们能放弃一些固守的习惯和惯有的想法，或许我们会得到更多。

在小课题研究中，教师如果没有教育思想观念上的突破，就很难有研究行动上的突破。其实，我们在教育教学活动中，难免会遇到一些较为复杂、棘手的问题，常规方法可能一时难以奏效，此时不妨换一种思维方式，或许就会收到意想不到的效果。

观念决定思路，思路决定出路。思想观念不同，解决问题的方法也不同。思想是课堂教学的风骨，也是一种教育生产力。思想新，方法才新；思想落后，方法必然落后。没有先进正确的教育思想做支撑，教师很难备好一节课，更不会上好一节优质课。所以，教师要想在小课题研究中有所突破，首先应该突破固有观念。

四、利用创造技法来创新

桑榆未晚：老师，请问小课题研究创新还有哪些适用的方法？

生命如歌：创造发明是一门科学。我曾与辽宁省本溪市群力小学合作进行创新教育研究，并编辑出版一套《青少年发明创造成功之路》的图书，我也因此有机会学习研究“创造发明技法”的科学。为了启发教师的研究思路，在这里我介绍几个应用案例。

1.运用发散法，突破思维定式

科学家贝尔纳说：“构成我们学习最大障碍的是已知的东西，而不是未知的东西。”此话甚有道理。有一位创造学家做了这样一个实验：他在黑板上用粉笔画了一个圆点，问在座的高中学生：“这是什么？”学生们异口同声地回答：“是粉笔点。”这位创造学家又来到了幼儿园，用同样的问题问在座的孩子们，孩子们的回答五花八门：“是圆面包。”“是小纽扣。”“是天上的星星。”“是狐狸的眼睛。”……答案竟有几十种。

实验证明：儿童思维的开放性十分突出；显然，高中生的知识经验多，受心理定式的影响往往也比较大。

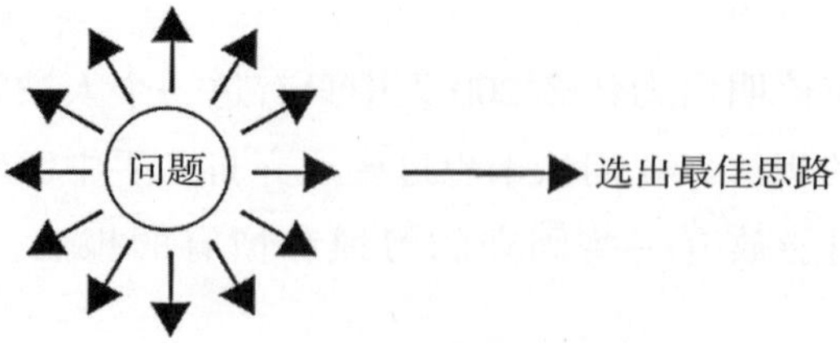

按理说，一个人经验越丰富、知识越多，就会越聪明。可是有时也不是这样，如果你不能灵活运用固有的知识经验，而以僵化、静止、保守的态

度来解决变化的新问题，这种习惯性的思维就变成了魔鬼，它限制了你的思维，让你死守规则，受到唯一答案的束缚，使你钻进死胡同，这就是心理定式所导致的思维障碍。

所谓发散法，就是教师在进行课题研究时不死守一种思路，不独遵一种方法，不追求唯一答案，而是从四面八方开拓思路，最后选出最佳方案。

其实世界上的任何问题都不只有一种解法，所谓条条大路通罗马。例如，通过发散思维，就可在左边图形的基础上画出若干新图形。

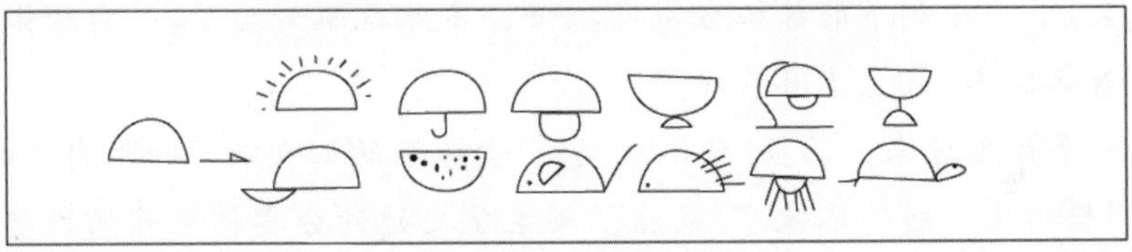

利用思维发散法的图形创新图

例如，就教师课堂教学方法的选择和运用来说，许多教师就是固守课堂"满堂灌"或"满堂问"的狭窄思路，没有发散思维。而特级教师董大方老师就有发散性思维，她的课堂教学设计总是具有创新性。在她的初中数学课堂上，学生有看、有读、有说、有议、有问、有评、有猜、有想，还有量、有画、有拼、有做、有练、有编等。因为这些学习方式有针对性、灵活性、多样性和全面性，是彻底的、全面的、超前的、全方位的，所以董老师的教学效果也是特别明显的。

2.运用改变法，平中见奇

改变法就是对原有教育教学中的效率低下的方法和措施进行改变，用新的方法和措施取而代之。如改变教材的处理表达方式、改变板书设计方法、改变考试形式等，让我们来分享一个特别的故事。

一个卖辣椒的故事

对卖辣椒的人来说，恐怕经常会碰到这样一个问题，那就是不断地有买主问："你这辣椒辣吗？"这不好回答。答"辣"吧，也许买辣椒的人怕辣，会立刻走人；答"不辣"吧，也许买辣椒的人喜吃辣，生意还是做不成。当然，解决的办法也有，那就是把辣椒分成辣的和不辣的，满足不同顾客的需求。

一天，我遇到一个卖辣椒的妇女。我就守在她三轮车旁，想看看她怎样解决这个难题。趁着眼前没有买主，我自作聪明地对她说："你把辣椒分成两堆吧，买主要辣的你就指辣的这堆，要不辣的你就给他指不辣的那堆。"

没想到卖辣椒的妇女只是笑了笑，轻声说："用不着。"这时，过来一个买主，问的果然是："你这辣椒辣吗？"卖辣椒的妇女很肯定地告诉他："颜色深的辣，颜色浅的不辣。"买主挑好辣椒付过钱，满意地走了。也不知这天是怎么回事，大部分人都买不辣的。不一会儿，颜色浅的辣椒就所剩无几了。我又说："把剩下的辣椒分成两堆吧，不然就不好卖了。"卖辣椒的妇女仍是笑着摇摇头。说："用不着。"

又一个买主过来，问："辣椒辣吗？"卖辣椒的妇女看了一眼自己的辣椒，答道："长的辣，短的不辣。"果然，买主就按她的分类标准开始挑起来。长辣椒很快告罄。看着剩下的都是深颜色的短辣椒，我没有再说话，心想：这回看你还有什么新说法。

没想到，当又一个买主问"辣椒辣吗"的时候，这位妇女信心十足地回答："硬皮的辣，软皮的不辣。"我暗暗佩服：可不是嘛，被太阳晒了半天，确实有很多辣椒因失水变软了。

卖辣椒的妇女临走时对我说："你说的那个办法卖辣椒的人都知道，而我的办法只有我自己知道。"

（钟明，有删改）

这个故事启示我们：当你用常用的思路或方法处理问题难以奏效时，应该考虑改变这种思路和方法，用另一种思路和方法去突破。改变也许会让你有"柳暗花明又一村"的感觉。教师进行小课题研究正需要这种"改变"。

曹阳明老师是著名的德育能手。在做学生思想工作时，他遇到了政治说教不受学生欢迎的尴尬局面。于是，他改变过去那些习惯性做法，进行了大胆的创新。

"女生比男生强"辩论会

有一年，曹阳明老师带五年级，班上男女学生情绪对立严重，经常发生"战争"。男生爱说：女生最没用，最讨厌。女生爱说：男生最无能，最粗野。该怎么解开这个死结呢？曹阳明老师找来了男班长和女中队长，不动声色地说："下一堂班队课，我们搞一场辩论赛，题目就是'女生比男生强'。"女中队长一听，得意地笑了。曹阳明老师继续道："不过，男生为正方，论述女生比男生强。女生为反方，论述女生没有男生强。"两人听曹老师这么一说，都睁大了眼睛，愣住了。"请好好准备吧，我倒要看看究竟是男生强还是女生强，辩论赛上见分晓。"这个"狡猾"而绝妙的主意，是曹阳明老师精心设计且有意"为难"学生的：要是男生想赢，他们就得大论女生比男生强；要是女生想赢，她们就得大论男生比女生强。天哪，这不是长对方志气，灭自己威风吗？而这正是他班务管理三十六计中的一计——"换位思考"。班队课如期举行，男女生两队各自滔滔不绝、慷慨陈词。男生把女生夸得令人心生佩服，女生把男生夸得心花怒放。学生辩论热情高涨，自发的掌声不绝于耳，连下课铃声都没听到。当裁判长曹阳明宣布"男女两方均言之有据、辩论有方、陈词有力，故颁发'双赢'大奖"时，教室里一片欢腾。最耐人寻味的是，当男班长和女中队长两位代表上台领奖时，他们竟主动握手言和了。

（徐世贵，有删改）

这场"两难辩论赛"让学生们记忆深刻，难以忘怀。现已上大学的姜晖同学，在回忆自己老师时说："他用一种理性的、智慧的方法，悄无声息地磨去了我们年少的无知与轻狂。"

3.运用逆向法，出奇制胜

逆向思维，也称逆向法。它是对司空见惯的、似乎已成定论的事物或观点反过来思考的一种思维方式。敢于"反其道而思之"，让思维向对立面的方向发展，从问题的相反面深入地进行探索。比如，有人落水，常规的思维模式是"救人离水"，而司马光面对紧急险情，运用了逆向思维，果断地用石头把缸砸破，"让水离人"，救了小伙伴性命。

"欲擒故纵"是《三十六计》中的第十六计，其意思是：欲抑之，必先张之；欲擒之，必先纵之，以退为进，欲抑先扬。这个计谋用在课堂教学中，就是运用先错后正的正误鉴别、以错纠错的策略和方法，其实这就是逆向法。特级教师薛法根讲过这样一个故事。

不爱读书的小男孩

班里有个叫小张的男孩，他居然要告他妈妈用缝衣针戳他的屁股逼他来上学。我硬硬心肠，将他的课本、作业本全部收了上来，让他坐在教室里看别人读书，既不要他读书，也不要他做作业。第一天，他很得意；第二天，他有些坐不住了，东张西望地看同学的课本，我故意严厉禁止；第三天一早，他就来向我要自己的书本，我趁机与他约法三章：什么时候不肯学习什么时候将书本收上来。很难想象，在硬逼着他读书的时候，他死活不肯学习；在限制他学习的时候，他却拼命要读书。我将这种教育方法称为“饥饿疗法”，对学习没有“饥饿感”，就没有对学习的渴望，就难以体会学习的快乐和幸福。

（徐世贵，有删改）

为什么有的孩子平常在家里时父母对他们的管教难以奏效，可一旦他们离开家庭外出求学或服兵役，一下就成长了，变得懂事了？这是因为，离家后的艰辛体验使他们原有的思想信念等受到了冲击和改变。

看来，欲擒故纵的逆向法确实在教学中有着不可估量的作用。

逆向思维是创新的另一种思维方法。逆向思维，也称求异思维，它是对司空见惯的、似乎已成定论的观点反过来思考的一种思维方式。敢于“反其道而思之”，让思维向对立面发展，从问题的相反面深入地进行探索，才能树立新思想，创立新形象。

薛法根老师的创新就在于，当学生“不爱读书”时，大家都朝着一个固定的思维方向思考——怎样去鼓励和强制学生读书，而薛法根老师却朝相反的方向思索，把学生的书收上来，限制学生学习，此举反而产生奇妙的效果。这就是逆向思维在创新中的作用。逆向法不仅可以运用在教学中，还可以运用在班级管理上，对做学生的思想工作有神奇的作用。

4.运用替代法，独辟蹊径

什么叫替代法？简而言之，就是用别的材料、零件、方法，代替另一种材料、零件、方法。

教师在开展小课题研究中完全可以运用这个方法。教学中编一个顺口溜，画一张草图，列一个表格，打一个比喻，以此来代替你的教学意图。例如，有一位小学语文老师在上《冀中地道战》一课时，没有详细分析课文中地道的构造，也没有让学生草草阅读了事，而是让学生画地道，即让学生在认真读的基础上用画图的方式把地道的构造表现出来。这极大地激发了学生的学习兴趣，也提高了学生理解课文的能力。用学生画地道的构造图来代替教师的讲解，这也是一种教学上的创新。另外，有些小学数学老师在讲角的概念时，没有由自己包揽课堂去讲解和演示，而是首先让学生用图纸去剪一剪、拼一拼、量一量、说一说，而后再来讲解和讨论，这也是一种替代，即由学生动手、动脑、动口来替代教师的一部分讲授。替代法促使教师创造出许多新颖有效的教学方法，颇受学生欢迎。

学生列队训练历来是令体育老师们头疼的一件事，可北京市特级教师蔡福金却将难题当课题，他根据中学生的生理、心理特点，对队列、队形训练进行了大胆改革。为了练好“报数”这一基本功，他让每排学生商定一句话，如“发展体育运动，增强人民体质”“我们都有一个家，名字叫中国”等，从头至尾每人报一个字，就这样，报“字”报“数”相结合，其训练效果出人意料的好。

5.运用移植法，锦上添花

移植法是将某一地方或领域所使用的原理、技术、元件、功能等移植到另一个地方或领域，从而进行创新的技法。在教育教学工作中，如果运用这种创造技法开展科研，也许会收到意想不到的效果。如在实施新课程中，许多老师把《开心辞典》《实话实说》《大学生辩论会》等一些电视节目的形式移植到课堂教学中来，改进教学方法，取得了良好的教学效果。

例如，特级教师窦桂梅在教学《黄河象》时就让学生扮演了三种角色。这实际上就是运用角色移植的方法，即把科学家、作家、旅游家的角色移植到课堂教学上来。下面是纪实片段。

师：你们的想象和推想正是科学家在看到黄河象的化石时所产生的想象和推想。你们也想象出这样一段情景，真有想象力！假如把你们刚才的推理反过来说，其实就是大象掉河里的情景。现在咱们做一个角色的转换，你可不是开平市长师附小五（2）班的同学了，你现在就是科学家，这篇黄河象化石的资料，就是你想象和推想出来的。我现在要问你了，你是谁？

生：我是科学家。

师：（握手）周科学家你好！

师：（转向另一位学生）你姓——

生：我姓吴。

师：（握手）现在正缺女科学家，吴科学家你好！

生：（齐）我们都是科学家。

师：那好，快！把你们桌子上的“科学家”的小卡片，写上你们的名字，戴在胸前。

（学生写名字，把小牌戴在胸前。）

师：你看，戴上这小牌儿，多么精神，眼睛里透着智慧。

师：要是科学家的话，我们一会儿要进行想象，进行推想，想象黄河象失足落水的那一瞬间的情景，要推想出它死后在那里就没有被移动过。你说，你应该注意些什么？你应该有怎样的科学态度？

生：要特别认真。

师：（握手）好，就应该有这种科学精神。你呢？

生：我会做到细心。

师：（握手）好，你要做到细心，研究的关键是要注意细节，不细心可不行啊！你呢？

生：仔细观察。

师：仔细观察，要有一双智慧的、善于发现的眼睛，你这个科学家也了不起！

生：还要有坚强的毅力，遇到难题决不退缩。

师：对，决不退缩，决不放弃！

……

（徐世贵，有删改）

以上只是第一步。第二步，窦老师又让学生当“小作家”。

到了第三步，窦老师又让学生当“小小旅游家”。

窦老师通过三种角色转换，让学生充当“小科学家、小作家、小旅游家”，学生由一个“旁观者”——看看科学家、作家、旅游家是怎样“想象”“推想”的，转变为一个“当事者”——我是“科学家”“作家”“旅游家”，并亲自来做一番“想象”“写作”“演说”……这样，便促使学生的一切学习行为进入了“自主—合作—探究”的全新境界。学生在积极主动的“探究”中理解课文内容，学习科学知识，设身处地地思科学家、作家、旅游家所思，想科学家、作家、旅游家所想。这样，他们对课文的理解便十分深入了。

6.运用体验法，唤醒自主意识

随着时代的发展，如今的旅游业已从以前的观赏为主转向休闲为主，又从休闲为主转向体验为主。因为体验更有助于调动游人的心智和积极性，让游人获得比观赏、休闲更多的心理愉快。同样的，体验在学生德育工作中也有着重要作用。

毋庸置疑，说服、讲解、劝告、灌输在学生思想品德教育中运用得好是有作用的，但作用有限，对于特殊学生、特殊问题，这些办法未必会起作用。有时，体验法可能要比上述办法更有效。实践是最好的老师，也是一所学校。

所谓体验法，就是教师通过创设一定的道德情境，让学生参与其中，去思索和感悟，或者让学生直接参与某种社会生活实践，去体验和感悟，从而发生转变或建立一种新的道德信息行为。

体验的方法同样适用于小课题的教学研究。下面是美国的学生在学习美国历史《独立战争》一章时的一段课堂纪实。

一天上课，达塔宣布："由于教学经费紧张，本来是免费提供的课堂用纸，今后5分钱一张。现在，大家拿钱来领纸，准备小测验。"教室里一片喧哗，孩子纷纷嚷道："这不公平，为什么事先不通知我们？""为什么要5分钱一张，商店里卖的不是这价钱啊？""我的钱买了纸后就不够买午饭了，怎么办？""怎么别的老师不收我们的钱？"看着孩子们或沮丧，或吃惊，或生气的表情，老师一再说："对不起，可我不得不这样办。"

孩子们感到十分不安，老师却坚持要收钱。平时的乖孩子都无可奈何地拿出零用钱，取了纸。接着，又有一些垂头丧气的孩子说："我以后会把钱补上。"也领了纸。领纸后，教师发了试题，孩子们闷头作答，只见最后一题写到："关于花钱买纸的事，不是真的，请写出你当时的感受。"

（李蕴，有删改）

这节课，教师的设计意图是：让学生体会当英国议会决定向殖民地强行征收"印花税"时，当地人们的心情。这位教师设计的让学生体验促感悟的教学方法，取得了理想的教学效果。显然，这种角色体验完全是在学生不知情的情况下进行的。

认真学习过课程标准的教师会有一个重要的发现：以往教学大纲对知识

的要求是“了解、理解、应用”，如今课程标准却特别强调学生“经历了什么”“感受了什么”“体会了什么”，如在语文课程标准中，“体验”一词成了整个文本的一个关键词，总共出现了 17 次，目标、建议、评价三部分内容，每部分都提到了“体验”问题。这表面看来仅仅是几个字的变化，但将会给教师的教学方式、学生的学习方式带来不小的变化。因为它突出了学生学习的过程，注重让学生在亲身体验中学习。

体验法不仅符合新课标的思想导向，而且能取得良好的教学效果。因此，教师在进行教学研究设计时，可以考虑借用体验法来进行研究。

桑榆未晚：前面提到的六种创造技法实在是太实用了，我在小课题研究中一定大胆地去尝试。

生命如歌：要相信，这些创造技法的实践运用不仅会助力小课题研究，而且能帮助教师成为有创新能力的人。

方法篇

天道酬勤，亦酬术，方法总比问题多。学者贝尔纳说：“良好的方法能使我们更好地发挥运用天赋的才能，而拙劣的方法则可能阻碍才能的发挥。”

第6章　在经验总结中探索规律

——经验总结法的运用

学者布莱基说："组织得好的石头能成为建筑，组织得好的社会规则能成为宪法，组织得好的事实能成为科学。"教师的教学经验是一笔难得的财富，但是没有经过梳理和总结提炼的经验就还不具科学性。教师要学会沙里淘金，从教学经验中找规律，从而把经验变成科学。如何把经验转化为科学？有一种科研方法不得不提，那就是经验总结法。这里我们来聊聊怎样在教育科研中运用经验总结法。

一、经验总结法的力量

一路春风：老师，经验总结也能算是一种研究方法吗？

生命如歌：是的，提到科研，大家马上想到的是做实验研究，其实这是一个误解。条条大路通罗马，做科研的方法很多，并不局限于实验研究法，还有调查法、文献法、经验总结法等。在这里，我不妨先跟大家分享一个故事。

一篇论文改变我的命运

辽宁省本溪满族自治县南甸学校　刘恒贺

讲一个"宝贝"诞生的故事。

"宝贝"即我的教学论文处女作——《自学点拨，放扶结合》。它的诞生是被人逼出来的。1993年，我在距本溪县连山关镇30余里的农村小学工作，当时我参加工作还不足五年。二月末的一个周六下午，在业务学习会上，校长下发了本溪县教育学会第三届年会征集论文的任务。我们当时谁也没往心里去，觉得写论文是高不可攀、遥不可及的事，可是老校长对我们几个青年教师下达了死命令：每人必须写一篇论文，下个星期一交到镇教育办。

星期日，我的主要任务是上山打柴。我一边踏着没膝的积雪往山下搬运柴火，一边在心里构思着要写的内容。当时人教版小学语文教材每个单元分精读课文、略读课文、独立阅读课文，俗称一类、二类、三类课文。我们学校虽然小（只有 13 名教师），但在老校长的组织带领下，教研氛围浓厚，教研活动进行得有声有色。在平时的教研活动中，我发现许多老师和我一样，对二类课文的教学处理不当，尺度拿捏不准——课文分析过细，就成了一类的精读课文了，课文分析过于简单，又成了三类的独立阅读课文了。为此，大家都深感困惑无奈。

于是，我在我带的只有 28 名学生的小班级里瞎琢磨起来，暂且把它叫探索吧。我把数学教学专家邱学华的尝试法移植到语文教学上来，在课堂上出示自学题，引导学生自学，然后组织全班学生汇报交流，就课文的重点难点、主题思想、布局谋篇等引导学生进行讨论，最后老师进行精讲总结。经过这次摸索，我豁然开朗——对！就以《大理石街》这篇课文为例，谈谈自己对二类课文教学的体会。比如，引导学生自学时，教师应充分相信学生，不能喋喋不休地提示学生；组织学生讨论时，教师应深入学生之中，在小组之间巡视，并适时启发点拨学生，将学生的思维引向正确的轨道，起到引向导法的作用；教师还要精要地进行总结，使散乱的学习系统化，使学生的认识得到升华。

就这样，一篇论文的框架就出来了：依纲自学——放得开，讨论点拨——扶得正，总结自学——收得拢。每一部分的小标题，破折号前面是学习过程的概括，破折号后面是对教学行为的要求。思路越来越清晰，我的心情也越来越激动，下班回家时，我都顾不上脱下潮湿冰冷的棉鞋和裤子，趁着亢奋连忙将腹稿完全记录下来，写完稿子已是凌晨 2 点。就这样，一篇连我自己都不敢说是论文的“论文”诞生了。

此论文在本溪县第三届教育年会上被评为一等奖。说来可笑，当时的副校长徐世贵是本溪县教育学会的秘书长，年会的前一天，他还围绕我的论文好一通“盘查”呢，因为获一等奖的几人中，唯有我是初出茅庐，名不见经传的新手教师，其余都是全县闻名的名师、名校长。那个年代对学术的要求是非常严肃、严谨的。

有了这第一次的成功，我便一发不可收。从此我就踏上了教学研究之路，先后在《本溪教育》《辽宁教育》《教师之友》《小学教学参考》《基础教育课程》《课改通讯》上发表论文十几篇，与徐校长合著《校本教研模式探寻》和《教师怎样做小课题研究——高效助力教师专业化成长》两本书，并主编了《春风化雨》小课题成果集。随着研究的深入，我的命运也开始发生改变。1990年，我作为教师骨干被从偏远农村调进县城，并做了中心小学的副校长。2005年，我又作为科研骨干被调入本溪县教师进修学校，做了科研部主任，过去由别人来审校指导我的文章，现在我给别人审校指导论文。这真要感谢我的处女作——教学经验论文《自学点拨，放扶结合》，这一篇论文可以说是我命运的转折点。

一篇论文改变了刘恒贺的命运。怎样改变的呢？他运用经验总结法对自己的教学经验做了科学的梳理和提炼，从而让经验变成了科学。被认可后，他得到了激励，继续努力，最终走上研究之路，而且路越走越宽。

一路春风：从刘恒贺老师的经历来看，科研经验总结法真的不容小觑。

生命如歌：其实，我们千千万万个教师的专业成长、课堂教学、班级管理，背后都隐含着像刘老师“这样的故事”。这些经验是一笔财富，因为它源于实践，也作用于实践。经验中蕴藏着科学，但经验并不等于科学。教师只有运用科研经验总结法去发现、去研究，方能把经验变成科学的成果。

一般而言，教育教学经验可以分为两种：一种是教师在教育教学实践中凭直观感觉和体会积累起来的经验。这种经验的形态是教育活动过程+效果+体会，还未经过认真的综合分析、总结提高，还没有上升为理论。这种经验还是孤立的、局部的、零散的、比较原始的，还没有揭示一般的教育教学规律，并没有普遍的指导意义，因此还不能说是科学的。目前，大多数教师的经验还停留在这个水平上。另一种经验是教师通过科学经验总结法，即在教育教学感性认识的基础上，通过分析、归纳，得出对事物或现象的理性认识，揭示事物或现象之间的内在联系及其规律，进而把教育经验上升为教育理论科学经验。这种通过梳理提炼总结出来的能体现事物内在规律的经验就是科研成果。苏霍姆林斯基说过，教师要把自己在教室里的经验教训，创造生成为对这个职业的思考，通过写作教育笔记的形式留下来。他认为，这样的成果是教师留给教育的宝贵财富，是值得珍惜的东西。

二、怎样理解经验总结法

春华秋实：刘恒贺老师的故事让我感动，您的分析也让我对科研经验总结法有了兴趣，那么，请您跟我们谈谈什么是科研经验总结法。

生命如歌：经验总结法，是指研究者依据一定的研究目的和目标，对某种教育教学实践活动和经验进行分析研究、总结提炼，由感性认识上升为理性认识，将个别局部经验转变成具有普遍指导意义的科学经验，揭示教育教学规律的一种研究方法。显然，运用经验总结法得出的研究成果指的是第二种教育教学经验。

（一）教育经验总结

教育经验总结是一种回溯研究。许多教师认为，要做研究就得做实验，研究是实验之后的事。其实不然，教育科研经验总结法是一种回溯研究，是对过去工作的研究，其研究对象是一个过去的、已经完成的教育事件，而不是对未来的展望或发出的某种指令。它所报告的内容是实然的教育实践，而不是应然的教育规则或或然的教育想象。

教育经验总结是一种追因研究。如果说实验法是先确定原因（假设），然后考查这些原因导致的结果，那么，经验总结法则是根据已经发生的结果追溯其原因。经验总结的出发点是已有经验，而其基础是取得经验的具体教育过程。因此，它既有直接研究的一面，又有间接研究的一面。经验总结是通过追因来揭示教育规律的一种研究方法。

实践是理论的故乡，教育科学不仅存在于专家的著作中，更存在于民间——广大教师的课堂教学、班级管理等日常教育教学工作中。

教育经验总结的过程是离不开实践的。就实践者而言，总结教育经验必须边实践、边探索、边总结，逐步实现由感性认识到理性认识的飞跃；就研究者而言，必须经常深入教育教学第一线进行调查、访问、观察、思考，必要时还得亲自参与实践过程，以获得丰富的感性材料，并在此基础上通过经验总结建立起科学的理论。总之，教育实践是经验总结的物质基础，经验总结是教育实践的理论升华。

教育经验总结的成果还要回到教育实践中去。先进教育经验的推广，是现代教育信息交流与传播的重要方式之一，也是对经验总结进行进一步实践检验、获取反馈信息的一种有效途径。从人类知识发展的过程来说，先进经验的推广就是对事物再认识、再实践的过程。因此，教育经验总结的成果必须再回到教育实践之中，能动地指导今后的新的实践。

经验总结法具有实用性。一方面，经验总结法作为一种具有常规性、普及性的教育科研方法，操作程序简单明了、易于掌握。另一方面，中小学校长、教师利用经验总结法开展教育科研活动，既不影响正常的教育教学工作的连续性，又可以大大提高本职工作的效率。

经验总结法具有灵活性和适用性。经验总结法的适用范围非常广泛。只要你具有突出的经验，任何方面的教育问题都可以成为教育经验总结的对象。此外，运用经验总结法进行教育科研，没有特殊的科研条件的限制，可以因地制宜、因时制宜，可以因人而异、因事而异，因而经验总结法具有较大的灵活性和广泛的适用性。

（二）经验总结法与工作总结的区别

桑榆未晚：那么，请问老师，经验总结法与平时的工作总结有什么区别呢？

生命如歌：平时的工作总结，如教学工作总结、班主任工作总结、少先队工作总结等，这些总结与我们所说的经验总结法是有很大区别的。

首先，从研究的范围和侧重点看。工作总结比较全面，甚至有些面面俱到。因为无论是教学工作总结，还是班主任工作总结，乃至少先队工作总结，都需要比较全面地汇报自己的工作。而采用经验总结法得出的教育教学经验往往不需要面面俱到。虽然它也是来自教师的实际教育教学经验，但它一般只侧重研究经验中最有价值的核心内容，其范围要比工作总结小得多。

其次，从研究问题的角度和深度看。工作总结注意的是面，内容自然就浅显一些。多数情况下，工作总结只需说清楚问题是什么就可以，很少会分析问题的原因。与之相反，教育教学经验总结因为研究的问题相对集中，即以小的角度研究大的问题，因此研究内容比较深入。在研究教育教学现象时，不仅要弄清楚问题是什么，还要分析产生问题的原因。

再次，从研究的要求看。工作总结对文字和文章结构的要求不是十分严格，有些教师的工作总结基本是流水账。但使用经验总结法做研究时，撰写的教育教学论文一定要有逻辑性。从标题、字词到论证、分析，都是比较严谨的，而且需要适当引入一定的教育理论来分析说明问题。

最后，从研究结果和研究价值看。工作总结多数情况下仅限于本校工作汇报，而且这种经验和做法仅适用于个人，不一定适用于更大的范围。而经验总结法撰写的教育教学经验论文已经把一般的教学经验提炼上升到理论的高度上来认识，能反映一定的教育教学规律，具有一定的推广性和示范性。

综上所述，我们不难看出教育教学经验论文在很多方面都要优于工作总结，是特别值得推广的一种写作梳理模式。但教学不能仅凭经验，教师的个人经验都是特定的教学环境下的产物，具有必然的局限性。而教学活动的主体是活生生的学生，随着时间的推移，学生的生活经验和社会经验势必发生一定的变更，这时，教师过去的成功经验也许就不再那么切合时宜了。因此，教师需要在教学实践中不断对原有的经验进行修正，这样方能使教育教学经验发挥应有的价值。

三、怎样运用经验总结法

桑榆未晚：老师，通过您的介绍，我对科研经验总结法有了清晰的了解，也产生了浓厚的兴趣，现在能否请您跟我们聊聊“怎样运用经验总结法”？

生命如歌：运用经验总结法就是教师借助专业写作，对自己做过的工作回顾反思、总结提炼，从相同或相近的经历中总结出不同的经验，发现规律，并能形成文字的显性成果的过程。经验总结法使原有的教学经验从零散走向系统，从肤浅走向深刻，从常规走向科学，从科学走向艺术。

经验总结法以专业写作能力为基础。良好的写作能力，其背后体现的是良好的思维能力、良好的素材取舍和组织的能力。当遇到好的文章、好的笔记、好的论述答题、浅显易懂的书籍时，教师可多观摩、多模仿，并选择性地背诵，坚持日积月累地提高自己的写作能力，同时有意识地提高总结归纳的能力。

教师到底应该怎样运用经验总结法呢？这里给大家分享一个案例：

小学作文评改方法的研究

辽宁省本溪满族自治县高官九年义务教育学校　包蕊

回顾自己的作文教学，我发现一部分学生并不关注教师的评改，无论教师在眉批、总批、圈画、润色方面做得多么认真，他们在下次作文中仍旧病重犯。教师的辛苦成了徒劳，重复昨天错误的作文一篇又一篇。对于学生的作文，教师的心理活动简直是“想说爱你却被吹散在无奈里，猛然回头，你还在那里啊！”这个问题在我的脑海里越来越明确，如果能找到一种彰显智慧的评改作文的方式，能够让学生在拿到作文本后自然地对自己的作文进行审视、自己找错纠错，甚至发现教师没有发现的问题，该有多好！为此，我做了一点尝试。

一、反思作文“评”的目标，增设“个性创意评分栏”

习作评改从哪些方面进行呢？又应该从哪里开始呢？我是个做事认真的人，急着开展研究，却不知该从哪里入手，这种感觉很痛苦。一天，网上一篇相关的文章启发了我，原来是我自己没有深刻地领悟语文课程标准的意思，语文课程标准的总目标特别指出：“在发展语言能力的同时，发展思维能力，激发想象力和创造潜能。”在习作评改时，除了用我们惯用的评价原则之外，何不再多把衡量的标尺呢？经过反复琢磨，我决定尝试为一篇作文打两个成绩或三个成绩，具体做法是让学生在每篇作文结尾处设计一个两栏的小表格，一栏是“语言表达分”，一栏是“个性创意分”。有的学生语言表达能力不强，但他的作文独特而有个性，或是充满真情实感，我就把他的个性创意分评为“优”；有的学生语言表达能力较强，但作文缺乏新意，“个性创意分”的评价就会降级，好让学生意识到创新思维能力的重要性，明白自己的努力方向。增设“个性创意评分栏”以后，一部分学生的习作变得有特色、有新意、耐人寻味了。没想到这个小小的举措却给我带来意外的惊喜和收获，也给我带来了小课题研究的灵感，我的小课题研究从此展开了。

二、改革作文“评”的内容，增设“写作过程评分栏”

可能许多语文老师会和我有同样的感慨：多年来我们虽然执着地坚持给每一篇习作进行精心点评，却常常出现不知如何写评语的情况，纵使满腹诗书也会无从下笔。因为每一次都是同样模式的评价语，老师写评语写倦了，学生看评语也看倦了，导致学生对作文评语视若无睹，下次的作文依然“重复昨天的故事”，老病复发，毫无起色。

直到有一天，我发现一学生在《读〈爱莲说〉想到的》一文中写道：“陶渊明爱菊有诗为据，‘采菊东篱下，悠然见南山’‘种豆南山下’不正印证了菊的隐士形象吗？”另一个学生写道：“牡丹看上去十分浓艳，所谓‘天下无双’‘人间第一香’‘品原夸富贵，职本重王侯’，因此，作者就用‘富贵者’来比喻牡丹，多么恰当啊！”如果不是这两位学生习作前有丰富的积累，怎会运用如此贴切的引用来清透地理解作者的寓意？我顿时豁然开朗，原来我平时的评价只关注了结果，却忽视了写作过程。我们成人都知道，写一篇论文要到处搜集资料，参考借鉴。那么，为什么不把这个方法传授给学生，使学生的习作过程变得丰富多彩，让习作事半功倍呢？

想到了就不等不靠，立即行动起来。在每次习作之前，我都会动员学生搜集资料。由于我们的学生都生活在信息闭塞的农村，而且有一半的学生住在学校，所以搜集信息非常困难。为此，我组织学生走进学校的图书室借阅，带领学生走进微机室上网查询，鼓励他们向各学科老师请教，学生在搜集整理信息的过程中激发了写作兴趣，写作技能也有所提高。此时，小课题研究的思路在我头脑中的影像越来越清晰，于是我又在学生习作的评分栏中增设了第三栏，即“写作过程得分栏”。小小的得分栏体现的是学生在习作过程中的观察、调查、阅读、思考与发现，它成为学生们喜闻乐见的展示才能的平台，整个班级在习作上也出现了你追我赶的新局面。这时我的研究热情也极为高涨，小课题研究渐入佳境。

三、反复推敲“评”的语言，增强眉批的实效性

回想自己以往的习作评改，可谓是精批细改，可结合现代的教学理念进行反思，我感觉自己所谓的“认真”是在自贬，因为我忽然发现我的“认真”在一定程度上代替了学生的思维，纵容了学生的惰性。而今提倡人文性、多元化的作文评改，评改的风格可以说是异彩纷呈，说不定老师的哪句评语就会点亮学生的心灯，乃至影响学生的一生。于是，我就在眉批方面进行了改进和尝试。

1. 变“师批”为“生改”。对于文字功底差些的习作，在各段文字旁作如是眉批：“本段有两个错别字，一个运用不恰当的词，一个不通顺的句子，请订正。”对于文字功底较好的，只在文末批一句：“本文有两个错别字，一个病句，请找出来纠正。”这样学生在作文发下去后马上就会对自己出现的问题进行修改，此举无形中增强了学生的主动性。

2. 变“笼统评”为“具体评”。针对行文中的优点，一改往日“开头吸引人，过渡自然，结尾扣题”等生硬的眉批语言，而是换成了“你的开头很诱人，俗话说‘良好的开端等于成功的一半’，祝贺你迈出了成功的一步”“这一过渡既为文章架设了桥梁，又增添了不少色彩”“你的结尾意味深长，令人遐想无穷”，这样的评语能使学生对自己的习作水平有更清楚的认识。

3. 对学生个性的表现给予充分的肯定和鼓励。在眉批的过程中，我时常带着“学生到底需要什么”这样的意识，针对不同的学生写出不同的评语，或委婉，或商榷，或启发，或纠正，也因此，学生的习作水平不断提升，我也经常会在学生的作文总批处写上几句鼓励的话语，如“你的改变让我格外欣喜，有你这样的学生是我最大的幸福，相信你的写作水平会更上一层楼！”

桑榆未晚：这是一个非常典型的案例。那么，请您结合案例给我们说说怎样运用经验总结法进行教学经验的梳理提炼吧。

生命如歌：当运用经验总结法进行教学经验的梳理提炼时，可以考虑这样几个问题。

（一）确定主题

确定主题就是确定核心观点，找到要写的内容。教育教学工作的内容较为琐碎，涉及的范围较广，不可能什么都写，一定有所选择和取舍。核心观点主题概括表述就是把纷繁复杂的问题用简短的语言表述出来。在教师还没对教学研究成果进行加工之前，其成果总是粗糙的、零乱的、没有条理的、分不清楚本质和非本质的。利用核心观点主题概括表述法可以对研究成果进行概括和提炼，从而发现规律，进而把研究成果的主旨简明扼要地表述出来。

如在上述包蕊老师的《小学作文评改方法的研究》中，包老师紧紧抓住“评改方法”这个主题来对其教学研究成果进行梳理。再如，总结班主任工作时，我们要拷问自己：我做班主任期间感悟最深的事情是什么？运用什么方法收到的工作效果最好？以此来确定研究的主题。边晔老师认为，要做好班主任工作，“真心”“耐心”“精心”“信心”，此“四心”最重要。这是他深有体会的，于是他便选择这四种内容和角度作为主题来写，内容写得很集中、很真实。

梳理表述经验切记不要面面俱到，面对众多教育教学工作内容，要懂得提炼和取舍，否则容易导致重点不突出，内容平淡无奇。

桑榆未晚：主题确定了，可是写什么，具体怎么写呢？

生命如歌：我也经常会被问到类似问题：我也想总结自己的教学经验，可是不知道写什么。你说我应该写什么？我认为这不应该问别人，应该问自己：我的教育教学经验是什么？我的优势是什么？什么是我最熟悉的、最擅长的？写你自己熟悉的内容最容易出成果。

“纸上得来终觉浅，绝知此事要躬行。”每一位教师独具特色的教学经验都是一笔宝贵的财富，因为它是教师真实的体验，是有生命温度的；它还是一座有待开发的矿藏，教师撰写教学经验论文的过程，就是开发这座矿藏的过程。

（二）整理思路

“提领而顿，百毛皆顺”说的是“毛”已杂乱的裘皮大衣，你只要抓住它的领子稍微地“顿”一下，其“毛”即可皆顺。比喻要抓住事情最主要的地方去处理问题，这样一切都好处理了！教师梳理研究成果也是同样道理，面对一大堆的感性材料，你不可能“眉毛胡子一起抓”。这就要求教师学会梳理重点。而要梳理，就要学会归纳概括，通过归纳概括提炼出核心问题，找到普遍规律。

整理思路，就是通过归纳概括提炼出核心问题，找到普遍规律，从而把要写的内容框架梳理出来。而整理思路的最好方法就是列小标题，因为梳理小标题的过程就是提炼观点的过程。小标题列出来，文章框架就出来了，写文章的思路也就出来了。如前面包蕊老师的《小学作文评改方法的研究》就紧紧抓住“评改方法”这个主题来梳理；一是反思作文“评”的目标，增设“个性创意评分栏”；二是改革作文“评”的内容，增设“写作过程评分栏”；三是反复推敲“评”的语言，增强眉批的实效性。她从这三个方面列出文章框架，一篇很好的教学经验论文的写作思路就出来了。整理思路最关键的要求是主题鲜明，内容集中。

当然，在实际梳理经验时，一开始梳理小标题不要过于刻薄和死板。因为一开始思路不是很清晰，小标题也不是很成熟，可以等文章写完后再修改和完善小标题。

（三）提炼观点

梳理教育教学经验，贵在找到其中的规律，即从纷繁复杂的现象中找到能代表本质的内容。如此，你的经验才能够从个别到一般，从个性到共性，从而具有普遍指导意义。也就是说，虽然每个班主任的工作都有其特殊性，但也具有共通性，如遇到与其他班主任相类似的矛盾、问题，以及解决矛盾、问题的相同的方法策略，这就是规律。若能利用这些规律提炼出有价值的观点和方法，你的班主任经验材料就有了高度和深度，也就有了让人学习推广的价值。

如班主任在总结提炼“如何转变后进生的问题”时，下面几个观点和经验具有规律性。

改变“刺头”的几条铁律

改变“刺头”的几条铁律	爱是教育的基础	越是不可爱的孩子，越需要爱。班主任想要改变学生必须先改变自己，教育要做到宽容、耐心、欣赏，允许学生犯小错误
	利用闪光点	多发现、多欣赏学生的优点，别总盯着学生的缺点
	因材施教	你对学生有多了解，你的教育就有多成功，同病异药，一把钥匙开一把锁
	捕捉教育时机	班主任要有静待花开的心态，心急吃不了热豆腐，慢工才能出细活儿，耐心等待学生成长
	增强自信心	自信是成功的第一要诀，而后进生恰恰缺少自信心，从增强后进生自信心入手，让后进生获得成功的激励，是班主任转化后进生的普遍做法
	抓反复，反复抓	后进生出现反复是很正常的现象。不正视、不宽容、不原谅，不抓反复，不反复抓，后进生是抓不好的

当我们做到以上几点时，我们就会发现学生越来越可爱，越来越有出息。

再如，撰写“怎样建立班集体”经验材料，就要思考：建立优秀班集体是班主任的一项重要基本功。班级管理不是班主任一个人的事，千万不要用个人的力量与集体对抗。有的学生可能不怕教师的单独批评，但害怕在班集体中受到同学们的埋怨。或者说，教师孤立地教育一个学生较为困难，而在班集体的影响下，同学们一起帮助教育一个学生比较自然而有效。这就是在集体中教育的力量。

要改变一个人，个人的力量是有限的，集体的力量是无穷的。把后进生放到集体中，用集体的力量来改变他，代价小，效果大。教育了集体、团结了集体、加强了集体以后，集体自身就会形成强大的教育力量。那么班主任应该怎样去建立优秀班集体呢？下面总结几条铁律。

建立优秀班集体的几条铁律

建立优秀班集体的几条铁律	班主任人格魅力（爱心、民主、公正、律己）
	树立理想追求，明确集体奋斗目标
	团结班干部，形成领导核心
	立班规班法，制度管人，法治，而不是人治
	正确引导舆论，形成良好班风
	有特色的班级活动
	培养学生自主管理能力

写作的表述方式可能多种多样，但是文章的核心观点应该明确阐述出来。

关于提炼观点，班主任可以借助教育理论：一是撰稿时去阅读一些相关的教育理论书籍，寻找思维碰撞；二是在论述观点时借助书籍上的观点做支撑。

（四）寻找抓手

教师在梳理教育教学经验时，偶尔会遇到打不开思路的情况，面对诸多经验，是“老虎吃天，无从下口”。这时需要想办法找到一个抓手，或者说找一个线索或突破口，最常用的方法是利用小标题概括提炼来找抓手。这种方法有很多好处，其一，小标题是一个抓手，有了这个抓手和线索，容易形成文章的思路和框架，从而去挖掘和概括其教学经验和思想背后的规律。其二，每个小标题都是一个分论点，把小标题的内容论述清楚，中心论点就建立起来了。

利用小标题做抓手，梳理、提炼教育教学经验具有以下方法：

1. 递进式。这是各个分论点紧扣中心论点，逐层递进向纵深发展的结构形式。这种形式符合人们认识事物总是由浅入深、由表及里的思维方式。按这种层次结构制作小标题的例子如下所示。

案例	题目	要点	作者
案例 1	初中科学分层次作业的设计与评价	一、实施科学分层次作业的意义	江庆峰
		二、初中科学分层次作业的设计 （一）按难度进行分层设计 （二）按作业形式分层 （三）按作业量分层	
		三、初中科学分层次作业的评价 （一）作业评改层次化 （二）作业反馈层次化	

2. 并列式。这种结构形式的各层意思之间是一种并列关系。

案例	题目	要点	作者
案例 1	谈谈初中化学阅读的常见策略	一、要领提炼式阅读	杨俊峰
		二、连线脉络式阅读	
		三、问题提纲式阅读	
		四、分析比较式阅读	
		五、结合式阅读	
		六、问题实验式阅读	
		七、尝试解题式阅读	

3. 题号分层式。先把整体论文内容梳理提炼，分成几个部分，并列出一级标题来分别论述，而后根据每个部分的需要再列出二级小标题来分别论述。注意要根据每个一级标题的内容需要来列二级标题，不需要就不列。如下面边晔老师的《班主任工作的思与行》这篇论文。她先是把总体内容梳理提炼成四个部分，并列出了一级标题，而后她又根据一级标题中“标题二”和“标题四”的内容写作需要，列出二级标题来分写，这样做思路特别清晰。

班主任工作的思与行

北京市第五中学　边晔

一、用“真心”赢得学生信赖

二、用“耐心”伴随学生成长

（一）有梦——做一个勇敢的追梦人

（二）有心——做一个勤于思考的人

（三）有爱——做一个感情丰富的人

（四）有德——做一个品德高尚的人

三、用“精心”营造班级氛围

四、用“信心”引领学生进取

（一）确立明确的目标

（二）养成良好的习惯

（三）实现民主的、科学的管理

题号分层式的写法也有多种形式。如下面魏书生老师的这篇论文：

谈谈学生自学能力的培养

魏书生

1. 提高认识
   - （1）从纵的方面看自学
   - （2）从横的方面看自学
   - （3）介绍当今时代的特点
   - （4）分析学生的实际处境
   - （5）讲自学成才的可能性

↓

2. 激发兴趣
   - （1）增加实用教材内容
   - （2）使用新颖的教学方法

↓

3. 教给方法
   - （1）教给自学统编教材的方法
   - （2）教“三结合”的自学方法

↓

4. 培养习惯
5. 实验效果
   - （1）首次慢动
   - （2）逐渐加速
   - （3）控制时空
   - （4）进入轨道

上面魏老师写《谈谈学生自学能力的培养》这篇论文时先把文章总体梳理为五部分，并列出五个一级标题，这五个一级标题之间是递进关系。而后他又根据每个一级标题的内容列出二级标题来分别论述。这样写作思路也十分清晰。

上善若水：列小标题确实比较容易找到抓手，而且这样不容易跑题，经验总结的思路也比较清晰。尤其这是对教育教学经验进行梳理提炼的过程，也是总结发现规律的过程。文章写出来，成果也出来了。

（五）逻辑性强

生命如歌：经验总结的专业写作还要特别注意一个问题，即写出的东西一定要有可读性和逻辑性。很多教师写的教育教学经验材料具有科学性，但是可读性不强，或者文字刻板枯燥，缺乏艺术魅力，或者缺乏逻辑性。因此，要把经验写好，不仅要考虑其科学性，还应该考虑其逻辑性、艺术性和可读性。

上善若水：那具体应该注意什么呢？

生命如歌：为此，教师在专业写作时应避免以下误区：

一是文题偏大，中心不突出。写好论文最重要的一点是围绕中心立题，哪怕是一得之见，也要写深写透，以小见大，以微探宏，这样才能使他人受到启迪。而写论文最忌贪多求全，中心多，题目大，范围广，内容空，篇幅冗。有的教师在写论文时，对内容不加选择和提炼就把自己平时想的、做的一股脑儿地写在文章里，因而造成文章臃肿冗长、空泛零乱。

二是观点陈旧。具体表现为：所研究的问题都是别人论述过的。这并不是说别人已经论述过的论题就不能再论述，但若所写出的论文角度不新，人云亦云，文章价值便不高。

三是经验不突出，观点不明确。教育经验论文就是要阐述和说明自己的实际经验和理论观点。但一部分教师的论文既没有典型经验，又没有明确的理论观点，失去了论文应有的价值。造成这种情况的原因可能有两个：一是教师原本就没有什么经验可谈，教学工作一般化，自然也就写不出什么有价值的观点；二是经验缺乏深度，教师虽然有丰富的经验，但对研究的问题缺乏深层次的思考，对经验缺乏概括归纳。

四是叙事多，材料堆积，缺乏理性思考。有的教师在撰写论文时习惯罗列事例，不厌其烦地叙述一些具体操作，但缺乏对事例的归纳概括，更没有分析论证。这就如同把石头、砖、瓦块零乱地堆砌在一起，没有规范利用，是建不成楼房的。

大量堆积感性素材，说明作者的研究还停留在感性认识阶段，即停留在感觉和印象上，还不能从中归纳出规律性的东西，还不能形成深刻的认识，得出合乎逻辑的结论。所以，这些文章不能称为成功的教学经验论文。

五是思路不清，层次不明。文章结构就是文章的框架，它反映的是文章的层次段落和思路走向，决定了文章是否严谨、是否具有逻辑性。有的教师在撰写论文时不能合理安排文章的层次和段落，往往导致文章叙述拖沓、枝蔓不分、序号繁杂、层段难辨。

（六）重视创新

海纳百川：既然经验总结法有这样奇特的功能，为什么教师每天都在从事教育教学实践，却总结不出有价值的科研成果呢？

生命如歌：教师总结不出有价值的研究成果，有两个重要原因：一是不会总结梳理问题；二是自己平时的教育教学实践工作无创新。好文章是做出来的，不是写出来的。科研经验总结法的基础，是教师平时应该注重创新。如刘恒贺和包蕊两位老师能总结出那样的研究成果，就是因为他们平时注重研究和创新。

厚德载物：今天您分享的科研经验总结法让我大开眼界，受益匪浅。其实这种方法对我们而言并不陌生，只是我们容易忽略这种方法，或者没有做到位。把简单的招数用到极致就是绝招，把平凡的事做好就是不平凡，简单的事用心做就是不简单。希望教师们都能争取把科研经验总结法这个简单的招数用到极致。

生命如歌：你有这种感悟和认识就很不简单，祝福你们。这个世界上聪明的人太多，而聪明又勤奋的人却很少。但也正是众多的聪明人的懒惰行为，才使得我们有机会用自己的勤奋来弥补先天的不够聪明。

第7章　讲好自己身边生动的故事

——叙事研究法的运用

通常，教师一开始做研究就做实验研究会感到很困难，容易产生惧怕心理和“高原现象”。可如果先从教育叙事研究开始，从小处着手，由浅入深，由易到难，循序渐进，就可以尽早取得研究成果。同时也能慢慢培养研究兴趣，一步一个台阶地步入教科研的殿堂，从此走上研究之路。因此，研究的初期应该提倡教师多做叙事研究。那么，什么是教育叙事研究法？教师如何有效运用这种方法？这次，我们来聊聊这个话题。

一、教师做叙事研究的优势

一路春风：早就听说教育叙事研究法很适合一线教师做研究。这是为什么？教师做叙事研究有哪些优势呢？

生命如歌：在多年的基层教师培训和教科研工作中，我惊奇地发现，让教师撰写论文和研究报告，他们都觉得很为难，但是让他们写所经历的教育教学过程，讲述教育故事就很顺畅，而且很多教师写得很棒。由此我想，教师做叙事研究有如下优势。

一是生活熟悉。实践是理论的故乡，教育科学不仅存在于各种理论著作中，也存在于教师日常的备课、上课、批改作业、辅导、班级管理、学生思想教育等工作生活中。教育叙事研究是教师写自己经历的事，这样每个教师都有话可说、有事可写，这就为解决和攻克长期以来教育研究与教育行动分离、教育理论与教育实践脱节的顽症提供了一条切实有效的途径。

二是真情实感。教育叙事研究是以讲故事的形式进行的，而且故事来源于教师的教学经历、生活经历。这种研究以其“平民化”的风格，给教师以亲切感。因此，教育叙事研究成为教育科研的一道亮丽风景，“流行”于教育期刊、报纸和网络。

三是操作方便。过去，教师总是不太敢承认自己是研究者，自觉理论水平低，只能从事教学实践工作。教育叙事是研究者以叙事、讲故事的方式表达自己对教育的理解。简单地说，教育叙事就是要求教育者以浅显易懂的方式来表述科研成果。

四是易于发表。因为教育教学案例往往一事一议，短小精悍，具有典型性；内容丰富，有血有肉，生动形象，真实可信，具有说服力和感染力。如果想在报刊上发表，采用率也比其他文章更高一些。与撰写论文、研究报告等相比，教育教学案例的内容和结构相对简单，又是来自教师自己的教育教学实际，教师亲身经历、耳闻目睹，写作都是有感而发，写起来行云流水，一气呵成。

二、怎样理解教育叙事研究法

春华秋实：那么，什么是教育叙事研究法，怎样理解教育叙事研究法？

生命如歌：教育叙事研究是指以叙事的方式开展教育研究，研究者通过对有意义的校园生活、教育教学事件、教育教学实践经验的描述与分析，发掘或揭示内隐于这些生活、事件、经验和行为背后的教育思想、教育理论和教育信念，从而发现教育的本质、规律和价值意义。叙事研究的实质是教育问题的发现、剖析和解决，根本目的是一种经验的分享和传播。

教育叙事研究主要有以下特点：

一是叙事与研究结合。“叙”是叙述，“事”是故事。教育叙事研究离不开讲故事，但也离不开研究。故事是研究的基础，研究是故事的升华。首先，这个故事不是一般的故事，而是教师在教学实践中遇到问题或疑难情境的真实发生的教学事件；其次，教师是在真实的教学事件的基础上对故事进行深入研究。教育叙事研究不仅要求教师对故事进行行动研究记录，还要求教师对故事进行反思和感悟，从而生成研究成果。

二是针对性与典型性结合。教育叙事毕竟是一种研究活动。一是要有针对性，二是要有典型性。在教育教学过程中，不乏曲折离奇的教育事件。但这种讲故事不是记流水账，不是事无巨细的教学实录，而是要有教师对日常教学的独特体验和感受，要能引发读者的共鸣和思索。针对性是指所探索的问题要有实际意义，所叙述的故事要能透过个别事件揭示出教育教学过程中的某些本质特征乃至教育发展的必然规律。

三是真实性与可读性结合。对故事的描述必须是真实的，叙事研究不能杜撰故事。当然，叙事是一种文学性的表达方式，在保证真实的基础上，描述应该讲究艺术和文采，使其具有可读性。

三、叙事研究法的过程与操作

上善若水：通过上面的介绍，我们得知了什么是叙事研究，叙事研究的特点，教师做叙事研究的优势，那么叙事研究的过程是怎样的，如何去操作呢？

生命如歌：做教育叙事研究要抓住以下三个关键环节：观察（发现问题）—积累（搜集素材）—梳理（撰稿提炼）。能解决问题的实践方法或思想才能称为“经验”。教师想要突破写作困境，就要学会观察和积累，从纷繁的教育现象和事件中发现问题，用教育日记的方式记录自己的感受和思考；学会追问和思考，在追问中发现规律。

1.观察（发现问题）

人要有三个“头脑”，一个是天生的头脑，一个是从书中得来的“头脑”，一个是从生活中得来的“头脑”。“头脑”是如何从书中和生活中得来的？这就需要教师去观察，去发现了。“处处留心皆学问，人情练达即文章。”只有善于观察才能有所发现，而有意义的观察需要有问题意识，也就是说，教师要带着问题意识去观察。科学界有句名言：一个没有问题的科学家一定有问题。同样，一个没有问题的教师一定有问题！反之，一个脑子里不断有问题出现，不断被问题缠绕着的教师，往往是一个受学生欢迎并且专业发展很快的好教师。

在观察、发现问题时要关注原生态：每个教师都有丰富、宝贵的教学经验和研究成果有待梳理挖掘，不要盲目迷信名家和书本。只信书不如无书，教师应该多关注发生在自己课堂和身边的教育教学问题、感悟与经验。因为这是原生态的，有生命、有温度的教育问题，往往更真实、更可靠。高手在民间，教学思想源于教育实践经验，生于教育过程，长于科学理论的引导。教师既要吸纳、学习别人的知识成果，也要在实践中积累自己的经验。

2.积累（搜集素材）

叙事研究要求教师不仅要通过观察发现问题，还要善于积累，把观察到的素材及时整理归档。教师的身边处处隐藏研究的内容，如备课、上课、批改作业、辅导，与学生谈话交流，以及组织各项班级活动等，无不隐藏着教育教学研究的内容，教师应该用心把这些信手拈来的教学研究内容及时记录下来，日后再做好梳理，以便形成研究成果。

教师要把自己在教室里的经验教训，创造生成为对这个职业的思考，通过写教育笔记的形式留下来，因为这样的成果是教师留给教育的宝贵财富，是值得珍惜的东西。搜集和积累叙事研究素材的方法有很多，如撰写教育教学笔记、教学后记、教育教学案例、读书笔记、教学札记、教育教学随感录、备课笔记，等等。

撰写教育随笔比较简单，不必过分强调逻辑，不需要有什么论点论据；不必过分讲究字词和文采；格式不限，可以写个人经历、班级故事、教学片段、课堂实录、教学思考，教学论文等；内容不限，文字可长可短，可以记录教学中的某一点体会，可以表达一种情怀、一种趣味、一种心境、一种追求。

3.梳理（撰稿提炼）

叙事研究进入这个阶段就是对研究成果进行梳理提炼了。教育叙事研究即使积累了素材和研究成果，如果没有进行全面的梳理与提炼，其研究的成果还是零散的、感性的、隐性的。怎样才能将自己的研究成果科学地呈现出来？这就需要对研究成果进行梳理提炼，再系统地进行表述。通过梳理和提炼可以将隐性成果转化成显性成果，让教育教学经验从零散走向系统，从肤浅走向深刻，从常规走向科学，从科学走向艺术。正如朱永新教授所说：“中小学教科研应该从记录教育现象、记录自己的思路开始，把这一串串的‘珍珠’用教育理论串起来，那就是一条美丽的项链。”

叙事研究梳理撰写的步骤
（1）确定选题。选择一个合适的主题
（2）梳理资料。选取最典型最有价值的材料进行整理，包括查阅其他相关理论和文献资料
（3）构思框架。根据内容确定表述方式，列出写作提纲
（4）撰写初稿。尽量一气呵成地完成文稿的大纲和基本内容
（5）修改定稿。文不厌改，越改越精

尽管平时心里有很多想法，但是一旦动手写作，就会发现写不出自己期待的内容。叙事研究的成果主要体现在所写的文稿上，为了帮助教师梳理提

炼叙事研究的成果，在这里专门跟大家讨论一下这个问题。怎样梳理、表述叙事研究的成果呢？

四、怎样撰写教育案例

桑榆未晚：叙事研究法关键是叙事，而研究成果也体现在各种教育教学的案例上。请您给我们讲讲怎样梳理、撰写各种教育教学案例吧。

生命如歌：好的，我先说说怎样梳理、撰写教育案例。

智力上的成就，在很大程度上依赖于性格的伟大。欲让学生成才，先教学生做人，立德树人是教师义不容辞的使命。所以，教师要有远见，有大格局。我不是科学家，但我的学生有可能是科学家；我不是国家政要，但我的学生有可能是国家政要。简而言之，我不是未来，但我的学生们一定是未来；我不是栋梁，但我的学生们很可能是栋梁。

什么是教育案例？一般来说，案例是关于某一个实际情境的描述，讲述的是能引起人们的思考并使人从中获得教益的一个故事或事例。教育案例是真实发生的教育事例，一个好的教育案例，就是一个生动的故事，需要教师用生动艺术的文学语言去描述，同时对发生的教育故事进行深入思考和分析，继而发表一些自己的看法、反思或是点评。

教育案例的表述方式有很多种，常见的有以下四种表述方式：

一是故事 + 思考（或纪实 + 分析）。

二是故事背景 + 故事描述 + 故事分析（或背景 + 描述 + 问题 + 诠释）。

三是纪实 + 问题 + 分析（或描述 + 问题 + 反思）。

四是描述问题 + 分析问题 + 教育措施 + 教育效果（案例 + 分析 + 措施 + 效果）。

教育规律常常隐藏在平凡的教育教学工作中。如果教师能把自己教育教学中的一些看似平凡的小事儿捡拾起来，进行梳理和打磨，做成一件件教书育人的“工艺品”，并用它来装饰自己的教育人生，那么，便能在美化自己的同时，也美化了他人，美化了教育，还能从中发现教育规律。

一路春风：您能给我们举个例子吗？

生命如歌：如下面这个案例，是辽宁省本溪县第四中学栗莹老师写的一个教育案例。

老师，您的话对我很重要

辽宁省本溪满族自治县第四中学　栗莹

【纪实】

以前，有人跟我说："老师的话，对于学生很重要。有时，一句话可以影响学生的一生。"原以为这话有点夸张，但经过那件事以后，我深信不疑。

那一年，我担任初一（3）、（4）班的语文教学工作，（3）班的成绩比较好，（4）班的成绩起初很差。我清楚地记得第一次月考，作文题要求"下面两个题目任选其一完成"，而当时（4）班有个学生居然在共600字的格子内完成了两个作文，他把两个题目都写了一点点。这是当时近600个学生中唯一的一个，他的语文成绩自然位于倒数的行列。不过，我倒是因此记住了他的名字。

以后，每到月考、期中、期末考试，我总提醒他："二选一，写一个作文，明白吗？"每每这时，他总是红着脸，低下了头。那时，我已认定他是个语文学习很差的学生。直到有一天，一件事情让我彻底改变了看法。那天，我领同学们背诵《〈论语〉十则》，抽查背诵正好抽到他，他居然清楚流利地并且一字不错地把《〈论语〉十则》背下来了，我脱口而出："太棒了！"当时，我分明看到他的眼中闪过一丝惊喜，他笑了，笑得很甜。我才发现，原来他的记忆力很好，理解能力也不错，只是以前的基础太差了。从那以后，我发现他课堂上说话的声音大了，也敢举手了。

我察觉到他的进步，就对他说："其实，你完全能把语文学好。"他只是浅浅一笑，并没答言。第二次月考，他的语文成绩提高了不少，我也看到了他的努力。有一天，我在（4）班上公开课。课堂依然像平时一样沉闷。只有他，多次举手，而且答对了几个关键性的问题。那节课，他的表现最好。

课下，我对他说："不错嘛，努努力，争取期末拿个高分。"这以后，他听得更认真了，而且经常问我语文题。期末成绩下来了，他给了我一个大大的惊喜，他居然考了全班第一。我既意外，又高兴。

我拿着成绩找到他，兴冲冲地说："××，你语文考了咱班第一！"原以为他会像我一样吃惊、兴奋，可他却淡淡地说了一句："我知道了，老师。""你不高兴？"我问。"没有，老师，你不是说过我能拿高分吗？您说能，那就一定能，我不意外。”他的话又让我一惊。同时，我又有点惭愧。没想到，他竟如此重视我说过的那句话，并且深信不疑，我一句鼓励的话成了他的奋斗目标。可想而知，为了这个第一，他付出了多少努力。事后，有人怀疑他作弊了。我说：“我用人格担保，他没有。”他仍旧是微微一笑。从那以后，他的语文总在班级前几名，再也没有人敢怀疑他了。后来，不仅语文，他的各科成绩都进步了。毕业时，他对我说：“谢谢您，老师。您的鼓励对我真的很重要。”而今天，我也想对他说声“谢谢！”因为他让我明白：多一份赏识，就多了一份成功的希望。

【反思】

这是一个真实的故事，我的这篇小文也不过是写实罢了。我会记下这个故事，是因为它给了我太多的感动与启示。文中的那个学生原本是我认定的“后进生”，但如今他已是一名优秀的高中生。在这华丽逆袭的背后，他付出多少艰辛与努力，我们可想而知。他那执着努力的样子，让人感动、让人心疼。他的转变，使我在惊喜与欣慰的同时，也获得更多的思索与启示。其实，每个学生的心中都有一颗渴望成功的种子，教师的鼓励与引导就是那适时的阳光、雨露，让希望的种子在学生心中生根发芽，而教师悉心的指导与关怀会一路呵护着这些幼苗茁壮成长，直到其成功、成材。

春华秋实：这个教育案例主题鲜明，内容具体，感人至深；问题分析深刻，能给人以启迪。要写好教育案例还应该注意什么问题呢？

生命如歌：通常写好一个教育案例，应该抓住这样几个关键问题。

1.突出中心，提炼主题

所谓突出中心，就是案例描述一定要能清楚地说明一个问题，表达一种思想，蕴含一定的理念。要懂得提炼主题，文章不能写得散乱。如上面这个案例的主题是“多一份赏识，就多了一份成功的希望”。刘良华说：“每一个故事都是由一个事件和一个道理构成的。故事是叙事的核心，而道理是故事的核心。”为什么董卿主持的《朗读者》那么打动人心？那是因为每期《朗读者》都有主题：第一期主题词——遇见；第二期主题词——陪伴；第三期主题词——选择；第四期主题词——礼物；第五期主题词——第一次；第六期主题词——眼泪。主题分明，中心明确，走心又走“新”，岂会不动人？

所以，梳理的案例一定要有价值、很典型、中心突出。怎样才能突出主题？一是这个案例应该是典型的、有价值的，能带来深刻的启示与普遍指导意义的。二是案例写作需要教师围绕主题进行梳理、提炼和加工。案例写作最怕的是面面俱到、泛泛而谈，既不能突出案例的中心和重点，也不能突出案例的内容和主题。一定要明确这个故事揭示了一个什么道理，给人以什么启迪。

越是民族的，越是世界的；越是个性的，越是大众的。一个好的案例一定要既具有时代性，又富有个性化。没有新意和个性的案例往往是不利于推进教育教学研究的。

2.注重过程，写出故事

既然是案例，就一定有事件发展的过程，要把案例写好，就要写好事情的起因、过程、结果，有生动有趣的情节和细节，语言通俗精美，有可读性，既感人至深，又能给人以深刻的启迪。这同时也是案例的魅力所在。如上述栗莹老师的《老师，您的话对我很重要》。案例先写某学生第一次月考写错作文，再写受到表扬后在课堂上发生的变化，再后来写学生取得优异的成绩。虽然文字不多，但是不仅讲清楚了一件事的起因、发展、结果，而且故事生动感人。

有的案例需要做背景介绍。在正文里，要交代事件发生的具体背景，交代故事发生的时间、地点、人物、事情的起因等，也可以交代学生的家庭背景。背景介绍并不需要面面俱到，关键是说明故事发生的特别原因或条件。所以教师撰写教育教学案例一定要注重过程，写出完整而生动的故事来。

3.描述细节，写出情感

“细节决定成败。”教育教学案例写得是否生动和深刻，既要看它是否反映了事物的本质，也要看它能不能写出细节。写细节就是抓住事件细微而又具体的典型情节加以生动细致地描述。

4.深度思考，揭示规律

案例的后半部分一般为反思或评析，重点突出对案例所反映的核心问题的看法和分析，以进一步揭示事件的意义和价值。这部分内容要言简意赅，具有深意并能揭示规律。也就是说，好的案例故事研究，不仅是对教师自身心路历程的真实反映，同时也是其他教师借以反思自身的基础和对照学习的镜子，能够让大家从中受到启示。

评析可以是自评，就事论事，有感而发，也可请专家点评，深化案例主题。案例评析就是通过对背景、问题、解决问题的方法的描述，总结利弊得失和启示。

5.反复推敲，选好标题

看书先看皮，看文先看题。案例的题目是文眼，反映文章的主题，而且好题目扣题新颖，言简意赅，吸人眼球。有的好案例就是因为没有好标题而被忽略，被埋没。所以教师写案例时，一定要在标题上反复推敲，拟好标题。

通常可以用事件或主题定标题。标题要紧扣案例、提炼内容、角度新颖。必要时可以设副标题，作为正标题的补充或说明。

五、怎样撰写教学案例

上善若水：您对怎样撰写教育案例的介绍思路很清晰，让我们备受启发，您再给我们说说怎样撰写教学案例吧。

生命如歌：教学案例是教师以叙事的方式描述真实发生的教学事件并反思，从而梳理表述教学规律的一种方法。一个案例就是一个包含疑难问题的实际情境，是教学实践过程中的一个故事，描述的是教学过程中“意料之外、情理之中”的事。

医生总是在对一个又一个病例的研究中逐步成长的，律师总是在对一个又一个案件的剖析中不断进步的，军人总是在一个又一个战例的历练中日益成熟的。同样道理，教师也是在研究一个个教学案例中成熟起来的。特级教师李吉林说：写作就是研究。没有写作，研究成果往往会呈现碎片化、思绪化、即时性等特征或状态，写作是对这些研究成果的归纳、整理和提升，也可以说是对平时研究的“二次研究”。

教学案例的分类。从范围上看，教学案例可以大到介绍自己所在学校或地区教学的整体情况、课程标准的实施情况、教育教学改革的整体情况等，但更多的是偏重于描述一堂课、一个实验、一个课题，或一次探究、一次活动，甚至是一个学生、一个题目等。从时间安排上看，教学案例可以是整个过程，也可以是一个情境、一个片段，甚至是一句话、一个动作等；从侧重点上看，可以是知识与技能、过程与方法，也可以是情感、态度与价值观，甚至是课堂纪律、学生管理等。常见的撰写案例的形式有四种：

◆案例背景—案例描述—案例分析。

◆案例纪实—案例反思。

◆课例—问题—分析 。

◆描述案例＋分析案例＋教育措施＋教育效果（案例＋分析＋措施＋效果）。

桑榆未晚： 我们知道了什么是教学案例，还请您具体介绍一个典型的案例。

生命如歌： 好，下面介绍一个较为典型的教学案例。

一张小纸条背后的故事

北京教育学院石景山分院　冉工林

我有一个习惯，每学一篇课文，都会让大家把学习中的疑问写在纸条上交给我。备课时，同学们的这些疑难问题就是我确定教学重难点的参考。我常常把这些纸条上的疑问作为备课的重点和讲课的切入点，带领同学们在课堂上体会解疑的释然与成功的乐趣。

一天，我在准备传统课文《谈骨气》的教学设计，发现一个学生在纸条中提到："老师，课文中的穷人宁可饿死，也'不食嗟来之食'的行为是不是太傻？常言道'大丈夫能屈能伸'，先吃饱了保住命才是真格的，人都饿死了，还有什么骨气可谈？"我先是一愣，这孩子怎么能这么看问题？但立即又意识到：这么想的仅仅是他吗？肯定不止！这张纸条传达了一个重要的信息——这就是目前中学生的真实思想！那一瞬间，一种责任感在我心中油然而生，这是一个很好的德育良机，我一定要抓住这个契机……

第二天的语文课上，真可谓一石激起千层浪，当我让这位同学说出疑问后，课堂上立即沸腾起来："闻一多明知敌人要杀他，还要在被害的几分钟前进行讲演，这种牺牲也是无谓的。他完全可以先隐藏起来，免遭杀害，这样还可以多为党工作几年！""大丈夫应相时而动，他们应该学学当年的韩信，不能认死理！""一个人的生命是最可贵的，有生命才能谈得上有骨气，无论在什么情况下，保住命应放在第一位！"……

发言的人越来越多，同学们的观点也大致相同，皆不认可闻一多的"舍命保节”。

听着同学们的发言，我突然想到了自己小时候学习这篇课文时的情景，那时的学生是多么佩服穷人和闻一多的气节啊。可是今天，学生的看法与我们当时真的是大相径庭，怎么会有这么大的反差呢？

“老师，我还有问题。”正当我沉思的时候，一个同学的发言打断了我的思绪，“文中说，当穷人饿得快死的时候，有人给了他一碗饭，这怎么就不能说是善举呢？穷人吃了这碗饭就应该替人办事，这是天经地义的，世上哪有免费的午餐呢？”“对呀！”同学们一片应和。

我真没想到会出现如此局面。

怎么办？现在指出他们的错误，给他们讲道理？他们听得进去吗？让他们自己讨论？能够解决问题吗？……我的脑海里迅速闪现出一个个方案。最终，我决定这样做。

“同学们，我们来听一篇演讲好吗？”我播放了闻一多先生《最后一次演讲》的录音。顿时，教室里回荡起慷慨激昂的演讲声，当讲到“我们不怕死，我们有牺牲的精神！我们随时像李先生一样，前脚跨出大门，后脚就不准备再跨进大门！”这句结束语时，教室里响起了一阵掌声。

“同学们，你们知道吗，闻一多先生就是在这次演讲结束，离开会场时被国民党特务杀害的。你们觉得他的牺牲有意义吗？如果是你，面对那样一种情境，你会作出怎样的选择？”

沉默，长时间的沉默……

“好吧，同学们，让我们一起背诵一下革命烈士的诗《囚歌》，好吗？”这一次，没有人有异议，教室里响起了悲壮、豪迈的朗诵声。

“如果你被敌人俘虏了，敌人对你喊：‘爬出来吧，给你自由！’你是不是会为了自由，而爬出来呢？如果敌人让你写自白书，你会不会想：‘为了保住命，再多为党工作几十年，我还是写自白书吧！’”同学们都笑了，因为这些被视为叛徒和怕死鬼的行为，其实质与同学们说的大同小异。这笑声也蕴含着同学们对自己说过的那些话的认识与反思。

我知道，如果这时再接着讲道理，同学们一定容易接受，但我没有，而是开始布置作业：第一，请同学们向自己的父母或爷爷奶奶了解 1961 年的社会背景，因为作者的这篇文章写于那一年；第二，请同学们从历史上或现实中找出几位有骨气的人，试着了解他们的事迹，并且说说他们生命的意义与价值。

我让同学们把自己的探究成果整理出来，写在纸条上，并张贴在“学习专栏”里。

第二天的“学习专栏”异常红火，一张张小纸条展示着同学们探究的结果：

“英雄崔大庆，面对行凶的歹徒，依我之前的逻辑，他应该这样想：‘社会主义祖国法网恢恢，歹徒总有一天会落网，为了多报效祖国几十年，别跟歹徒拼了，放他们走吧！’现在想来太可笑了。英雄的鲜血唤醒了无数自私者的良知，也引发了我对生命价值的思考。”“孟子的‘生，亦我所欲也；义，亦我所欲也。二者不可得兼，舍生而取义者也’，这‘义’就是古人的骨气。徐悲鸿说的‘人不可有傲气，但不可无傲骨’，是现代中国人的骨气。古往今来的有识之士，都把精神和气节看得比自己的生命还重要。我们这一代也不能愧对先辈。”“现在看来，所谓为了什么什么，不过是给自己的卑躬屈膝和委曲求全寻找借口罢了。”“大丈夫宁为玉碎，不为瓦全。古代仁人志士、现代革命先烈们，你们的精神一定会代代相传！”“吴晗先生写这篇文章时，正是我国国民经济严重困难时期，面对外国势力的威胁和封锁，我们需要提倡一种精神，要用这种精神去战胜天灾人祸，这正是作者写这篇文章的目的。文中的‘不食嗟来之食’的内涵，只有放在这样的背景下去理解才更全面。”……

读着这一段段话语，我异常振奋，倍感欣慰，不禁激动地说：“我们今天学习这篇文章，并不是为了去效仿其中的一种做法，而是在提倡一种精神，这种精神就是我们民族的气节！有了这种气节，我们才能永远立于不败之地！”

教室里响起一片掌声。同学们是在为自己探究的结果鼓掌，为自己思想的飞跃鼓掌。

【评析】面对在改革开放大潮中成长起来的一代，冉老师在讲授这样一篇传统课文时，遇到了学生对生命意义的质疑。怎么办？强加正确的观点显然不能奏效，但又不能放任不管。那么，怎样才能巧妙地将世界上最美的情感赋予他们，将最优秀的思想传达给他们，将最朴素的道理告诉给他们呢？冉老师进行了智慧的设计和精心的安排，通过讨论、朗诵背诵、书面表达等多种形式，引导学生一步步感受、领悟“中国人的骨气”，最终使问题得到了基本解决。相信，随着这些学生长大成人，这节课会在他们心中留下永远的印记。

一路春风：冉工林老师撰写的这个教学案例太好了，主题鲜明，内容具体，感人至深。请问撰写教学案例还应该要注意什么问题?

生命如歌：撰写教学案例与撰写教育案例有相似性，可以参考前面的内容。这里不再赘述。

六、怎样撰写教学反思

春华秋实：老师，教学反思算不算是叙事研究?

生命如歌：教学反思与教育教学案例有很大的不同，如果从广义上说，教学反思也可以说是一种叙事研究。下面我说说怎样撰写教学反思。

（一）撰写教学反思的意义

生命如歌：撰写教学反思对教师的专业成长十分重要。对教师的专业成长而言，最重要的有两条：一是对外学习吸纳；二是对内总结反思。一个教师仅仅满足于获得经验而不对经验进行深入思考，那么即使有20年的教学经验，也只是一年工作的20次重复。青年教师走上教坛，怎样才能让自己越教越聪明，越教越得心应手呢？有一把金钥匙不能不用，那就是教学反思。走两步，回头看一步，让吃一“堑”真正长一“智”，使第三步走得更踏实、更有效。活跃在教坛上的大师们其实都是反思的高手：窦桂梅的《秋天的怀念》开篇，九易其稿；王崧舟的《二泉映月》《只有一个地球》三个版本截然不同；靳家彦的《陶罐和铁罐》常上常新，这都得益于他们高超的反思能力。叶澜教授说：“一个教师写一辈子教案不一定成为名师，如果一个教师写三年反思则可能成为名师。”实践和反思是教师成长为名师的两大法宝。

（二）什么是教学反思

海纳百川：怎样理解教学反思?

生命如歌：教学反思是指教师从事教学实践后回过头来思索过去自己做过或经历过的教学活动，从中总结经验教训，指导今后的工作的过程。一节课后，或一点经验，或一丝启发，或一则教训，或一例疑难，都可以一一记录下来，积铢累寸，这些资料信息以及思考体会都将成为日后教学的宝贵财富，在关键时刻提供莫大的帮助。如教师对备课中目标设置的合理性的反思可以分为四个环节：回望教学目标—梳理教学过程—发现存在的问题（或归结成功的经验）—探索理想的路径。其中，反思的重心应该落在后两个部分。

优秀的教学反思既不是蜻蜓点水的“教学检讨书”，也不是自娱自乐的“教学功劳簿”，是对一次教学实践活动成败得失的分析与总结，并提出改进的举措。如下面这个案例。

为什么学生给讲就明白了

王彦军

【纪实】

“头疼啊！为什么他还不会啊？”昨天的题目，我在课堂上讲一遍后，又单独给他讲解了两遍，他还没有学会。正发愁着呢，班长来交作业了，我随口跟他说：“你帮助帮助张三同学，教教他昨天的题。”我就这么一说，并没有抱多大希望。过了一会儿，张三同学来交作业了，我一看题目全做对了，感到有些诧异：这么短的时间就全会了，该不会是抄别人的吧？于是，我又出了几道类似的题，让他在我跟前做。嘿！还真做对了。我问他：“你怎么做出来的？”他说班长教的，班长给他讲解，他就明白了。怪了，老师给他讲他不会，学生给他讲他倒明白了？

后来再细想，我也就明白其中的奥妙了：学生之间有共同的语言，他们的思维更接近，老师讲不清楚的难题，学生讲反而很简单了。这个方法是不是可以推广呢？后来在课堂上，我有意让学生扮演老师的角色，如在推导平行四边形面积计算公式时，我让王某同学试讲，他一登上讲台，像老师一样镇定，拿着事先准备的教具，在黑板上画画比比，又是剪切，又是拼图，讲得有声有色，神气活现。于是乎，平行四边形面积计算公式的来由在同学们的脑海里一次次浮现，整堂课学习气氛十分活跃，师生交流、生生交流非常突出，同学们听得认真，学得积极，教学效果出奇的好。与此同时，我将这一活动延伸到了课堂外，比如，在家中，家长不再是知识提供者，而是让学生当老师，家长充当学生，学生预习知识后，把自己学习到的东西教给家长，极大地调动了学生学习数学的积极性和主动性。

【反思】让学生当“老师”的优越性

1. 调动学生学习的积极性。学生对教师这一职业有着羡慕和向往，为了能够上台表演，他们往往在台下狠下苦功，暗暗使劲，这样就使得学生学习数学的积极性不断被调动起来。

2. 增强学生自信心。学生在教师的鼓励下，提前备课，提前做好讲课的准备，虽然他们讲的内容较为简单，但通过教师角色的锻炼，他们都认为自己很了不起，虚荣心得到满足，大大增强了自信心。

生命如歌：一般说来，教学反思有五种途径，称之为“五思”：一思所效，教学效果如何；二思所得，教学的收获是什么；三思所失，教学失误在哪里；四思所改，如何去改进教学；五思所创，教学中有哪些创新之处，摸索出了哪些教育规律。

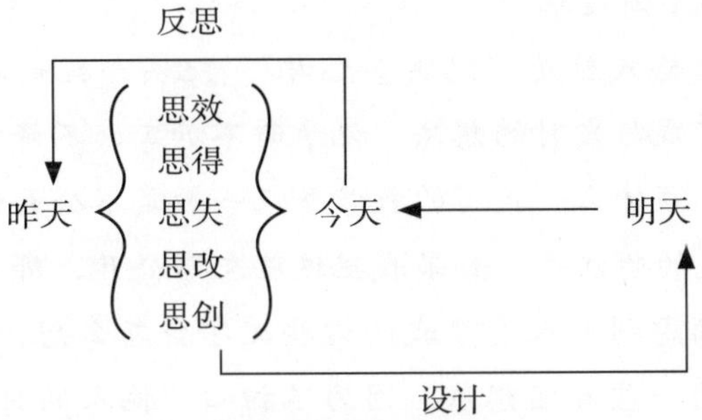

教学反思的“五思”

比较有效的教学反思通常包括以下五个步骤。

1. 我遇到了什么事情？

2. 我对这件事的梳理。（对问题、失误、困难等做思考，分析产生原因，即弄清哪些做法是不适当的、低效的，甚至是无效的，为什么会这样？）

3. 我从中得到什么启示？（包括通过教学反思发现了过去未曾注意到的问题或教学中更深层次的问题）

4. 我的做法（教法）是否符合教学原理？是否符合学生的需要？

5. 今后该怎样做？（在总结经验教训的基础上构想下一步工作，知道发扬什么、纠正什么、改进什么、加强什么，即设想出新一轮教学工作的思路）

（三）教学反思写什么

海纳百川：我们知道了什么是教学反思，那么，通常教学反思写什么？

生命如歌：喊破嗓子，不如做个样子，这里推荐特级教师贲友林的做法。

记录要有我的视角。我记录课堂的亮点，既有预设之中的精致，也有即时生成的精彩；记录课堂的败笔，既有教师的不妥不当，也有学生的失误错误；记录课堂的意外，既有难以预料的遗憾，也有至今仍存的心结。其实，在课堂中，亮点、败笔、意外，彼此有时就交错在一起，根本无法把它们截然分开。面对亮点，我欣喜若狂过；面对败笔，我懊悔沮丧过；面对意外，我茫然无措过。然而，伴随着思考，我的内心渐趋平静，行动增添了理性。我知道，课堂的精彩可以预设，又不完全是预设；课堂的遗憾可以避免，又不能完全避免。遗憾，体现了课堂的不可复制，反映了课堂的真实性，激励着我对精彩课堂的不懈追求。

我常用的反思格式就是"纪实＋思考"。纪实，就是真实地记录我的原生态的课堂教学实践与当时的想法，记录时不加工、不修饰。做了什么就写什么；想了什么就写什么。我写的教学手记一般是不公开的，不会放到网络上与别人共享。我的想法是，如果我把这些文字公开，那么在形成文字的过程中，我一定会顾虑到别人看了我的这些文字会怎么想，"公开"所带来的压力会屏蔽掉我的一些真实想法。因为不担心"他人的目光"，所以我可以在教学手记中真实地暴露自己，将自己潜在的想法都外化成文字，往往不求系统、全面、深刻、正确，而是凭借直觉、第一想法，有时可以简短成一句话。简言之，反思，有话言长，无话语短。

（四）个别教师教学反思中存在的问题

春华秋实：据你了解，目前教师撰写教学反思都有哪些问题？

生命如歌：为什么教学反思在有些教师身上有效，在有些教师身上效果并不明显？这是因为，有些教师的教学反思存在以下问题。

1. 不愿反思。教师对反思的认识不足，敷衍了事。一些教师把写教学反思（课后记、教学随笔等）当作负担，为应付检查而写反思。

2. 浅层反思。有的教师的教学反思中心和主题不突出，内容表层化，不深刻，或者重教师而轻学生，或者多叙事而少分析等。

3. 不会反思。许多教师不是不想写教学反思，而是不知怎样去写教学反思。结果就是教师投入很大的时间精力，但是学生收获甚微。

4. 过度反思。学校的要求过多、过频。写反思成了教师们的一种负担、一种形式，令教师苦不堪言。

5. 强制反思。学校强制多于自主，忽略教师的实际需求和个体差异。

如何有效地进行教学反思呢？以下四个方面非常重要。

其一，要及时。教学反思的时间不能拖得太长。时间拖久了，一是真情实感容易淡化，智慧的火花也容易消散；二是想记录的有关事实材料也容易淡忘，事实如果记得不准确就没有意义了。教学后记最好是当天完成，教师可利用零碎时间来写。

其二，要精要。写教学反思不宜写得庞杂冗长，事无巨细，面面俱到。一是教师的工作比较繁忙，处理班务时间有限，不可能用大块时间集中力量去写教学反思。二是大多数情况下没有必要长篇大论。它要一得之见，靠点点滴滴的积累，集腋成裘。它可以是对一堂课或一篇文章的整体内容做分析探讨，但更多的是对一次提问、一次建议、一个词语、一个符号，甚至教师的一个手势、一个眼神的运用等做记载和探讨。

既要节省时间，又不能写得太长。因此，教学后记就要抓精要，抓重点，选好角度，尽可能以较小的投入取得较大的收获，把时间变成金子。

其三，要升华。如果仅仅把教学反思看作是对教学活动的观察、记载、积累的感性认识，是远远不够的。要发挥教学后记的教学指导作用，就必须把教学反思上升到理性认识。一方面，教师要借助教学理论，带着问题去看《教育学》《心理学》等相关书籍，从理论上找答案。另一方面，要经常且及时地深入学生之中，征求学生的意见，尔后对教学后记中的材料进行概括、归纳、整理和加工，使其系统化、理论化。

其四，要有恒。有的教师在刚开始写教学反思时兴致勃勃，但没多久就懈怠了，所谓的忙都是借口，其实只是因为没有形成习惯。华罗庚说：“治学问，做研究工作，就要持之以恒。”教学反思绝不能一曝十寒，高兴时写一点，忙时抛一边，这样是不会成功的。教学反思贵在及时，贵在坚持，贵在执着地追求。一有所得，及时写下，有话则长，无话则短，以写促思，以思促教，长期积累，必有“集腋成裘、聚沙成塔”的收获。教学反思只有锲而不舍，持之以恒，才会见成效。

从某种意义上讲，压力产生动力，倒逼促进成功。喷泉之所以美丽，是因为水有压力；瀑布之所以壮观，是因为它没有退路。没有压力和动力的水，只会成为一潭死水。人也是一样，没有压力，潜能就得不到开发。想要变得优秀，就必须要接受挑战。如果你不逼自己一把，你根本不知道自己有多优秀。

第8章 用实验来证明你的设想

——实验研究法的运用

一位小学教师发现一年级的学生需要抄写生字一字多遍，负担很重，于是进行了“抄四遍和抄八遍的效果比较”的实验研究，结果证明抄四遍效果最佳。然后，这位教师把实验写成研究报告，论证“减轻负担，提高质量”大有潜力可挖。此研究受到各方面的重视。这位教师所运用的科研方法就是实验研究法。实验研究法是小课题研究的一种重要方法。与其他研究法比较，这种方法更复杂，更严密，而且劳神费力。因此，运用这种方法进行研究所得的研究成果更有意义。那么，什么是实验研究法？教师怎样有效运用这种方法？这里，我们一起来聊聊这个话题。

一、用实验来证明你的设想

海纳百川：听说小课题研究经常会运用实验研究法，但是实验研究比较困难，老师，今天您和我们聊聊实验研究法吧。

生命如歌：实验研究法是教师开展研究的一个重要方法。与其他研究方法相比，实验研究法更为复杂，需要的时间和精力也更多一些。如若这种方法运用得好，研究成果的价值也就更大。我做过两次比较重要的实验研究，对此我深有体会。

第一次实验研究是 1984—1986 年，历时三年的“改革中师心理学课堂教学方法的实验研究”。1984 年，我除了做干训工作外，还负责中师班的心理学课，于是开始改革中师课堂教学方法的实验研究。经过三年的探索，我撰写的《一要有趣，二要有用——针对中师生特点教心理学》一文发表在《师范教育》上。《关于发挥教师主导作用之我见》一文发表在《课程·教材·教法》上，后被《新华文摘》转载。

第二次实验研究是“开发非智力因素研究和指导学法，大面积提高教学质量实验研究”。从 1988 年开始，我一边做校长、教师培训，一边深入辽宁省本溪县一中、四中、实验小学，做“开发学生非智力因素研究和学法指导研究”。历时6年的实验研究大面积提高了教育质量，研究报告发表在《教育探索》上，研究成果获全国优秀成果一等奖。

二、怎样理解实验研究法

海纳百川：看来实验研究法运用好了，效果真的不错。那么，什么是实验研究法呢？

生命如歌：面对诸多教育教学问题，教师总会产生一些解决问题的设想，那么用什么方法来证明自己的设想呢？可以用实验研究法来证明自己的设想。通俗地说，这是一种先想后做的研究方法（相对来说）。“想”：从已有的理论和经验出发，形成某种教育思想和理论构想，即“假说”（亦可称为“假设”）；“做”：将形成的假说在积极主动、有计划、有控制的教育实践中加以验证。通过对实验对象变化、发展状况的观察，确立自变量与因变量之间的因果关系，有效地验证和完善假说。

实验研究法涉及很多抽象的概念，为了帮助教师理解这些概念，我在这里做个简单说明，因文字篇幅所限，不能讲得很详细。关于实验研究法的专业书籍有很多，教师们可以找相关的专业书籍读一读。

关于实验法的特征。“验证假说”和“控制条件”是一切实验方法所具备的共性。教育实验的几层含义：首先，教育实验必须确立自变量与因变量之间的因果关系；其次，教育实验必须科学地选择研究对象；再次，教育实验必须控制和操纵实验条件。实验应当具有可重复性，亦即应不仅具有效度而且具有信度（即经过重复实验后所得到的实验结果应大致相同）。

什么叫“假说”？

所谓“假说”，就是在进行研究之前，根据事实材料和一定的科学理论，对所研究问题的因果性和规律性预先做出推测性论断和假定性解释。假说的形成是一个理论构思的过程，一般经过三个阶段：发现问题—初步假设—形成假说。

什么是变量？

教育实验中的变量有两种：

（1）自变量。自变量又称为实验因子或实验因素，它由实验者操纵，由实验者自身独立的变化而引起其他变量发生变化。例如，考查不同教材对学生学习的影响。在这里，教材就是实验自变量。再如，设计"'乐学·会学'式课堂教学基本模式"的实验。一个实验因子至少要有两种水平（如两个组、两个班级等）才能进行比较（如上所举例子就必须至少有两种教材）。否则，其本身就不能构成实验因子。

（2）因变量。因变量是一种假定的结果变量，是对自变量的反应变量，也称输出。它是实验变量作用于实验对象之后所出现的效果变量。实验因变量必须具有一定的可测性。

控制无关变量非常重要。为了很好地探索因果关系，以确实保证因变量的变化是由自变量的变化引起的，就必须排除其他无关因素的影响，控制无关因素，使实验除了自变量以外其他条件都保持一致。如此，才能保证实验研究具有一定的效度。否则，实验就失败了。

什么是实验的操作？严密控制实验过程至关重要：形成假说—研究制定严谨科学的实验方案（选择被试对象、确定对比组、实验方法和过程的设计、实验材料和工具的选择、研究无关变量及其控制措施、实验的阶段划分、原始过程性资料积累的方案与分工、成果形式的确定等）—按照方案实施实验—形成实验的阶段性报告和总结性报告—对实验进行评价论证。

一路春风：老师，您在做实验研究中是按照上面这些实验要求严格进行的吗？

生命如歌：不是的，我的策略是尽可能学习借鉴，灵活运用实验方法。但我绝不会机械套用，而是根据需要和实际效果来选择实验方法。其实我更多的是在实践中"摸着石头过河"，反反复复地尝试着学学、做做、想想、改改。我追求的是实际效果，而不是简单的套用形式。

三、怎样学习运用实验研究法

桑榆未晚：老师，下面能否请您给我们说说怎样具体学习运用实验研究法？

生命如歌：喊破嗓子不如做出样子。下面我给大家举一个例子，介绍一位高中教师学习运用实验研究法进行复习课研究的故事。

实验研究让我提高了英语复习课的有效性

辽宁省本溪满族自治县高级中学　果姝

在我看来，教育科研是专家学者的事，对于我们一线教师而言，教育科研是遥不可及的。原因有二：一是比较陌生，不是很了解；二是时间不够，除了备课、上课、批改作业、辅导、管理班级，哪还有时间做科研？不过，这已是我过去的想法。从2011年开始，我校开展了小课题研究。作为学校的骨干教师，我责无旁贷，积极参与其中。一路走来，尽管有过困惑、徘徊，但更多的还是探索和创新。这次走进教育科研的小课题研究，我也有了意外的收获。下面，我就讲一讲我是怎样通过实验法来进行“提高英语复习课的有效性”的研究的。

一、研究选题

作为一名高中教师，我一直希望通过复习课帮助学生回顾、归纳、总结已学知识，从而帮助学生系统地梳理知识，使零碎的知识得以条理化，形成整体的认知结构，更加准确地掌握知识，提高英语运用的能力。可是，在实际的教学过程中，我发现复习课的效果并不尽如人意。我精心准备了复习内容，可学生好像并不“领情”——课堂沉闷，学生没有太大的参与热情。我自己倒是越讲越熟练，可学生却没记住多少，有的甚至上课时昏昏欲睡。自己讲得口干舌燥，可想要的教学效果却达不到。我不禁思考：为什么会这样？问题到底出在哪里？如何去解决这个问题？

二、问题分析

带着疑惑，我对课堂教学进行了仔细梳理，并与其他老师交流，做了细致的反思。以往的复习课上，我常用的做法是“教师讲语法，学生做练习”的旧模式——“满堂灌”。由于复习时间紧、任务重，我就“满堂灌”，面面俱到地讲，生怕漏掉了哪个知识点。由于课堂时间大部分被我占用了，学生没有机会进行训练。为了解决学生练的问题，我便给学生布置大量的课后练习题。这样一来，不仅上课效率不高，还加重了学生课后的学习负担。此外，我还忽视了一个重要的方面，就是与新授课内容相比，英语复习课在一定程度上缺乏新鲜感。枯燥的复习内容更让学生对复习课缺乏兴趣，这怎么能保证复习的效果呢？因此，我得出结论：症结所在是老套路的复习，它不仅会使学生的学习兴趣减弱，加重他们的学习负担，而且也不能有效提高英语复习效果。改变课堂授课模式，激发学生的兴趣，提高复习课效率，是我必须去实验、去研究的问题。

三、研究过程

我决定采用实验法去研究问题，并且从这几个方面着手做工作。

1. 改变观念，把课堂还给学生

思想决定着方向，最重要的是要改变自己的教育理念，放弃“一言堂”的课堂，真正做到把课堂还给学生。我决定尝试着放手，把一些环节交给学生完成。我告诉自己要懂得放手，要相信学生的能力；我告诉自己要有耐心，允许学生适当犯错，给他们试错的机会。

2. 精心设置课堂环节

提高课堂的趣味性，让学生动心，积极参与复习。被动地接受，学生会感觉比较累，效果不好。在尝试过程中，我把原来教师“满堂灌”的模式变了点花样：

（1）“我来做老师”，让学生引领复习。比如，单词复习就交给学生。教师可以充分利用每堂课的预备时间，让几个学生把平时容易写错的单词和短语写在黑板上，然后让他们当“小老师”，带领学生订正错误。最后，再由他们进行点评，强调应该着重注意的地方和容易出错的地方。这样一来，不仅其他学生记住了单词，当“老师”的学生也能很清晰地记住他们的教学内容，学生出现单词拼错的频率逐渐降低。

（2）引入单词PK、重点词汇用法大比拼、选图答题三个游戏竞争环节，以小组为单位，组内合作、组间竞争，增强复习的趣味性。

四、研究成效

经过几个月的实验尝试和探讨，我收获颇多。

（1）建构了高效复习课七步教学法。学校领导让我给全校教师上一堂示范课，大家对我的课颇为认可，并建议我总结出一种教学模式。经过反思和梳理，我确定了复习课的教学模式——七步教学法。

（2）提高复习效果。在实验的过程中，我看到学生注意力高度集中，参与课堂的积极性极高，教学效果良好，这让我非常欣慰。

（3）经验得到认可。我在本溪县名师工程小课题研究培训会上介绍了这项研究，与会的名师学员、本溪县教育局领导和本溪县教师进修学校的领导给予了高度的评价和赞扬。我的研究报告还被收录在我校编写的《雨润凰山》一书中。

（4）这项研究被立项为本溪市研究课题，课题名称为“如何上好高中英语复习课的研究”。

附案例：

如何上好高中英语复习课的研究

一、问题提出

复习课的目的是复习巩固，进一步深化、梳理、整合、归类知识，挖掘知识的内在联系，使学生做到融会贯通，对知识的掌握更加准确，从而提高运用语言的能力。复习课应该是大幅度提升能力的课，应该是备受学生欢迎的课。

可是，在教学过程中，复习课的效果并不尽如人意。以往的复习课难以摆脱“教师讲语法、学生做练习”的旧模式。加上复习时间紧、任务重，教师又要面面俱到，复习课就成了“满堂灌”，课堂时间大部分被教师占用了。教师越讲越熟练，可学生却没记住多少，收效甚微；课堂上光讲不练，课后给学生布置大量习题，加重学生的学习负担。此外，英语复习课缺乏新鲜感，课堂容易沉闷，学生缺少参与的热情。而学生学习的兴趣又是保证复习效果的前提。老套路的复习，不仅会使学生的学习兴趣减弱，加重他们的学习负担，而且也不能有效提高英语复习效果。那么，怎样才能提高复习课效率，切实做到“减负”呢？就此问题，我们进行了提高英语复习课效率的教学实验与研究。

二、研究对象与参与教师

研究对象：2009级全体学生。

参与教师：高二英语组全体教师，共10人。

组长：果姝。

组员：周成燕、姜麟、詹媛媛、辛颖、李燕悦、刘佳、马爽、刘月、荆兆红。

三、研究方法与过程

（一）研究方法

以教学实际为基础，进行课堂模式探讨和变革，改变传统的复习老套路，以学生为主体，引入小组竞争和游戏，努力达到学生既复习知识又提高学习兴趣的教学效果。

分别尝试。这项研究的复杂性决定了研究结果的不确定性，这就需要分别尝试，反复尝试，并边实验边总结经验。

（二）研究过程

2011 年 4 月第一周：筹备探讨小课题研究立项内容及方案计划，具体工作布置。

2011 年 4 月第二周至第三周：教师个人尝试阶段。

2011 年 4 月第四周：教师个人尝试汇报，结合尝试的可取和不足之处共同制定教研组复习课流程和模式。

2011 年 5 月第一周：按组内统一模式，尝试上复习课，收集反馈意见。

2011 年 5 月第二周：组内反馈意见，并统一修整。

2011 年 5 月第三周至 2011 年 6 月第四周：课程实施，积累教学经验和素材。

2011 年 7 月第一周：小课题总结。

（三）具体做法

1. 提高课堂的趣味性，让学生积极参与复习

被动接受，学生会感觉比较累，效果不好。在尝试过程中，我们把“满堂灌”的复习模式变为趣味性复习模式。

我来做“老师”

把单词复习交给学生。可以充分利用每堂课的预备时间，让学生把平时容易写错的单词和短语写在黑板上，然后让他们当“小老师”，抽几个学生起来订正，最后再由他们强调应该着重注意的地方和容易出错的地方。这样一来，不仅其他学生记住了单词，当“小老师”的学生也能很清晰地记住他们的教学内容，学生出现单词拼错的频率逐渐降低。

把课前复习交给学生。以往的课前复习都是教师引领学生完成，现在我们请学生带领同学们复习基本短语、基本句型。可以复习单元知识，也可以总结整册书的知识点。比如，在期末总复习的时候，（24）班的王姝阳总结了英语选修八课文中所有的交际用语和副词。像这样的总结，让师生都受益。（23）班的冯旭把选修八的关于名词性从句、强调句型、情态动词等的重点语法加以总结，并且找了 40 道经典例题。学生们都准备得很充分，对待复习态度严谨、认真，因此复习效果非常不错。

这些例子都让我们深刻地认识到，要想提高学生的学习积极性，就要让学生充分参与其中。教师可以退到幕后，指导学生选择复习的内容和难度，把内容和形式有机结合，让学生有获得成功的机会和感受，使他们对待复习更加主动积极，在巩固知识中取得更大进步。

2. 引入游戏竞争机制，增强复习的趣味性

以往的复习课往往比较枯燥，我们可以适当增强复习课的趣味性。比如，通过游戏竞争等生动活泼的形式来帮助学生加深印象、理解知识。但游戏不是孤立的，它始终为复习内容服务。这样做的关键是复习一项内容，我们要思考可以相应地开展什么样的游戏活动。在我们的研究过程中，经常使用的游戏有以下三类：

一是单词 PK。

通常选择形容词、副词、名词这样认识就得分的单词。大屏幕上，一次呈现 2 个单词，每组选一人来回答，回答正确一个单词得一分。因为有积分的激励，各个小组谁也不甘落后，每个人回家后都认真复习，生怕自己给小组“拖后腿”。

二是重点词汇用法大比拼。

需要设计各式习题，比如，选择题抢答、完成句子填空等。这就要求教师在课前做大量的准备，把所要复习的内容以竞赛、游戏的形式或利用图片、实物等直观手段进行多种形式的趣味教学设计。一堂课下来，学生的复习热情高涨，兴趣浓厚。对于那些平时贪玩的学生，小组长和小组里的其他学生共同监督他们，让他们养成自觉复习的习惯；对于那些学习上有困难的学生，组长和小组里的其他学生则发扬互帮互助的精神，在帮助别人解决难题的同时，还巩固了自己的知识，自己也有了成就感，这样就形成了共同进

步、团结向上的学习氛围。

三是选图答题。

这是学生最喜欢的环节。以选修八第五模块的复习为例，大屏幕上给出以下图片让学生选择其一。每个图片后面都链接不同的题，比如，豪宅图片后面是关于 set 的短语辨析题，金钱图片后面是关于交际用语的考查题等。

最后，根据学生的回答计分，选出最终获胜小组。在不断的尝试中，总有变化和改进。以本课为例，在美女的图片后面没有设置任何题目，而是一个爆炸的视频，选中的组不得分，而其他组直接得 2 分，目的是增强游戏的趣味性并提高学生学习的积极性，吸引他们的注意力，这也是学生很感兴趣的地方。这样一来，学生既能感受到游戏的趣味性，又复习了重点知识。有了图片作为辅助，学生在轻松愉悦的课堂氛围中完成复习任务，加强记忆，教学效果明显。

四、研究结果

经过几个月的尝试和探讨，我们得到了两项有效的研究结果。

（一）确定了复习课教学流程和模式

第一步：导入新课，确定学习目标。

第二步：学生引领复习，复习以往所学的知识点。

第三步：单词复习，小组竞争复习模块词汇。

第四步：重点词汇短语复习，教师提问，小组竞争回答。

第五步：选图答题，复习重点用法和语法。

第六步：归纳拓展，总结升华，补充知识点。

第七步：当堂小考，测试巩固。

这种教学模式避免了教师领着学生复习知识点、学生被动接受的尴尬局面。学生的参与机会大大增加，大部分学生都可以通过此流程发现自己不会的知识点，主动解决。但对于知识点存在较多疏漏的学生，教师要进行针对性的辅导和督促。

（二）总结出提高复习效果的策略

在研究过程中，我们看到学生注意力高度集中，积极参与课堂活动，教学效果良好，这让我们非常欣慰。反思具体的操作，我们总结了以下几点提高教学效果的策略。

1. 复习要重视基础内容

在复习过程中，教师一定要坚持“依纲靠本”的原则，牢牢抓住基础知识、基本技能的训练，难度要适中。要夯实英语基础，切忌盲目地挖掘教材的深度。近几年的高考都是考查最基本的知识点。尤其是对一些基础单词、词组、句型的掌握，应尽量要求人人过关。教师还应注意对学生英语综合能力的培养，听、说、读、写几方面不要相互独立，要有机结合，相辅相成，这样才能达到最优学习效果。对复习内容的安排，要防止复习材料之间相互干扰。为此，复习时应注意先单项再综合，复习相似语言知识建议采用对比的办法。

2. 复习活动要灵活有效

在活动的设计上，要注重对学生知识技能的训练，说、读、写的相关活动要穿插进行。课堂操练形式的设计不能过分花哨，学生的注意力应该集中在知识上。

3. 复习形式以学生为主体

教师要改变思路。教师的作用是启发并指导学生自己归纳梳理已学的语言知识点，找出内在规律；同时，引导他们做题的思路，重视教给学生做题的技巧，注意开发学生的智力，让学生由“学会”变成“会学”，使知识得到升华并内化为学生的技能。对典型错误和带有普遍性的问题，要不断滚动重现和变更角度反复考查，从正反两方面入手，让学生弄清对的道理和不对的原因。

4. 练习设计还要变“封闭”为“开放”

封闭型的练习只重视答案的正确性和唯一性，问题的情境也只停留在学生学习过的知识上，没有给他们的思维留下空间。开放型的练习不是单靠选择或者回答是否来获得解决问题的办法和结论，而是通过学生联系实际、开动脑筋，加上他们对已学知识的消化理解，合理正确地利用自己的学习经验、正确的价值观和情感态度去解决问题。这样的练习有助于提高学生能力，符合高中英语新课程标准提出的“提高学生的思想素质和人文素养”的要求。例如模块复习，可以摒弃课上直接讲解知识点的做法，而是在课前布置一个作业，要求学生把模块中学过的知识点、语法要点，和自己无法吸收理解的难点整理出来。同时，提倡学生之间互相交流，让他们自己先梳理学过的知识，找出存在疑惑的知识点。课堂上再请学生（可分层次）向大家展示他们整理出来的知识点，这样就可以看出班级各个层次的学生对知识的掌握情况。教师把复习的主动权交给学生，先让学生自己去思考、发现自身存在的学习困难和弱点，再和学生进行交流。最后，教师有针对性地对重难点进行指导。这样的复习针对性更强，学生留下的印象更深刻，形式也更新颖，学生乐于接受。

5. 要注意非智力因素的影响

一是教师自身。教师自身的因素也起着重要的作用，具体表现在：教师衣着大方、整洁；神色镇定，坦然地眼观学生；动作发挥自如，表情轻松愉快；语言熟练，表达流畅，情绪高涨，精神饱满。教师良好的精神面貌势必影响学生的情绪，进而提高教学效果。

二是面对学生。在课堂上，教师要坚持“多表扬、少批评”的原则。在学生发言之后，教师应马上给予肯定性评价。对表现较好的学生，可以邀请他们上台示范，充分发挥模范生的带头作用。对表现较差的学生，可以有意识地让他们回答一些容易的问题，使他们充分体验成功的喜悦。在课堂中，教师应适当赞美学生，坚持以学生为主体的教学原则，努力使“重复”变为生动积极的“再现”，寓能力培养于整个复习过程之中。在复习课上，注意加强对学生的操练活动，鼓励学生多动脑筋思考问题，关注小组和个体在语言学习过程中的学习情感、学习态度、合作意识等诸多方面的非智力因素。特别是对于某些学生的独特见解，应予以鼓励，以赞美来激发学生学习的动力，这样，学生就会自觉地巩固旧的知识，弥补不足。方法和评价的多样性使学生在学习过程中不断获得成功感，从而产生不断学习的动力。课堂始终体现学生的主体地位，教师则成为课堂教学的组织者和设计者。此外，要预测可能出现的问题，做好应急准备，这有助于整个课堂教学效果的提升。

五、研究思考

经过一段时间的研究，虽取得了一定成效，但复习课还存在以下不足之处。

一是教师驾驭课堂的能力不同，部分教师教学能力需要随之提高，使课堂教学更具有严谨性，避免因游戏竞争而导致课堂秩序混乱。

二是在选图答题过程中，图片与习题尽量要多样化，尽可能多想点新方法、新点子来培养学生的学习兴趣，多跟学生交流学习方法。

三是教师要有足够的耐心，给学生最大的热情、更多的关爱。在总体复习的基础上，教师要对学生平时理解不深、练习不够、运用不当的语言项目进行重点复习。学生提出的学习难点往往集中在语法项目和某些词的辨析及用法上，对此教师要反复强调。此外，教师还要重点督促不用心、不努力的学生。

在以后的研究中，我们将进一步对课堂的驾驭能力、习题设置的科学性和拓展性进行研究，以加强教师备课的认真态度和细致程度，上出精品复习课。

复习课没有固定的模式可以借鉴，但复习课是最能代表教师水平的课。复习是学习的继续，复习课教学的研究和实践效果直接影响学生的考试成绩，应该引起每位教师的关注。我们还会继续努力，共同探索复习课的教学方法，让复习课成为促进学生综合知识积累和素养发展，促进学生英语学习的“崭新课堂”“开心课堂”“高效课堂”。

四、实验研究法的研究过程

一路春风： 果姝老师很厉害，运用实验研究法大大提高了复习课的效率。

生命如歌： 从上面果姝老师的这个案例可以看到实验研究法通常有以下六个步骤：

第一步：发现问题与困惑。问题即课题，微课题研究的目的是解决教育教学中存在的各种具体问题。所以，教师要做好小课题研究，首先要能发现问题。比如，果姝老师这项研究是从“如何提高复习课效率开始的”。果老师在实际的教学过程中发现复习课的效果并不尽如人意。以往的“满堂灌”的教学形式，大部分时间都是教师在教，可学生却没记住多少，收效甚微；为解决“学生练”的问题，课后塞给学生大量的练习……老套路的复习不仅会使学生的学习兴趣减弱，加重他们的学习负担，而且也不能有效提高英语的复习效果。那么，怎样才能提高复习课的效率，切实做到“减负”呢？就此问题，我们进行了提高英语复习课教学效率的教学实验与研究。

第二步：选题与建立假设。面对诸多实际问题，教师究竟该选哪一个问题研究呢？当问题成为困难时，教师需要分析问题的主要表现与原因是什么，继而查阅资料、学习借鉴他人的经验，寻求解决问题的办法。

如果姝老师所说，“我对课堂教学进行了仔细的梳理，并与其他老师交流，做了细致的反思。以往的复习课上，我常用的做法是“教师讲语法，学生做练习”的旧模式——“满堂灌”。由于复习时间紧、任务重，我就“满堂灌”，面面俱到地讲，生怕漏掉了哪个知识点。由于课堂时间大部分被我占用了，学生没有机会进行训练。为了解决学生练的问题，我便给学生布置大量的课后练习题。这样一来，不仅上课效率不高，还加重了学生课后的学习负担。此外，我还忽视了一个重要的方面，就是与新授课内容相比，英语复习课在一定程度上缺乏新鲜感。枯燥的复习内容更让学生对复习课缺乏兴趣，这怎么能保证复习的效果呢？”因此，果姝老师得出结论：问题的症结所在是老套路的复习，它不仅会使学生学习兴趣减弱，加重他们的学习负担，而且也不能有效提高英语复习效果。改变课堂授课模式，激发学生的学习兴趣，提高复习课效率，是我们必须去实验、去研究的问题。

第三步：搜集资料与寻找解决方法。这是一个分析问题和研究问题的过程。针对问题，教师可从以下几个方面去寻找解决办法：一是分析问题原因；二是围绕研究专题，从图书和网上查阅相关材料，借鉴别人的经验；三是直接向有经验的教师请教；四是动脑子思考。总之，应设法找到解决问题的办法，并形成思路或计划。

第四步：尝试操作。小课题研究的核心是行动，即按照研究方案的设想去尝试实践、检验效果的过程。如上面的课题，果姝老师带领团队从 2011 年 4 月第一周：筹备探讨小课题研究立项内容及方案计划，到 2011 年 7 月第一周小课题总结。历时 3 个多月的反反复复的尝试和研究。

第五步：总结反思，补充修改再尝试。人们对规律的认识往往不是一蹴而就的，需要经历一个反反复复的过程。所以，小课题研究要想获得成功，也必须经历反复的尝试—总结—修改—再尝试—直至成功的过程。在这一环节中，有效的反思是至关重要的。面对转瞬即逝的问题，不仅要知晓正在发生什么，寻求何种可行的解决策略，更为重要的是要深入探究导致这一现象的根源是什么。例如，识字教学：可分析哪些教学方法效果好，哪些方法效果不好，原因是什么，应该怎样改进；然后，修改计划再进行新一轮的尝试。

第六步：研究成果的表达。小课题研究的内容是很广泛的，当然，其研究成果的表达方式也是多种多样的，如教育叙事、论坛、论文、日志、案例描述、课例报告、经验总结、教师个体成长的案例材料等。

春华秋实：果老师的实验研究案例和老师的讲解，让我对实验研究的方法有了很好地理解。我还想问一下，实验研究法的哪个步骤较为复杂或者比较困难呢？

生命如歌：第四步和第五步更为复杂和困难一些。因为在实验研究过程中，你的假设，即设想，很可能与实际情况不同，这就需要总结反思，补充修改再尝试。所以，教师在这两个步骤里不能太急躁或灰心，困难和失败总是难免的，小课题研究贵在坚持。

五、怎样撰写小课题研究成果报告

厚德载物：如果实验研究结束了，怎样撰写小课题研究成果报告呢？

生命如歌：梳理撰写研究报告也很重要。研究报告是对整个研究过程的总结。通过阅读研究报告，读者可以对研究有全面系统的了解，这为他们评判、接受或应用这一研究成果提供了依据。

研究报告必须做到客观地反映研究的全过程，要根据实验材料和研究数据得出结论，绝不允许作者依靠个人好恶和需要，主观臆断，妄下结论，更不允许弄虚作假。

研究报告虽然没有要求统一的格式，但一般包括以下几项内容（框架）：

研究报告的一般结构	
1	标题
2	研究目的（问题的提出）
3	研究过程（研究措施）
4	研究效果
5	结论（分析与讨论）
6	参考文献和附表

具体撰写要求应该注意下面几个方面：

一是题目说明。标题是对一篇研究报告核心内容的高度概括和提炼。标题的提炼和制作要简明扼要，应直接反映所研究的对象、范围、方向和问题。如本课题主要研究的是“如何有效利用学生错误资源问题”，所以“有效利用学生错误资源的初步研究”比较切题，因为此选题能直接反映所研究的对象、范围和方向。而用“初步研究”既表明研究的阶段性，又给自己留有回旋余地。

二是研究目的说明。研究报告的第一部分通常写研究目的，或称问题的提出。作为研究报告的正文开头，这一部分应表达以下几层意思：（1）本课题研究的背景；（2）研究的目的和意义；（3）研究的理论依据和所要解决的问题；等等。需要注意的是，这一部分内容的表述应开门见山，文字要简洁明了，字数不宜太多。

三是研究过程与方法说明。研究过程与方法是研究报告的主体部分，这一部分的介绍一般按照课题研究过程的时间顺序和进展情况一一展开，主要内容包括：①主要概念的界定和有关名词的解释；②研究对象的选择与确立、实施措施及变量的控制等；③概述研究过程及主要做法；④研究的主要特点。

这一部分内容的表述要条理清晰，思路明确，要让别人了解小课题研究成果是在什么情况下，通过什么途径和方法，采取什么有效措施得来的，以便于别人借鉴。

四是研究成效说明。研究成效是研究报告的重要部分。它是对研究所取得的实际工作成效进行统计、分析、处理后的结果，以及由此而推导出的结论。这部分的撰写要注意以下要求：

（1）注意研究结果的客观性和准确性。要以陈述事实为主，以准确无误的数据资料说明问题，不应夹杂前人或他人的研究成果，也不应外加研究者的主观议论和分析，确保研究结果真实可靠。

（2）定量分析与定性分析相结合。对于数据资料，不仅要严格核实，注意图表的正确格式，而且要采用一定的统计分析技术，从数量变化中揭示所研究事物的内在必然联系，而不仅仅是罗列事实。

（3）资料翔实，层次清晰，前后连贯，文字表达准确且简洁。结论是在对所收集事实材料的客观分析、比较、综合、归纳的基础上，做出的严谨、科学、合乎逻辑的论证，切忌夸夸其谈、任意引申扩大。

五是结论与建议说明。这部分是结论与建议。结论与分析可以放在一起谈，也可以分开谈，分析也叫作讨论。总之，这部分主要是用研究效果来回答研究目的所提出的问题，对研究效果进行分析、评价，说明可以肯定的是什么，问题是什么，需要继续深入探讨的问题是什么，建议是什么等。

六是参考文献与附录说明。参考文献与附录在研究报告正文的后面，它使读者明确报告中直接提到的或引用的资料来源。所列文献目录应写明作者姓名、书名或论文题目、出版社名称或杂志名称、出版时间或期号。附录主要是本课题研究中关键的原始资料，如测试表格、课题研究方案等，让读者对整篇报告有更清晰的认识。

第9章　在调查研究中发现规律

——调查研究法的运用

没有调查，没有发言权。1930年5月，毛泽东为了反对当时红军中存在的教条主义思想，专门写了《反对本本主义》一文，提出“没有调查，没有发言权”的著名论断。今天，这一论断仍然放射着真理的光芒。正如毛泽东主席所说的，“调查就像‘十月怀胎’，解决问题就像‘一朝分娩’”。调查研究法是开展教育科研工作常用的一种方法。现在，我们来聊聊怎样运用调查研究法这个话题。

一、在调查中寻找教育规律

一路春风：很早就听说教育科研有一种方法叫调查研究法，可是我们对它了解很少。调查也可以作为一种科研方法吗？它对教师有什么重要作用呢？

生命如歌：我先给你举个例子吧。

试验“问卷调查法”

仲丽娟

2002年5月，我上了一节颇受好评的区级公开课。课后，我把磨课过程原原本本地记录下来，写出了一篇有点像“研究成果”的文章——《信息技术应用于英语课堂教学的有效性研究》。第一稿完全是经验总结，在描写的基础上，我武断地得出结论：“这是一堂有效的课。”并洋洋自得地拿给上海市闵行中学的董利老师看。董老师写下了几百字的评价，其中一条建议让我感到被击中了要害——“说一节课有效需要用数据说话”。于是，我学着设计问卷，先了解学生的英语学习现状，再通过信息技术与课堂教学的结合，换一个班重新上课。课一结束，我立即进行问卷调查，对比前测和后测数据，得出确实有效的结论。可以说，我研究路上的第一位师父就是董老师，他使我明白了问卷调查（研究方法）的重要性。

2003 年，我获得了一个赴澳大利亚学习英语教学法的机会。对此，我非常珍惜。在澳大利亚，我的房东是维多利亚州一所高中的外语教研组组长。每天晚上，我都详细地向我的房东咨询中学生的外语学习情况，并一一记录下来。为了实地调研，我从教师的“教”和学生的“学”两方面编制问卷，到房东所在的中学了解外语教与学状况，并实地听了德语课和法语课。回国后，我将所收集的材料进行整理，并写成了《对澳大利亚维多利亚州外语教学的调查》，此文章发表于《外国中小学教育》2004 年第 12 期。后来，我还取得了“对外汉语教师资格证书”。双休日，我在上海交通大学教外国人学汉语，由此进一步体会到“第二语言习得”的共通性，我将心中所想梳理出来，写成文章，并将其发表于《外国中小学教育》2007 年第 6 期。此时，我已经能熟练应用问卷调查法了。

条条大路通罗马，教师做研究的方法是多种多样的。如果你觉得某种方法不尽如人意，你不妨进行调查研究，这也许会让你有“柳暗花明又一村”的感觉。从仲丽娟老师的研究体会中我们可以看出，调查研究法真是一种不错的研究方法。

二、怎样理解调查研究法

一路春风：调查研究法听起来确实不错，那么，什么是调查研究法？怎样理解这种研究法呢？

生命如歌：所谓调查研究法，即一种有目的、有计划地采取科学手段进行系统研究的方法。调查者通常通过访谈、开座谈会、问卷、测验等手段，有计划地广泛了解（包括口头的或书面的、直接的或间接的）、掌握有关教育实践的历史、现状和发展趋势，或有关的成果和经验、问题和教训，并在掌握大量材料的基础上，进行分析综合，得出科学的结论，以指导今后的教育实践活动。如上面仲老师为了印证和说明信息技术应用于英语课堂教学的效果进行的问卷调查，对比前测和后测数据，得出确实有效的结论。这就是调查研究法。

（一）教育调查法的特点

一路春风：与其他研究方法比较，教育调查法有什么特点?

生命如歌：与其他研究方法比较，教育调查法的优势有：

一是基本上不受时间和空间的条件限制，可以间接地研究某一教育问题。

在教育实践中，不可能直接观察到全部教育现象，也不可能全都用实验法进行研究。如下面这些问题。

序号	问题
1	关于中学生不健康上网问题的调查研究
2	关于农村中学生课余生活的调查研究
3	关于小学生学习习惯的调查研究
4	关于中学生课外阅读情况的调查研究
5	关于中学生早恋的调查研究
6	关于单亲家庭子女教育问题的调查研究

二是可以通过多种手段搜集资料。

调查法搜集资料的手段多、速度快，涉及人数和问题的范围很广。它可以通过访问、座谈、问卷、测验等多种手段，向熟悉研究对象的第三者或当事人了解情况；也可以通过测验、搜集书面材料等途径了解教育情况，掌握教育现状。

三是比较简便易行。

教育调查法是在自然状态中进行的，它主要通过观察现状、搜集资料进行研究，相比通过控制实验因素进行研究的实验法，调查法比较简便易行。

四是调查法可以对客观的教育现象（或现实）进行描述和解释。

教育作为一种社会现象，无所不有、复杂多变。要研究它，就得进行调查研究，变复杂为有序、变模糊为清晰，在头脑里形成一个整体概况，以便进行正确的评价与判断。

（二）教育调查法的分类

春华秋实：通常，教育调查法是怎样分类的?

生命如歌：一是根据调查目的分类。

（1）现状研究。主要研究某一种教育现象或对象的目前状况和基本特征，这也是我们在学校科研中的主要研究类型。如有人对 300 名中小学教师进行调查，结果显示：调查对象中认真看过课程标准的占 45%；认真研究过课程标准的占 10.1%；知道相关课程设计要素的占 4.8%。这就是典型的现状研究。

（2）发展研究。发展研究是对研究对象的一种不断追踪。主要是指对某一种教育现象或某一类学生的某一特征如何随时间的推移而变化的调查研究，随调查对象的发展变化进行不断追踪。如选择中小学的一些优秀生或者潜能生进行多年的追踪调查，就可以从中发现某些规律，进而研究出某种可行的教育转化措施。如优秀生的成长规律、潜能生存在的原因等。

（3）区别研究。区别研究是一种对比研究：一是因果关系比较研究，如研究中小学衔接问题，对于上初中后学生成绩分化的原因，可以分别对成绩持续上升的学生和急剧下降的学生进行调查，加以比较，看两者在学习方法、时间安排、学习态度等方面有哪些不同，这些不同点可能就是成绩分化的原因。二是相关研究，如研究学生玩手机，或收看电视的时间与视力之间的关系，可以选定一组学生，分别调查他们在某一段时间内看电视的时间量与视力的变化量，然后通过计算相关系数来确定两者之间的关系，并针对调查的结果研究教育对策。

二是根据调查范围分类。

（1）综合调查。调查事项多的为综合调查，或称一般性调查。例如，“某省、市教育情况的调查”涉及全省、市教育各个方面的问题，包括学前教育、普通中小学教育、高等教育，师范教育、职业教育、业余教育、社会教育等各个领域；“初中生学习状况的调查”涉及学习内容、学习时间、学习方法，学校学习、家庭学习等各个方面的问题。

（2）专题调查。调查的事项少，一般仅就某地区教育的某个方向的问题进行调查。例如，某市学校教科室建设调查、某市师资配备情况调查、某市新课程改革调查、某市中小学教师心理健康状况调查、初中生“早恋”情况调查等。

三是依据调查对象分类。

（1）全面调查，即普查，对调查对象全部加以调查。其优点在于可以了解全面情况，缺点是往往要花费较大的人力、物力。

（2）抽样调查，即从被调查对象的全体范围（总体）中抽取一部分有代表性的对象进行调查，并根据样本结果来推测、估计总体情况的调查。抽样调查的抽样一定要有代表性，即样本能代表总体，决不能按调查者的主观意向和需求来抽取调查对象。

（3）典型调查，即从研究对象的总体中确定具有代表性的对象作为典型，对其进行调查并用其结果来概括全体的一种调查方法。典型调查要求：首先选取的调查对象一定够典型；二是典型要有计划，或者提纲。典型调查的优点是可以减少成本，局限性是结论不能轻率地推论到总体上去。

四是依据调查方式分类。

（1）问卷调查。这是设计一些恰当的问题让调查对象回答的一种搜集材料的方法。

（2）谈话式调查。这是直接与调查对象进行面对面谈话并从中搜集材料的方法。

（3）文献调查。这是通过翻阅学生的作业、日记等有关资料进行材料搜集的调查方法。

三、怎样运用教育调查研究法

春华秋实：老师，您能否跟我们谈谈怎样运用教育调查研究法？

生命如歌：为了具体说明教育调查研究法的使用方法，在这里我结合一份教育调查研究报告来谈谈调查研究法的使用。首先，来看一份教育调查研究报告。

中学语文阅读教学问卷调查报告

甘肃省静宁县第一中学　张淦

在中学语文教学中，阅读教学占有举足轻重的地位，然而提起阅读能力，恐怕中学生马上想起的多是试卷上一道道森然可畏的阅读测试题和书本上一篇篇“鸡肋”式的文章。许多同学一提起阅读能力就直摇头，平时课文背得非常熟，课外书也读了不少，甚至大量刷题，但为何一上考场这些就都无济于事？为何付出的劳动与得到的成绩不成正比？提高语文阅读能力有什么秘诀吗？许多同学甚至妄想通过阅读指导阅读方面的书来提高阅读能力，这种想法是不切实际的。

提高阅读能力不仅是为做好几道题，更重要的是阅读能力影响中学生个人的素质和前途。对正在打基础的中学生来说，阅读的主要目的是：增长知识，开阔眼界，陶冶情操，激发创新。目前，我们对中学语文阅读教学进行了一次问卷调查（调查范围为甘肃省静宁县第一中学、第二中学两所学校的高一和高二的各 10 个班级），现就几个相关的问题做一下简单分析：

一、中学语文阅读教学相关问题调查的数据资料

（一）关于课内阅读教学的几个问题的调查

（1）课本上的文章你喜欢吗？

从 200 份问卷中随机抽取 50 份做了统计，喜欢的占 26%，一般的占 68%。

（2）目前，教师在阅读教学中采用的方式和阅读重点：42% 的学生认为教学方式应该是教师指导学生把握文章，然后学生自己理解内容；40% 的学生则认为应该是师生提出问题，然后共同讨论。62% 的学生认为教学重点应该放在理解文章思路和写作特点指导上。

（3）在文言文的学习中，64% 的学生认为文言常识的总结归纳应该由教师负责。

（4）在阅读教学中，50% 的学生认为，当学生有不同观点时，应由师生共同讨论得出结论；70% 的学生认为，应将注意力集中在对教师提出的带有启发性的思考题的思考上；40% 的学生最不喜欢教师详细讲解文章；40% 的学生最不喜欢教师对文章进行概括解说；50% 的学生认为阅读教学中急需解决的问题是如何拓宽知识面；24% 的学生认为教师应该设计精要的问题引导学生阅读思考。

（5）关于现代文阅读教学中学生思考、讨论的时间，40% 的学生认为应保持在 15 分钟左右，30% 的学生认为应保持在 30 分钟左右。

（二）关于课外阅读教学的几个问题的调查

（1）调查显示：70% 的学生反映只是偶尔读课外书，只有 30% 的学生坚持课外阅读。

（2）数据显示：50% 的学生喜欢读文学名著，而读过四大名著其中一本的占 70%，读完四大名著的只占 10%。

（3）45%的学生认为读中学生刊物对语文能力的提高有帮助，45%的学生则认为文学书刊对提高语文能力有帮助，48%的学生认为每周应至少抽出一节语文课来进行课外阅读，50%的学生读课外读物的时间在节假日，30%的学生一有空闲时间就坚持课外阅读，而在阅读中做笔记的学生只占10%，偶尔做笔记的学生占70%。

（4）80%的学生认为阅读课外读物最主要的益处是加深对生活、人生、世界的理解，8%的学生则认为最主要的益处是提高语文能力。14%的学生阅读课外读物只是为了调节枯燥的学习生活，缓解学习带来的巨大压力。

二、中学语文阅读教学相关问题调查的分析与思考

（一）长期以来的应试教育使学生习惯于某种固定学习模式，并且形成一种保守心态。在语文阅读教学中，学生的惰性和单向性积习已成常态，课堂教学缺乏活力，教学过程中教师提问多，学生提问少，教师提疑多，学生提疑少。在整个教学活动中，教师大包大揽，占用了大部分时间，而学生只是机械应答、学习，处于极被动地位，学生的自主性得不到体现，出现了一种高费低效、简单机械学习的现象。

（二）学生被动接受直接导致的结果是厌恶语文阅读学习或无积极学习意识，只是在课堂上为学习而阅读，课外根本不涉及阅读知识，最终结果是阅读理解能力和写作水平得不到提高。

（三）学生极期望一种开放、合作、探讨的教学态势的形成，期望教师从知识的单向传授的权威模式中走出来，成为学生解决问题的引导者。

（四）随着素质教育的全面展开和知识经济时代的到来，阅读和写作的地位越来越重要，学生发出了加强阅读教学的强烈呼声。中学语文阅读应从冻僵的态势中苏醒过来。

（五）学生的知识面极其狭窄，急需拓展阅读面，这需要教师帮助学生加强课外阅读，立足于课堂，着眼于课外，实现由“语文小课堂”到“人生大课堂”的转轨过渡。

三、今后中学语文阅读教学的几点启示

面对千变万化的世界形势，为适应素质教育发展的需要，语文教学改革势在必行。语文阅读教学亦如此。伟大的科学家爱因斯坦说：“提出一个问题往往比解决一个问题更重要。因为解决问题也许仅是一个数学上或实验上的技能而已。而提出新的问题、新的可能性，从新的角度去看旧的问题，却需要有创造性的想象力，而且标志着科学的真正进步。针对现在语文教学中存在的弊病，应在语文教学中大力提倡研究性学习。研究性学习是学生在教师的指导下，从学习生活和社会生活中选择并确定研究范围，用类似科学研究的方式，主动获取知识，并应用知识解决问题的学习活动。

研究性阅读具有以下四个特点：

1. 研究性：指导学生围绕问题的提出和解决来组织学习活动。

2. 开放性、实践性：从学生获取知识的渠道和方式来说，当前语文阅读教学急需一种开放态势，推动学生去关心现实，了解社会，体验人生，并积累一定的知识和经验。

3. 主体性：学生要自己完成阅读，在阅读过程中应为学习的主体。

4. 过程性：要重视结果，但更应注重学习过程及学生在过程中的感受和体验。

语文阅读教学是一种研究性活动，是一种特殊的认知过程，是一个复杂的活动过程，始终伴随着思考，是获取知识、应用知识的一种有效途径。这种活动应是积极的、活跃的、充满创造性的。

语文阅读教学应该是学生在教师的指导下学习阅读方法，亦指在教师的指导下学生自己阅读文章，概括主要内容，摘录主要信息，回答教师提出的问题或自己质疑，完成指定作业，从而达到深入理解文章的目的。

（一）激发动力

俗话说，“兴趣是最好的老师”。语文学习的动机是直接推动学习的诱因。使已经形成的学习动机由潜伏状态转入活动状态，可以成为推动学习的内部动因。教师引导时要激趣，导入新课时要激趣，整个教学过程也要注重激趣。

（二）要加强学法指导

增强阅读教学的开放性，引导学生掌握学习方法，有选择地积累，根据自身的阅读体验提出质疑，并根据文章的内容提出不同意见。

（三）阅读与问题相结合，充分体现学生的主体性

以问题为载体，积极培养学生的质疑思辨能力，以及提问和解疑能力。“思维总是从问题开始的，思维的过程总是指向问题的解决。”在课堂教学中，教师要注意从“疑”入手，善于引导学生生疑、质疑、解疑，使学生在阅读

中不仅能识别信息、收集信息，还能筛选、评价信息，应用信息，提高发现问题，分析问题，解决问题的能力，从而充分调动学生的主体性和积极性。

（四）注重体验，享受阅读过程

以思考为线索，阅读与思考相结合，让学生直接体验并享受阅读过程。叶圣陶曾说，阅读是“吸收”的事情，从阅读，咱们可以领受人家的经验，接触人家的心情。阅读作为一种特殊的认识过程，关键在于“领受”与“接触”，一言以蔽之，阅读离不开体验和领悟。

从本质上说，阅读过程是一种思维过程，思维主要表现为分析与综合。因此，在教学中，教师应根据学生的年龄、心理特征以及认识规律，由浅入深，由易到难，由简到繁，有目的、有计划、有步骤地引导学生学习。

（五）积极拓展知识面，培养良好的阅读习惯

学生阅读是在特殊的时空，凭借读物展开的学习活动。要学生做到自己能阅读，带着兴趣阅读，不依赖教师的讲授，才是中学语文阅读教学的目的。为了最终目的的实现，只能让学生在教师的指导下对读物展开阅读。只有通过这样的历练，学生才能掌握阅读方法，养成阅读习惯，才可拓宽阅读面。

就语文教学而言，阅读教学应培养学生的独立思考能力和写作能力，引导学生深入思考，较大程度地发挥学生的主体意识，使学生的思维处于活跃状态。同时，还可使学生培养阅读文章的能力和钻研的习惯，把读与写结合起来。

当前语文阅读教学强调的一种主体探究的学习，无疑是信息时代对语文阅读教学适应性的挑战。

（选自甘肃省静宁县第一中学网页）

春华秋实：真佩服静宁一中的张淦老师，他的这项研究很有价值，研究的主题明确，统计数据翔实，分析透彻，而且问卷调查研究法也运用得当。

生命如歌：是的，这份教育调查研究报告也写得不错。仔细阅读他的这个研究报告，可以看出教育调查法的运用方法和操作程序。他的基本做法主要包括四个环节。

（一）确定课题，制定计划

调查实践证明，调查工作成功与否，在很大程度上取决于调查之前的准备工作是否完善。因此，调查人员无论是个人还是集体，都要在调查之前认真地做好准备工作。甘肃省静宁县第一中学的张淦老师的这项研究为什么能取得成功？这与他的恰当选题和充分准备有一定的关系。而确定课题，制定计划方面通常应该做好这几个方面的工作。

一是确定有价值的调查课题。调查的课题（专题）可大可小，但无论大小，都必须遵循目的性原则，即事前要明确规定本次调查要达到什么目的，回答和解决什么问题。在张淦老师的这项研究中，他确定的研究课题是“中学语文阅读教学问题的研究”。张淦老师认为：一方面，目前无论是阅读教学，还是学生的阅读能力，都存在一定问题；另一方面，则是因为阅读能力至关重要，提高阅读能力不仅是为了做好几道题，更重要的是阅读能力影响中学生个人的素质和前途。所以张淦老师的这项研究是十分有价值的。

二是选取调查对象。调查对象就是被调查的单位或个人。调查资料主要来源于调查对象，所以，调查对象的选择是否恰当，将直接影响调查结果。不同的调查课题和目的要用不同的方法去选取调查对象。张淦老师的这项研究选取的调查范围与对象为甘肃省静宁县第一中学、第二中学两所学校的高一、高二各10个班级的学生。显然，这样的选择有一定的代表性。

三是确定调查方法。要根据调查课题所需的材料，合理选择最佳的调查手段与调查方法，如谈话法、问卷法等。张淦老师的这项研究选取的是问卷调查法。

四是制定调查提纲。调查提纲是调查的具体项目，是搜集资料的依据，实际上也是调查报告的梗概。因此，其内容必须符合调查课题的需要。拟定提纲以后，还要根据调查提纲的要求设计必要的调查表、问卷和测验题目等。

（二）实施调查，搜集资料

搜集资料是教育调查过程中关键的一步。资料有两类：一是计划、总结、教案、作业等书面资料；二是来自调查对象的口述资料。资料搜集要力求全面系统，并注意资料的典型性、客观性和真实性。通常，调查的方法是多种多样的，主要有以下几种方法。

1. 问卷调查法

问卷调查法，即设计一组与调研目标有关的问题，以组成调研问卷，再通过调查对象的回答来收集人们的意见、态度，或与课题研究相关的信息等。问卷调查法具有简便易行、省时省力、调查面广、信息量大、真实性强的特点。特别是无记名问卷，调查者与调查对象不用面对面地谈论强烈刺激的问题，调查对象消除了心理方面的顾虑和障碍，可以真实地表达自己的所思所想。问卷调查的质量主要取决于问卷中题目设计的质量，若问卷题目设计不当，信度不高，区分度不强，则难以收到有价值的信息资料。

张淦老师的这项研究的成功，肯定与他科学合理的调查问卷有很大关系。调查问卷设计合理，调查和统计就会方便有效。

2. 访问调查法

访问调查法是一种与调查对象面对面谈话，直接了解情况、搜集材料的方法。最简单的是个别访问，即严格按照问卷或调查提纲进行一问一答式的谈话。为了不使访谈者的语言影响被访者的回答，需要明确规定访谈者的说话内容，或要求访谈者只照题宣读，不要作任何解释。也可采取较为开放的形式，访谈者提出一个范围较大的中心问题，由被访者回答，访谈者再根据被访者的回答情况和调查需要进行追问。

3. 座谈调查法

座谈调查法是一种依据事先准备好的调查提纲，召开座谈会，向到会者提出问题，使其展开讨论，借以获取资料的方法。召开座谈会一般以七八个人为宜，参加人员应有一定代表性。调查者必须详细记录会议内容，同时标明会议的时间、地点、出席人、主持人和记录人。召开座谈会，主持人要讲明会议宗旨，创造和谐民主气氛，让每个人都敢于发表自己的意见。调查者与被调查者可以直接对话、共同探讨、互相启发、相互核实，以便使所取得的资料符合实际。

（三）整理资料，科学分析

对搜集得来的资料必须加以整理分析，使之系统化和条理化，以便弄清材料之间的关系，从而找出存在的问题，并提出相应的措施。整理资料的方法按资料性质通常可以分为两大类：叙述型材料要用准确流畅的文字加以整理；数据型材料要用统计法、列表法和图示法等加以整理。

张淦老师的这项研究做了如下资料整理和科学分析：

1.中学语文阅读教学相关问题调查的数据资料

①关于课内阅读教学的几个问题的调查

②关于课外阅读教学的几个问题的调查

数据资料呈现方面，比较客观地运用了统计数据和百分比，有说服力。

2.中学语文阅读教学相关问题调查的分析与思考

依据问题调查的数据资料，张淦老师着重从五个方面对阅读教学存在的问题做了有理有据的分析。

（四）撰写调查研究报告

撰写调查研究报告是运用调查研究法的最后一个步骤。调查研究的成果要通过研究报告体现出来，所以一定要认真撰写调查研究报告。张淦老师的调查研究报告写得不错。这个调查研究报告标题紧扣主题，言简意赅；导言部分对本项研究的目的和意义说得很清楚，即当前中学语文阅读教学的问题是什么，阅读能力提升的重要性，以及为什么要做这项调查。

调查研究报告的主体共分三部分：第一部分是“中学语文阅读教学相关问题调查的数据资料显示”；第二部分是“中学语文阅读教学相关问题调查的分析与思考”；第三部分是“今后中学语文阅读教学的几点启示”。基本思路是：提出问题—调查与分析问题—提出解决问题的建议和对策。调查报告要求思路清晰、语言简练、逻辑性强。

海纳百川：看来教育调查研究法的操作程序要抓住“确定课题，制定计划（即选题要准，主题要明确，同时要做好调查的计划，整理研究的思路）—实施调查，一丝不苟（有了研究主题和调查计划，关键要严密实施调查，保证工作数据的准确性）—整理资料，科学分析（这需要科学严谨的态度）—撰写调查研究报告”这四个环节。

生命如歌：这四个环节，教师可以结合研究的具体情况灵活运用。

四、怎样设计调查问卷

海纳百川：张淦老师的研究主要运用的是问卷调查法，我看到许多教师也运用过这样的调查方法。那么您能否谈谈怎样具体设计调查问卷？

生命如歌： 你这个问题问得特别好，运用调查法如果采用调查问卷，那么调查问卷的设计就十分重要了。或者说，调查问卷的质量决定研究的成败。调查问卷质量差，可能会导致无法统计数据，即使能，统计出来的数据可能也是不准确的。调查问卷设计是一门科学和技术，这在一些专家的著作里和网上都有系统介绍，教师可以找相关的书读一读，或上网学习。限于篇幅，这里就调查问卷设计的基本常识做简单介绍。

1.问卷题目设计

问卷题目设计一般可分开放式问题、封闭式问题和混合式问题三种形式。

（1）开放式问题——就是提出问题，不给答案选项，让调查对象根据自己的理解来回答问题。比如，“请您谈谈对当下教学工作的理解。”“您认为好的课堂教学是什么样的？”这类问题都是开放性问题。

（2）封闭式问题——就是既提出问题，又给出答案选项，让被调查者选择适合的答案。比如，以下问题就是封闭式问题：

您认为制约教师参与教育科研工作的主要因素是（可多选，至多选3项）：

A. 教学任务重，压力大，没有时间

B. 缺少理论、科研方法及专家指导

C. 领导不重视，科研好不如教学成绩好

D. 不搞科研照样能评先晋级，没有动力

E. 缺资金支持及相关资料

（3）混合式问题——就是将开放式问题与封闭式问题结合起来，让调查对象选择答案，并说明选择该答案的理由。比如，“你认为当前教育是否出现了危机？出现危机的征候是什么？请你写明如此选择的理由。”

2.问卷结构设计

调研问卷通常由指导语、调查对象的自然情况和问卷题目三部分组成。

（1）指导语。指导语是问卷说明的操作化语言，要通俗、亲切、简洁、流畅，使调查对象明确调查目的，进而较快地进入状态。

比如，某区《中小学骨干教师培训需求调查问卷》的指导语是这样的：

各位骨干教师同仁，感谢您拨冗完成以下问卷！

为了使我区骨干教师在“十四五”期间教师培训过程中有较强的获得感，更好地提升专业能力和教育教学水平，特做本次培训需求调研。

您填写的信息将是我们设计“十四五”骨干教师培训课程的重要参考依据，期待您真实的信息和精彩的建议。谢谢！

（2）调查对象的基本状况。诸如姓名、年龄、单位、班级、学号、通讯地址等与调查对象有关的自然情况。

（3）问卷题目。问卷题目是问卷的主体，要形式多样，逻辑自洽，并行不悖，体现调查意图，切中问题要害，问卷题目的设计是否科学、合理、具有针对性，是调查成败的关键。

五、怎样撰写调查报告

海纳百川：看来调查问卷的设计真是一门学问和技术呀！下面请您和我们说说怎样撰写调查报告吧。

生命如歌：调查材料整理结束后，应当对所调查的事实加以分析，探寻其优点和缺点及原因所在，并梳理清楚，得到结论，然后提出相应的改进意见或措施。为此，撰写小课题研究调查报告十分必要。

调查报告没有固定不变的格式。由于强调的重点和要求不同，不同种类的调查报告的格式是不相同的。但是，各种调查报告还是有一些共同的要素的，比如，所有的调查报告都包括调查题目、调查目的、调查方法与过程、调研结论与建议几个部分。

调查材料整理结束后，对于所调查的事实应当加以分析，探寻其优点和缺点及原因所在，说清楚，下结论，然后提出改进的意见或措施。下结论是综述现在的实际情况，提建议是筹划将来的发展。

调查报告的撰写没有固定不变的框架。按其结构，主要有以下类型：

第一种类型由三部分组成：

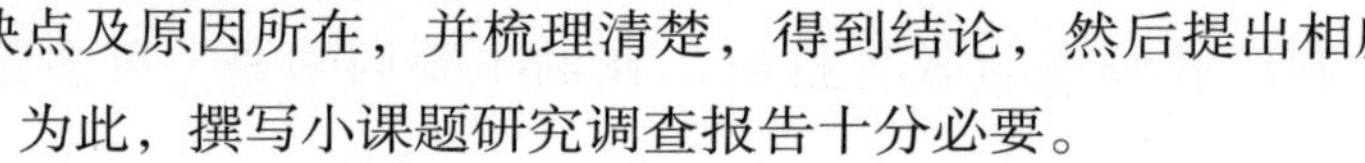

第二种类型也由三部分组成：

下面结合第一种类型，具体谈谈调查报告的撰写。

1. 题目

题目一般要求简练、确切、鲜明，简要概括全篇内容，点明调查对象的范围。常用的写法有三种：一是类似文章标题的写法，如《中小学科学教育的现状分析与对策建议》；二是类似公文标题的写法，如《农村中学数学教学情况的调查报告》；三是用正副标题的写法，如《中学生呼唤“七色阳光”——对中学生“厌学”问题的调查与思考》。

2. 引言

这部分内容主要说明调查的目的、任务、对象、范围，交代调查的时间、地点和方法等，使读者对调查报告形成总体认识。撰写引言要紧扣主题，开门见山，简明扼要，提纲挈领。

3. 正文部分

正文是调查报告的主要部分，也是关键部分，是调查报告得出结论或提出建议的根据。这部分要把调查获得的大量资料经过分析整理，归纳出若干项目，条分缕析地叙述出来。要做到数据确凿、事例典型、材料可靠、观点明确。为了增强形象性，使人一目了然，数据要尽可能用图表的方式展示出来。正文的写作方法大致有以下几种。

（1）按调查的顺序逐点来写。

（2）按调查的单位或按事情的产生、发展和变化过程来写。

（3）将调查的材料进行统计，制成统计图表，按统计图表来叙述和分析。

（4）将两种不同事物加以对比，以显示其是非优劣。

（5）按内容的特点，将事物分成几部分，逐个进行报告。这种写法最常见。

4. 结论和建议

研究者通过对调查过程的介绍和分析，一般会导出结论和建议。但是结论必须是经过深入慎重的科学分析和深度思维加工后，从调查材料中进行合乎逻辑的推断的结果，切忌主观臆断。提出的建议必须以调查和分析为依据，服务调研目的，切中问题关键，合情合理合规，管用适用能用，方能产生良好效果。

撰写调查报告时应注意：①调查报告一定要尊重事实，有具体材料，基于事实材料引出观点，并重视观点与材料的有机结合。②调查的价值是从方法的科学性和结果的可靠性两方面来考量的。因此，调查方法要交代清楚，条理分明；调查结果的表述要形象生动、有图有表、图文并茂，有较强的说服力。③分析讨论要实事求是，一分为二，不走极端，要注重提升理论依据。④材料收集后要深思熟虑，充分酝酿，先列好详细提纲，再动笔撰写。

生命如歌：撰写小课题研究调查报告，教师除了深刻体会上面的基本框架和要求外，还要好好研究上面介绍的张淦老师的教育调查报告的案例。钻研优秀案例，挖掘其精髓，便可以做到举一反三。

春华秋实：是的，有了张淦老师的教育调查报告的案例做参考，我们可以适当模仿。学习别人的标题、引言、正文、结论和建议等每一部分都是怎么写的，而后举一反三，如此便可少走弯路。

第10章　从文献资料中发现神奇

——文献研究法的运用

有些教师对小课题研究的认识比较片面，他们认为教育教学工作琐碎平常，没有什么可研究的。其实，学校里不是没有研究素材，而是他们缺乏发现的眼睛。比如，各种文献资料，学生的作品——日记、作业、试卷、作文、书信等，都能从中挖掘有价值的东西，从而总结出规律。这也是教师做研究的一种好方法。用教科研的术语讲，这是文献研究法。现在，我们就来聊聊如何运用文献研究法。

一、从文献资料中发现神奇

一路春风：我听说教育科研还有一种文献研究法，这种方法重要吗？怎样运用这种方法呢？

生命如歌：善观察者可见常人所未见，不善观察者入宝山也会空手而回。如果教师用心去观察、去研究，就会发现：在学生的作品，如日记、作业、试卷、作文、书信等内容中也隐藏着教育科学。如果你用心去观察、积累，再做一番梳理和研究，你就会发现其中的教育规律和神奇。如下面这则学生日记。

“教师的爱”能打几分

林青霞

批改一则学生日记，发现了这样一段话：

清晨，教师站在教室门口，眼睛含笑	+2 分
晨会表扬同学时诚恳真挚	+2 分
课堂上耐心启发后进生	+3 分
课余关心 ××（他父母离异）	+3 分
午睡时为同学们关好门窗	+2 分

讲试题时发火一次	–3 分
走廊内同学问好时教师神情冷淡	–3 分
同学们反映作业太多时教师不予理睬	–2 分
加加减减，教师今天爱我们得	4 分

初看这段话时，不禁为学生幽默的加减运算感到好笑。然而，倘若我们仔细研究琢磨一番，就会发现这里面的教育科学内涵。自古教师给学生的品行、成绩打分，而教师在教书育人过程中那不易被量化的“爱”，在学生眼中究竟能打几分？日记最能反映学生的心声，细心的教师能从学生日记中了解自己在学生中的位置。

把日记作为研究文本，可以发现很多值得思考研究的问题。如果以这篇日记为切入点，确定研究课题和制定计划，而后搜集相关的文献资料，再做综合梳理研究，找到其中的规律，这不就是一个很好的研究课题吗？

一路春风：这的确挺有意思的，类似这样的事或许并不少见，只是我们缺少一颗发现的心。

上善若水：通过阅读、研究学生的日记来了解学生，确实是大有文章可做，由此切入小课题研究具有非凡意义和价值，也容易出成果。这可能是文献研究法的魅力所在吧。

二、怎样理解文献研究法

春华秋实：研究文献确实有重要意义，那么怎样理解文献研究法呢？

生命如歌：什么是文献？文献是指记录知识的一切载体，如学生的作品，日记、作业、试卷、作文、书信、短信、自传、绘画、工艺作品、磁盘、光盘和各种音像视听资料等。

什么是文献研究法？所谓文献研究法，是指根据一定的研究目的或课题需要，通过查阅文献来获得相关资料，全面正确地了解所要研究的问题，找出事物的本质属性，从中总结发现教学规律的一种研究方法。例如，有的教师通过研究学生的作业来研究学生的学习习惯问题，有的教师通过试卷分析来研究学生的学习审题问题，有的教师通过日记研究学生的“追星”问题，有的教师通过“课桌文化”来研究当代学生的心理问题、中学生毕业赠言问题、中学生流行短信问题等。

从文献研究法的特点看，它的优点：一是可以超越时空的限制，使研究者对无法直接接近，不能以其他方法进行研究的对象做研究；二是由于研究者不直接接触研究对象，接触的仅仅是有关研究对象的文献，因此，研究不会产生“干扰效应”。但是，这种方法也有缺点：一是研究过程容易带有研究者的个人倾向性；二是文献保存的有选择性常常使得研究对象的范围具有很大的局限性；三是信息的有限性，这是指由于研究者缺乏相关的体验、知识，使得许多文献反映出来的信息对研究者来讲是有限的和不充分的。

教师在进行行动研究时，就可以借用文献研究法。比如，进行某种教学方式和学习方式研究后，其效果有时可以通过学生的日记、作业、作文、墙报或黑板报等文献反映出来。对这些文献进行细心阅读和认真研究，就能从中发现和总结出很多有价值的东西。

桑榆未晚：文献研究法的研究内容有哪些？

生命如歌：文献研究法的研究内容很广泛，这里列举一二。

（一）研究学生日记

学生日记最能反映学生的心声。那么，研究学生日记也就成为了解学生、研究学生的一种好方法。研究的方法，通常是选择那些具有代表性的典型的文献资料，并对其做归类梳理提炼，从中找到规律性的东西，而后提出解决的对策。

下面是一个成绩较差的学生的心声：

数学课上，王老师又训斥了我一顿。

错了，我今天真的错了，我不应该在数学课上写物理作业，不应该对老师不尊重。可老师您想过吗？我们为什么在上课时间不好好听您讲课呢？您想过我们这些差等学生的苦衷了吗？在这里，我敞开心扉给您谈谈吧。

先说排座位吧。我们差学生都坐在最后几排，这多么像“金字塔”式的等级制度啊！成绩好的高高在上，成绩差的被压在塔底，悲观、忧愁，外加讥笑笼罩着我们，还怎能激发我们的学习积极性呢？不过，我们的确努力了，就像登山者一样吃力地沿着这座“金字塔”向上爬。它是那样陡，那样险，我们爬呀爬，爬得好累呀！我们是多么需要帮助，哪怕有一根拐杖也好啊！

课堂上，被提问的机会几乎没有我们的份儿，那是“塔尖顶”上的人的“专利”。老师，当您听着他们流利的回答而微笑时，您是否注意到后面的那几十张哭丧的脸？

我们有时也会想引起您的注意。我们当中的某一个同学偶尔来点“兴趣”，用期盼的眼神望着您，想要问您一个问题时，您只是用目光一扫而过，似乎没有看见一样忽视了，于是这个同学刚刚燃起的一丝求知的火花，便被您旁若无人的目光给浇灭了。

老师，我们这些差等生虽然成绩差，但是每个人都有理想、信念和追求，我们也有一颗想学习的心，这一点和那些成绩好的同学一样。想提高成绩需要我们自身的努力，也需要老师您的理解与尊重，最重要的是，我们每一个人都有一颗很强的自尊心。老师，您就不能换个角度重新认识我们吗？

老师，我不仅向您敞开心扉谈了心里话，而且还要代表后进生们向您发出呼吁：把师爱平均分给每一个同学吧！

（二）研究学生试卷

学生试卷是教师了解学生学和教师教的重要文献资料。通过对学生试卷的统计分析，教师能从中发现学生学和教师教的问题，即学生哪些知识掌握得好，哪些知识掌握得不好。这是一个教学反馈的过程，教师通过对试卷的研究，能很好地改进自己的教学。如下面这个案例。

某校三年级（1）班期末考试的试卷分析表

考试日期1月17日　任课老师 ×××

<table>
<tr><td colspan="13">班级原有45人，参加考试44人，缺课1人（病假）</td></tr>
<tr><td>考试范围要求</td><td colspan="12">全面考查第五册数学课本的教学内容（适当联系三、四册的内容）。考查的重点是乘数是两、三位数的乘法和两步应用题（包括平均数应用题）。基本题占80%，包括第五册课本的大部分知识；综合题占20%</td></tr>
<tr><td rowspan="2">成绩统计</td><td>平均成绩（分）</td><td>100</td><td>99
｜
90</td><td>89
｜
80</td><td>79
｜
70</td><td>69
｜
60</td><td>59
｜
50</td><td>49
｜
40</td><td>39
｜
30</td><td>29及以下</td><td>后进生情况</td><td>王××32分
李××43分
张××48分
刘××52分</td></tr>
<tr><td></td><td></td><td></td><td></td><td></td><td></td><td></td><td></td><td></td><td></td><td></td><td></td></tr>
</table>

续表

班级原有 45 人，参加考试 44 人，缺课 1 人（病假）	
错题情况	（1）多位读法，错误率达 35%，大都错在（ ）数的读法上 （2）计量单位换算的错误率达 42%，如 2 吨等于 2000 斤 （3）计量单位概念模糊，如“一个鸡蛋约重 50（ ）”这道题，很多学生填“斤”“两”，错误率达 75% （4）应用题错误率高，主要是不理解题意导致的。尤其第 3 题，错误率高达 65% （5）珠算加减法占 15 分，错误率达 60% （6）属于口算不熟练的计算错误也很多，有些应用题列式对但计算错了
问题分析	（1）我刚接班，不了解学生的知识基础，教学针对性不强，对学生的要求偏高 （2）本学期教学内容多，为了赶进度，没有及时巩固已学，学生学得半生不熟导致“回生”的现象严重 （3）关键问题是教师课堂上讲得多，作业都留在课后做，造成学生作业潦草、错误率高，教师不能发现学生的错误并及时予以纠正 （4）虽然也重视对后进生的辅导，但批评指责多、积极鼓励少。因此，后进生的成绩提高速度缓慢，不及格的学生增加了三个
改进措施	（1）根据学生的知识缺陷，适当给学生布置有针对性的作业作为寒假作业，让学生练习。下学期初，全面调查学生的知识基础，建立学生知识档案 （2）下学期重点抓课堂教学结构改革，要求学生在课堂里完成大部分作业，尽可能在课堂上解决问题，做到“堂堂清”。开学初，教学进度慢一点 （3）做好对后进生的辅导工作。实施“课内补课”的办法，尽可能在课内帮助他们解决当天作业的困难。在寒假里，组织学生互帮互学，安排一个优秀生帮助一个后进生 （4）重视培养学生良好的作业习惯，对学生的作业提出严格要求 （5）认真备课，采用“以新带旧”的办法，有计划地复习旧知识

（三）研究留言

每年学生的毕业留言册能反映出学生的思想状况。而随着社会的变化，学生的留言有时代的印记。如一位记者写道：眼下正值学生毕业之际，记者近日在几位学生的留言册上看到一些令人“耳目一新”的留言：“早日发财，抱得美人归！”“祝你早日找个好 BF，嫁个好老公！”“开奔驰、宝马，告诉我一声，我们一起去飙车。”另外，还有：“‘猪’你一路顺风！”“本想对你说三个字，又怕伤了我们的友情，可我还是忍不住要说：拿钱来！”“MM，本想留住你，但又怕伤着你，滚蛋吧，快去新学校报到吧！”

目前在学生中比较流行的留言大致有三类：一是涉及搞笑、搞怪的文字，比如“祝你早点走上狗屎运”等；二是成人化的留言，如“祝你买彩票中大奖，炒股票逢暴涨”“早点嫁个有钱人，养个白白胖胖的宝贝”等；三是涉及暴力的语言。

显然这也是教师做研究的重要素材。

（四）研究短信

因为现在手机的普及，教师，尤其是班主任经常会与家长和学生用微信沟通交流。这些短信已经成为家长和学生表达思想、宣泄情感的一个重要方式，把这些短信有选择性的系统整理也是很好的文献研究素材。

如一位班主任介绍说：毕业前夕，我班将开展一次“短信交流活动”，通过互赠短信，传递同学之间、师生之间的真挚情谊，请你完成下列任务。

为此次活动拟定一个题目：________________________按要求拟写一条短信，向同学或老师倾诉你的心声。要求：至少使用一种修辞手法。须选用“美好、珍藏、永恒、灿烂”四个词语中的一个词语。

（五）研究“课桌文化”

说起“课桌文化”，可能没有人会陌生，因为每个人都曾经历过或者正在经历学生时代。虽说这是校园里一种比较老土的边缘现象，但它就真实地存在于我们身边。“课桌文化”反映了不同时期学生的一种心理。

在小学里，你会惊讶地发现，每一张着漆的课桌上总有一道刺眼的白线。这是同桌的天然屏障，美其名曰“三八线”。这一文化现象不知从何时起就理所应当地存在着，并且“代代相传”，现在仍显示了极强的生命力。

到了中学，若仔细观察课桌上层层叠叠、密密麻麻的字。你会发现其内容应有尽有，“考考考，老师的法宝；分分分，学生的命根。”这一反映中学生厌考心理的校园顺口溜也不失时机地被反映在课桌上。

“不要让自己埋没自己。”这不知是哪位“名人”留下的。但从中可见此人竞争意识、自主气魄之强。当然，其中还有些不伦不类的小诗，还有一串串见头不见尾的演算数字，更有那发人深省的警句格言，各式各样的“课桌文化”让人目不暇接。

除了文字，还有各色各样的图案，更多的是颇具讽刺的漫画。有些课实在无聊或教师的水平不尽如人意，为不使自己打瞌睡，学生便发挥自己的特长开始即兴挥毫作画，把教师的“个性、特点”刻画得淋漓尽致，让人寻味良久。有些漫画反映的是中学生对社会问题的看法，有音乐天赋的学生也借此机会作上一曲，既可以宣泄自己的感情，也可以让人欣赏自己的杰作。

有人认为，“课桌文化”是校园文化的一个组成部分，是学生生活的一面镜子，是学生心理的传真，从中可以看到学生的喜怒哀乐，可窥见当地的人世风情。

所以，以“课桌文化”为研究内容也是很有价值的，而且很有趣。

（六）问卷调查研究

根据需要，必要时也可以设计问卷，对学生进行问卷调查。如下面这个“教学方法与学生学习情感相关性调查统计表”。

教学方法与学生学习情感相关性调查统计表

教学方法	喜欢（人）	不喜欢（人）
1. 老师很少讲，我们实在不懂，老师再讲	28	23
2. 老师多讲，我们多听	13	21
3. 课上经常进行讨论，大家都可发表意见	66	6
4. 课上没有讨论，老师问我们答	5	13
5. 遇到不懂的问题，老师讲给我们听或抄答案给我们	15	127
6. 遇到不懂的问题，老师鼓励、引导我们自己解答	62	9
7. 老师要我们尽量多读课文，让我们读懂	13	15
8. 很少读书，主要靠老师讲	2	28
9 课上老师经常让我们动脑、动口（读课文）又动手（划划点点）地学习	68	5
10. 课上很少有动手的机会	4	29
	计 276	计 276

以上调查结果反映了学生对学习方法的选择有非常明显的情感倾向性，最受学生欢迎的学习方法分别是（3）（6）（9）三种（共占71%），而这三种方法在性质上是相同的，即都是具有活动性、独立自主性与相互交往性的。最不受学生欢迎的教学方法是（5）（8）（10）三种，这几种方法的实质正好与（3）（6）（9）相反，都有被动、机械、静止的特征，不符合小学中高年级学生“需要尊重”“需要相互交往”和“自我意识增强”等发展特征和需要。

三、文献研究法的使用步骤

一路春风：老师，通过上面的介绍，我们了解了文献研究法的内涵和研究的内容，那么文献研究法的使用步骤是怎样的？

生命如歌：文献研究法的过程一般包括五个基本步骤，分别是：确定研究主题，设计研究计划，搜集文献，整理文献，撰写研究报告。

（一）确定研究主题

文献研究法的运用与其他方法一样，首先是确定你所要研究的主题和内容，而后，才围绕所要研究的目标主题去搜集、查找文献资料。当然，也可能刚开始的研究目标和主题不是很清晰，需要边搜集整理文献资料边构思，而后确定研究中心和主题。

（二）制定研究计划

为了少走弯路，必要时可以制定一个研究计划，即对研究过程从时间、内容、步骤等方面做一个大致的设想。研究目的和问题不同，文献搜集、描述的范围必然不同，文献分析的重点也必然不同。要明确文献研究法在这项研究中是当作辅助性的研究方法，还是作为一种独立的研究方法来使用，这会直接影响文献搜集、整理、解读及分析的侧重点和方法。

（三）搜集文献资料

使用文献研究法，关键是要搜集足够的文献资料。文献资料不足是小课题研究的大忌，所以要在搜集有价值的文献资料上下大功夫。搜集文献资料要特别注意这样几个问题。

1. 抓住主题。要确定文献搜集和描述的范围。要根据你确定的研究主题和目标，来确定搜集文献资料的范围。一言以蔽之，要围绕主题和目标来搜集有用的资料，突出中心，抓住重点，不要什么都搜集。比如，你研究学生学习马虎的问题，就要从作业、试卷、做事等方面去搜集关于学生学习马虎的文献资料。如果你要研究学生短信与德育，你就要千方百计地搜集学生短信与德育方面的相关资料，并且这些资料一定是能说明问题的。

2. 新颖独特。小课题研究贵在创新，而文献研究法的创新，来源于资料的搜集，所以尽可能搜集那些来自课堂的能打动人心的第一手资料。

3. 真实准确。真实就是力量。无论使用哪种方法，在搜集文献时都要注意鉴别文献的真伪，深入考查文献的来源和可靠程度。同时，要注明文献的来源，以便保证引用文献的规范性，避免侵犯他人知识产权的情况出现。还要在时间和经费允许的情况下，适当扩大文献搜集的范围，以保证能够搜集到较为完整和系统的文献。

4. 归类收藏。为方便日后整理分析，应注意归类收藏文献。搜集文献是重要而艰苦的工作，通过对文献的浏览、精读和收录（可充分利用现代化手段进行收录），形成文献的提纲、摘录和摘要，能形成文献卡片资料更好。

教师掌握文献研究法，除了要掌握文献研究法的步骤，还要掌握搜集文献资料的方法和途径。搜集文献资料的方法和途径有很多，要根据你研究的是什么问题来选择，研究的问题不同，搜集文献资料的方法和途径也不同。比较常用的方法和途径有：

（1）文献检索。首先要充分利用报刊目录、文摘、年鉴及百科全书等资料。尤其是现在网络比较发达，可以充分利用网络进行文献检索。

（2）直接搜集。如果研究学生学习、思想、生活、习惯等问题，教师可以在学生的日记、作业、试卷、作文、书信等作品中直接搜集资料。

（3）发动群众。教师搜集课题资料也可以借助学生、家长、社会（如档案馆）等的力量。如根据课题研究的需要拟定一个搜集文献的计划，而后通过发动学生、家长、社会等来搜集资料。

（四）整理文献，撰写研究报告

搜集到的文献资料非常庞杂，必须经过整理才能使用。资料整理就是为了使搜集到的大量粗糙、杂乱的原始资料系统化，从而揭示事物或现象的本质及内在规律。在小课题研究中，资料整理首先是对所获资料进行检查、核实，并对资料中的错误和遗漏加以修正、补充。剔除假资料，去掉重复、陈旧、过时的资料；以研究任务的观点评价资料的适用性，保留那些能正确、全面、深刻地阐明所要研究的问题的一切有关资料。

接下来，要对文献资料做出分析。文献分析包括统计分析与理论分析。前者主要是定量分析，采用的主要方法是统计方法、数理方法和模拟法；后者则是定性分析，包括逻辑分析、历史分析、比较分析、系统分析等，主要采用的一般方法是比较法和构造类型法。

我认为最好的整理文献的方法，就是边整理，边分析，边撰写研究报告。文献整理完了，研究报告也写出来了。这种做法，就是按照研究报告的框架和思路来整理文献。

四、怎样撰写研究报告

桑榆未晚：怎样梳理文献研究法的研究成果呢？

生命如歌：文献研究法研究成果的表述方式是多种多样的，如可以写叙事研究的教学案例，可以写教学反思，可以写教学经验论文，等等。但是最完整和有深度的还是撰写研究报告。这里介绍张万波老师利用文献研究法做"初中数学纠错本有效使用的研究"小课题研究后撰写的研究报告案例。这个研究报告的框架分四部分：一是问题的提出；二是研究的过程；三是研究的成效；四是研究的反思。严格来说，这个研究报告还不是很规范，但是基本框架和内容还是挺好的，教师可以将其作为参考。关于怎样撰写研究报告，我们这本书在许多章节都有详细说明和介绍。这里除了列举案例，具体写法不再重复和赘述。

初中数学纠错本有效使用的研究

辽宁省本溪满族自治县第五中学　张万波

读过一段资料。一个留日孩子的家长曾问孩子："你日语不好，上课发言还那么积极，就不怕出错？"孩子说："不怕！老师说教室就是出错的地方。如果人人都怕出错，不敢说自己的想法，正确的答案从哪里来？让老师一个人讲，才是最糟糕的。"

"教室就是出错的地方。"这句话说得多好。教室是最容易出错的地方，也是最容易纠错的地方。正是出错与纠错的无限循环，才使每个学生变成了天才。因为不会才学，但学生也不会一下子什么都能学会。由此可见，学生在学习中出现错误在所难免。可是，学生出错又该如何处理呢？尤其是面对学生在作业和试卷中屡屡出现的错误，又该如何解决呢？出错不可怕，关键是如何纠错。多年来，我们都为如何给学生纠错而伤脑筋。

2009 年开始，在他人经验的启发下，我们找到了一种纠正学生学习错误的好方法，这就是建立纠错本，并把它列为一项科研课题来研究。三年过去了，效果很好，也总结出一些规律（详见后面《初中数学纠错本有效使用的研究报告》）。如今，这种方法还在使用中。

这是一种什么研究方法呢？过去，我们也不是很了解。看了资料以后，我们发现这项研究除了运用了调查法以外，更主要的是用了学生的试卷和纠错本这些文本资料。所以，用科研的术语来说，这叫作文献研究法。

我们知道，学生的学习总是和错误相伴的。所以说，“错误是重要的教学资源”。“如何处理学生学习过程中出现的错误”是很值得研究的课题。“初中数学纠错本有效使用”的研究课题正是缘于这种思考确立的。

（一）问题的提出

在学校里，每每翻开学生的考试试卷和作业本，总会看到大量的错误，而且往往是多次重复的错误。面对学生的错题，教师费了九牛二虎之力讲解“透彻”。可没过多久，学生还会犯下同样的错误。这不得不让教师怀疑学生的智力和上课的专注力，或怀疑自己教学方法上的缺失。可怜我们的学生也心灰意冷：“哎！老师不说我也知道自己有多笨了，我看这辈子我是没能力学数学了！”因此，他们更加畏惧数学的深不可测，没有学好数学的勇气，甚至放弃学习数学。

针对这些问题，我从 2009 年起，在本溪县第五中学全面推行的“学科学习三本一集”（预习质疑本 / 笔记本 / 纠错本 / 资料集）正是基于个别化自主学习的一次有效探索与成功尝试。我选“学科学习三本一集”之一的纠错本作为研究氾围，因为它既是学生积累学习经验的宝库，又是教师改进教学、探索规律的重要依据。这些错题源于学生自己的错误，所以也应由学生自己分析、自己纠正，从而为学生搭建起自己学习数学的平台。

（二）研究的过程

本课题的研究主要采用调查法和文献研究法，资料收集的方式有文本分析、问卷和访谈。

1.纠错本使用情况的调查

2010 年 12 月，我对八（1）班和八（2）班纠错本的使用情况进行了一次调查。受调纠错本所涉内容的时间跨度为 2010 年 9 月 1 日至 2010 年 12 月 18 日。通过调查，发现纠错本在使用上存在以下问题：

（1）纠错本的建立和规范使用情况

本次调查对所抽取的纠错本进行了初步的数据统计，调查结果显示如下：

纠错本初步数据统计表

班级	受调本数（本）	符合要求的本数（本）	使用规范率	没有红笔批注的本数（本）	没有标注错误原因的本数（本）	没有抄写原题和原错误的本数（本）	纠错本大小和设计不合要求的本数（本）
八（1）班	17	14	82.35%	1	3	1	1
八（2）班	22	4	18.18%	10	8	6	5

备注：使用规范率（%）= 符合要求的本数 / 受调本数。

从上表中可以看出，学生在纠错本的建立和规范程度上还存在一定的问题，还需教师在下一步的教学中对纠错本的建立、设计和管理做统一、细致的要求。在一周内要再次检查，确保班级所有学生的纠错本都符合要求。同时，下一阶段要定期检查。

（2）纠错本中的教师评价情况

本次调查摘录了大量教师书面评价的内容，现就其中具有代表性的内容进行实录分析。

【答案抄完，主动来订正；重写；题目抄错；题目抄完整；过程；再订正，多想。】

这种类型的教师评语句式极短，以毋庸置疑的命令式语气针对学生的问题进行批评指正。这类评价由于缺乏情感，很难激发学生修改错误的积极性；又因为内容相对简单，不利于学生把握纠错本的意义及操作要点，更谈不上对学生健康的纠错心态的培养。

【你错的原因，为什么没有写呢；就是把所考的有关知识点写出来；把试卷名称写好，认真对待错题，加油；知识一定要弄清，别怕烦，加油；在原因里一定要写清知识点，在审题方面努力；不要写得太紧凑，不利于以后复习，加油；数学要思考，相信你会喜欢思考的。】

这种类型的教师评语力避生硬的训导的口气，既有提醒建议，也有激励。教师借助评语，针对不同学生的不同问题给予点拨和引导，尤其关注学生的纠错方法的习得和纠错习惯的养成。例如，“要结合知识点分析错误原因”等。学生也可以从中感受到教师的关爱和希望，从而改正不良方法，培育良好的习惯，体验学习的快乐。

2. 教师层面对纠错本的应用

（1）错误原因分析

①反思教师教学设计，教学过程中的缺陷与不足。

②诊断学生的知识基础、学习习惯、思维品质等方面的问题。

（2）调整教学

①针对自己的教学设计、教学过程中的不足，教师有计划地弥补自身的缺陷。

②针对学生在错题上暴露出的问题，教师设计有针对性的教学，弥补学生的短处。

3. 学生层面对纠错本的应用

（1）自我认识：了解自身在数学学习上的缺陷。

（2）自我提高：利用纠错本改进不足，做到有针对性地解决数学问题。

4.改进评价

评价形式新颖多变。如等级评定：不及格，指出存在的问题；及格，指出需要改进的地方；良好，指出需要完善的地方；优秀，指出值得别人称赞的地方。专项评定：字迹端正的“整洁标兵”，解题完善的“做题能手”，分析错因细致入微的“错因卫士”，反思总结一针见血、豁然开朗的“反思健将”。

（三）研究的成效

两年来，通过对这个小课题的研究，我和我的学生们都受益颇多。从开始的不积极到后来的主动积极去完成这个作业，在这一变化过程的背后，有我们的付出，当然也有付出后尝到的甜头。总结起来，主要利用纠错本帮助学生培养自信，形成习惯，提高成绩。纠错本的使用对于以后的复习和考前冲刺都会起到很大的作用。

1.让跟踪式剖析彻底纠正曾经的“弯路”

纠错本上记录的都是学生曾经走过的“弯路”。刚开始记录时，学生们对错误的分析应该是比较深刻的。但随着相关知识的学习，学生可能对此知识又有更深的认识。所以，每记录一个错误，我都让学生在后面留下一些空白，不断地写下自己对相关知识的新认识，进行跟踪式剖析，多次触碰错误，揣摩知识点，前勾后连，仔细辨析，就能及时警示自己“禁闯红灯”。另外，我还规定学生对纠错本要做到“三看”，即每天晚上做作业前看一遍、每周周六做周小结时看一遍、每月月考前看一遍。这样一来，学生对错误的认识就能深入到骨子里，就会在考试时避免再犯同样的错误。

2.让纠错本成为全班的财富

翻看学生的纠错本，我发现学生记录的错误有许多是有共同之处的，但在对问题剖析的深度和广度及分析的角度上有较大差别，如何才能让学生都能全面地了解问题所在呢？我采取的办法是让纠错本“漂流”，让每一个出错的学生都能在班内找到“知音”，都能找到纠错的“战友”。他们共同找错因、论是非、争对错、说根据，理越辩越明。这样一来，错误就变成了学生走向正确的另类资源，变成大家共同进步的阶梯，变成全班学生的知识财富。

3.让纠错本成为特殊的作业

对于纠错本的使用，这学期我又赋予它特殊的使命，那就是给“错误”找兄弟姐妹。每个周末，我都要布置一个特殊的作业：翻看纠错本，为每一处错误寻找三道同类题并做解答，用做同类题的方法来纠正错误。这个做法非常有效，因为学生完成了由“苦的体验”“艰难的尝试”到“走向成功”的过程，经历了由感性到理性的记忆过程。

4.让纠错本成为另一种课堂笔记

在实际应用纠错本的过程中，我发现有的学生在错题的旁边记录了教师或别的同学分析的难懂的知识点、易错点、易混点，还有的同学把通过教师、同学点拨才理解的东西、课堂上同类题目重要的解题方法、规律性的东西等一一记录在旁边。于是，我将计就计，让学生在错题边上写规律、找思路。如此一来，学生的纠错本俨然成为另一种通过自己思考整理后的课堂笔记。我在鼓励他们这样做的同时，还指导他们如何去归类，找规律，总结打破常规思路的解题技巧，整理解题思路等。没想到，来自学生纠错本的灵感又为学生的纠错开辟了一片新天地。在一次抽查中，我发现八（2）班的李欣同学针对纠错本上的一个错误进行剖析，进行解题规律的深度思考，写了近三页纸的分析，光错题的解答方法他就找到三种，这让我非常欣慰。

纠错本的使用，使对数学学习失去信心的学生重新找回自信，使他们开始喜欢上数学，如九（2）班的张守贺、九（1）班的张兴哲等；纠错本帮助学生形成了良好的学习习惯，有助于他们提高学习成绩，使他们由原来的一般水平上升到现在的优秀水平，如九（1）班的田宇、高宇，九（2）班的卢晓丹、崔凯、刘嘉琦、金旭、贺增瑞等，并且在“数学周报杯”竞赛中取得了好成绩。下面的统计图可以看出学生成绩的变化情况。

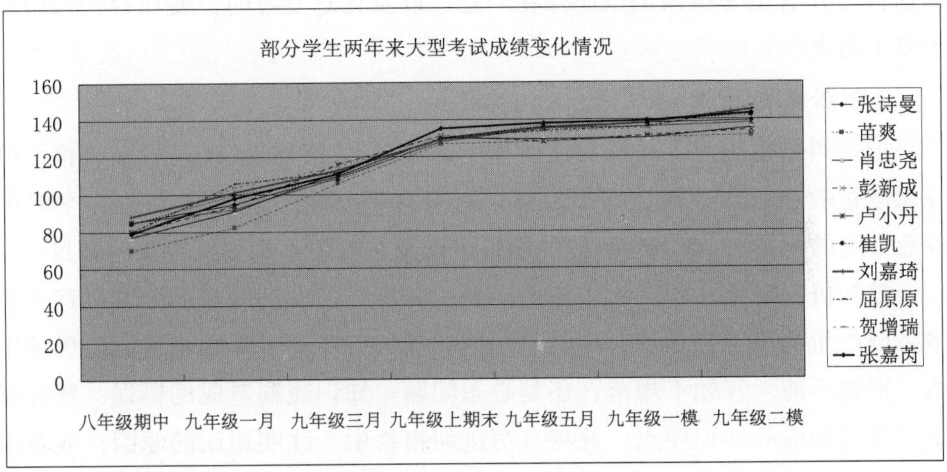

下面看看在中考前学生是怎么说的。

“使用纠错本是一种非常好的学习方法，这是我初三多次考第一的制胜法宝！”（卢小丹）

“纠错本并不是什么秘密武器！在我们班，几乎所有的同学都有使用纠错本的习惯。”（屈原原）

“我的纠错本包括自己平时易错的题目，还有老师介绍的一些打破常规思路的解题技巧。一般错题集，我至少会整理3遍。每一遍都会删掉一些已经会了的或相对不重要的题目，整理的过程就是记忆的过程。”（张守贺）

“纠错本对我还是蛮有效的。在临近中考的复习阶段，我很少去做题，主要消化纠错本上的错题。这个方法适用于所有的同学。”（崔凯）

（四）研究的反思

通过研究，我们认为，为了有效使用初中数学纠错本，应该做好以下几个方面的工作：

1.纠错本的建立

首先是纠错本的大小选择，教师应做统一要求，活页最佳，方便考前分类复习。其次是纠错本的设计，将纠错本的每一页设计成两栏，一栏用作收集错题，另一栏用作纠错。用不同的颜色注明为佳。这里的分栏是有目的的，这实际是为自己“量身定做”的一套试卷，在后续的复习中会体现其针对性。每次都要注明错题的来源及时间，如果是试卷，要注明本次测试的成绩，可以让自己弄清楚哪些知识点还存在问题，以及在总复习时，要在哪些知识点上多下功夫。

2.纠错本的管理

记入纠错本的可以是练习或试卷中的错题、“潜错题”（结果没有错，但在做题过程中有点犹豫、有点迟疑、有点拿不准确的题目）、好题（平时要注意好题的积累）、有多种解法的题目，以及一时想不到更好方法的题目。

教师提醒学生在纠错栏中添加注释：分析自己在解题时的思维过程和思维障碍产生的原因及根源；用红笔注明错误的归类——是知识遗漏、思维定式、审题不清、答题不规范，还是心态问题。知识疏漏造成的错误，要针对错误找到相应的知识要点，并将其写进纠错栏中，注明错误的原因，或者由于“遗忘”，或者因为“知识结构不完整”。这样，在管理纠错本时可以更直观地看到错误原因，而且能引起重视，以免下次再发生类似的错误。

3.纠错本的使用

（1）纠错本循环利用的方式

方式一：学生合作（学生出卷，学生批改）。每周一次错题大盘点，大约 30 分钟的时间，检验学生对错题的掌握情况。可以为学生准备一张白纸。同桌两人为一组，在对方的纠错本中抽抄 5 道对方的错题，然后交给对方解答。等对方完成后，批阅对方的解答（可参阅对方纠错本里的正解），向对方反馈解题的情况，评出成绩，订正完成后上交给教师。最后，教师了解学生掌握的情况，并强调对再次做错的题要做上记号。

方式二：师生合作（教师出卷，学生测验，教师批改）。教师从学生的纠错本中搜集学生错题中错误比较集中的题出一份卷子（题量适中），周五进行检测，当天订正完成。

（2）经常阅读，学会在纠错本中“淘金”

纠错本的建立是基础，但只有正确运用好纠错本，才能收到事半功倍的效果。在空闲时间或准备下一次考试时，学生要经常拿出纠错本浏览，折上纠错一栏，对着错题栏再做一遍，这样才能使纠错本真正发挥出最大效果。

（3）相互切磋，从同伴那里吸取教训

由于每位学生的基础不同，所以，学生所建立的纠错本也不同。同学之间在课外要多多交流和切磋，从别的同学的错误中吸取教训，得到启发，以此可以警示自己不犯同样的错误，从而提高解题的准确性。通过交流和切磋，同学之间可以增进感情，也可以互相提醒、互相借鉴、共同提高。

对纠错本使用的研究，让我感觉到教育无小事，细节决定成败。“天空收容每一片云彩，不论其美丑，故天空广阔无比。”犯错误是学生的权利，“吃一堑，长一智”。我认为，教师要巧借学生的错误，寻找教学创新点，让纠错本成为学生知识的背囊，帮助其提高学习效率。

生命如歌：这个世界聪明的人太多，但聪明又勤奋的人很少。与运用其他研究法一样，文献研究法的使用能不能有成效，关键看研究者是不是用心和勤奋。所有的坚韧不拔迟早都会得到回报的。

桑榆未晚：是的，天道酬勤。

第11章　管中窥豹，一叶知秋

——个案研究法的运用

假如你想了解麻雀的生理解剖特点，是否需要把众多的麻雀都抓来一一解剖呢？大可不必，因为那样费时费力。其实，你只需解剖一两只麻雀就可达到目的。这就是人们所说的共性寓于个性之中，“麻雀虽小，五脏俱全”。解剖几只麻雀，可以从中得到对所有麻雀共同特征的认识。

有人说，黄沙如海，找不到绝对相似的两颗沙粒；绿叶如云，寻不见完全相同的一双叶片。那么，也可以说，人海茫茫、教海无边，我们既找不到两个完全相似的学生，也找不到适合所有学生的一种教学方法。这就需要我们研究学生的差异，以便更好地因材施教。那么，怎样研究学生的个性差异呢？教育科研的个案研究法就是研究学生个性差异的一种好方法。接下来，我们来聊聊怎样运用个案研究法。

一、个案研究法与因材施教

一路春风：个案研究法对教师的教育教学工作有什么重要意义？

生命如歌：意义很重大。它可以体现在许多方面，但我认为个性差异研究最主要的意义是有助于因材施教，克服统一规格的教育。这可以从以下几个层面来做出分析。

一是从目前我们的教育现状来看。“一刀切”、“齐步走”、统一规格、统一要求，这是当前教育中存在的一个突出问题。备课用一种模式，上课用一种方法，考试用“一把尺子”，评价用一种标准，这是要把千姿百态、风格各异的学生“培养”成一种模式化的人。显而易见，这既不符合学生实际，又不利于人才的培养。真正好的教育是顺应人性，让教育适应学生，而不是让学生适应教育。那么，怎样能做到因材施教？一个重要举措就是了解学生之间存在的巨大差异。教育会成为一门学科，成为一门艺术，就是因为学生存在巨大的差异，没有差异，教育的价值大概就失去了一半。

二是从学生之间实际存在的个性差异看。“人心不同，各如其面。”世界上个性完全相同的人是不存在的。也就是说，人与人的个性不同，因此存在很多差异性。这就是我要说的个别性。教育并不是一种定格的模式。人的个性千差万别，教育者是不能把学生的发展定格在我们自以为是的范围之内的。学校培养人才要立足人的本性教育，让学生全面、和谐地发展，而不是让所有学生按统一规格平均发展。这不仅不可能，还会贻误学生的一生。每一个学生都是独特的、不可重复的、无法替代的个体，这种差异和独特是每个人最宝贵的精神财富，我们应该正视学生的差异，尊重学生的选择。

先天禀赋的某些差异、后天环境影响与教育的差异以及本人努力的差异，必然会给中小学生的智力和学习结果带来差异，造成学习成绩上的大分化——一部分人成绩优异，一部分人成绩一般化，一部分人则成绩低下。

学习成绩不好在某种层面上表明了一个人无能、智力低下，甚至将来不可造就，而学习成绩好就能说明学生智力优秀、将来有所作为吗？事实并非如此，这只能说是学生在学习领域中表现出来的成就和差异。这里我给大家分享一个“玩出来的发明家”的故事。

家住山西太原的牛清家里的电话这段时间突然变得繁忙了起来，然而这些电话并不是找他的，而是找他的儿子牛培行的。是一些企业打来要和儿子谈项目合作的，可儿子牛培行今年才16岁，还在读高中。一个16岁的孩子怎么会引来众多企业的关注呢？

牛培行，男，喜欢动手做小制作和航模，现已有18项发明，申报了23项专利，其中有6项是发明专利。其中的物理电池因与化学电池相比有着无污染、供电时间长，而且可在没电的情况下随时随地充电的优点，刚出现就被多家企业看中并组织设计生产；废水回收自动再利用装置，因其能在不用电、不用人为操纵的情况下，将家庭或宾馆办公楼的废水全部回收后自动再利用，也被美国企业看中，现在已在洽谈中。

牛培行可不是传统意义上的“好学生”。小学三年级以前，他的学习成绩一直是全校几百名学生中的最后一名。因贪玩、不听讲、不记笔记、不完成作业被老师罚站、被叫家长是家常便饭，为此他也曾三次转学。可他就是喜欢在马路上或者自行车修理铺捡些废零件，捡回来就开始琢磨，制作一些小玩意儿。

看到儿子玩性不改，父母开始送他到培训班学习。让他学电子琴，琴没弹几下，他却在一边不停地鼓捣电源插座；让他学国际象棋，他却闹着要上制作班，后来只好答应两门课一起学。结果，国际象棋学得一塌糊涂，连基本下法都不会，而小制作却大有进展。从此，他的房间变成了加工厂，各种工具、模型、零件堆满了整间屋子。

进入初中，牛培行的学习成绩有所长进，发明创造也进入了高峰。他的脑子总闲不下来，看到上课时老师因板书太多要不停地擦黑板，他就尝试利用皮带输送原理让黑板转动起来，在转动中板书也被后面的板擦擦干净；骑自行车下坡容易上坡难，他就想出把具有变速器原理的发条盘安装在自行车上，把捏闸时的能量积攒起来，达到省力的目的；看到道路上奔驰的洒水车，他会想到给马路中间的护栏安装水龙头，定时洒水，省时省力；冬天乘公共汽车，扶着裹着毛线的护栏，他竟想出利用汽车尾气输入护栏来取暖……

2009年高考，牛培行被南京航空航天大学降百分破格录取。

我们从牛培行的成长故事可以看到，学生的智力和才能表现在生活、生产、劳动、学习、创造、语言、文学、体育、音乐、美术、空间想象能力等多方面，人类到底有多少种智力，有多少种才能，世界上还没有人能做出令人满意的回答。一般而言，人只能在一个或几个方面显现出优势。只用学习成绩的优劣给学生定下聪明或愚笨的结论，那不是培养人才，分明是扼杀人才。人才是各种各样的，社会的各行各业都需要人才。所以，我们应该善待每一个学生，激发他们的潜能。

一路春风：你说得对，美国心理学家加德纳教授经过若干年的研究提出了多元智力理论，指出儿童至少有九种智力。加德纳认为，每个学生都在不同程度上拥有九种基本智力，智力之间的不同组合表现出个体间的智力差异。而我国古代提出的“六艺”思想与多元智力理论有惊人的相似之处，即礼——人际关系处理智能；乐——音乐智能；射——运动智能；御——空间智能；书——文学、语言智能；数——数学、逻辑智能。日本心理学家铃木健二说：“不管是什么样的人，命运之神都赋予了他一种他人所没有的优秀才能，这种才能有人靠学习来发挥，有人靠聪明来发挥，有人靠英勇来发挥，有人靠温柔来发挥。毫无才能的人世界上是不存在的。”

生命如歌：你说得很好，这也说明个案研究法有独具的魅力。教育家乌申斯基说："教师希望从一切方面去教育人，那么，就必须首先从一切方面去了解人。"个案研究法的魅力体现在以下两个方面。

一是有利于面向全体学生。个案研究是指对个别学生的研究。通过研究，使教育实际工作中容易被忽视的学生受到应有的关注，得到最大限度地促进与发展。这符合教育要面向全体学生、使所有学生都得到发展的素质教育的基本要求。

二是有利于因材施教。在强调学生心理健康的今天，个案研究所具有的独特诊断作用，对于了解学生心理，有针对性地提出治疗措施，因材施教，具有其他方法无法比拟的作用。目前，在对待学生的差异上，有两种值得注意的倾向：一种是不敢承认学生的差异，怕承认了差异会使教师放弃一部分学生的教育；一种是夸大学生的差异，把学习好的看作天资聪明，将来有所造就，把学习不好的看成天生愚笨，是朽木不可雕也。显然，这两种思想都有失偏颇，我们应以科学的态度来对待学生的差异。

既然人的成功绝不是循规蹈矩地一味顺从，也不是局限在那仅有的几门应试的科目上，是多类型、多规格、多层次的，教学方法也应该是有差异的，多形式的。

二、怎样理解个案研究法

海纳百川：什么是个案研究法，怎样理解这种方法？

生命如歌：所谓个案研究法，就是指对某一个体、某一群体或某一组织在较长时间里连续进行调查，从而研究其行为发展变化的全过程，这种研究方法也称为案例研究法。它通常采用观察、面谈、收集文件证据、描述统计、测验、问卷、图片、影片或录像资料等方法进行。在大多数情况下，尽管个案研究以某个或某几个个体作为研究对象，但这并不影响将研究结果推广到一般情况，也不影响在个案之间作比较后，在实际中加以推广和应用。对个案研究结果的推广和应用属于判断范畴，而非分析范畴，个案研究的任务就是为这种判断提供经过整理的经验报告，并为判断提供依据。

个案研究的对象可以是个人，如优秀生、潜能生、优秀教师、心理偏差者、智力超常者、品行缺陷者等；也可以是个别团体、组织，如先进班集体、优秀学校、实施研究性学习的典型单位等；还可以是某一个个别事例，如某中学生犯罪追因研究等。

由于个案研究一般是对研究对象的一些典型特征作全面而深入的考查与分析，所以也叫“解剖麻雀法”。由于个案研究常常需要追溯研究对象的背景资料，了解其发展变化的具体经历，所以又称“个案历史研究法”。

个案研究法具有以下特点：

1. 单一性。个案研究法的研究对象往往是个别的人、事件、团体，这种对象具有单一性、具体性的特点。但通过对个别案例的研究，往往可以揭示具有普遍意义的规律。

2. 典型性。个案研究法的研究成果往往都是一个个典型案例，这是很有价值的。因为无论成功研究转变一个潜能生，还是成功研究一个名师的成长经验，都对在更大范围内开展研究提供了经验和示范。

3. 深度性。即对个案多方位、多维度、多层面的研究。从空间上说，它要研究个案生活环境的一切因素，如学校、家庭、社会因素。从时间上说，它要研究个案的过去、现在和将来。可以静态分析，也可以动态分析。研究越透彻、越全面，针对性越强，结论越具有说服力。

4. 综合性。个案研究往往要综合运用多种研究方法，如测试学生智力用测量法，了解其行为表现用观察法，了解其成长环境用调查法，等等。

三、如何具体实施个案研究法

春华秋实：那么，教师如何具体实施个案研究法呢？请您给我们举一个运用个案研究法做研究的案例。

生命如歌：为了说清楚这个问题，我先举一个运用个案研究法做研究的案例。

一个不爱折纸的孩子的转变

江西宜春市高安城北幼儿园　徐长琴

案例描述：孙雨豪宝宝的语言表达能力很强，但是，每次碰到动手的事情，他就不知所措了。在手工活动“桃子”课上，小朋友们都在认真地折桃子，孙雨豪宝宝却拿着自己的纸坐在座位上东看看、西看看。等到旁边有小朋友向老师展示自己的作品时，他却拿着纸急得直哭。我马上走到他旁边，问他为什么哭，他用小小的声音说："我不会折。"每次只要折纸，他都会急得满头大汗。

案例分析：家长对孩子太宠爱了，不管什么事情都会为他做。这样一来，孩子就会变得非常依赖大人，什么事情都不想亲自动手做，等着别人来帮助他。宝宝的性格又很急，一拿到纸就想一下子折出来，所以才会急得满头大汗。

教育措施：

1. 及时与家长进行沟通。让家长按照班级开展的"自己的事情自己做"主题活动的要求，放手让孩子做力所能及的事情。随时鼓励孩子，只要孩子能自己动手，就给孩子一些奖励。这样一来，孩子就会对很多事情产生兴趣。家长在家教孩子做东西的时候，应改变以前包办代替的做法，可以让孩子和爸爸妈妈一起来比赛，这样孩子更感兴趣。这样的活动既锻炼了孩子的动手能力，又促进了孩子与父母之间的感情。

2. 教师的鼓励。在幼儿园，应鼓励孩子积极动手。只要孩子愿意做，就及时地在全班面前鼓励他。当孩子说"我不会"时，也不去帮他做，而是让他跟着老师一步一步做。时间久了，他的依赖性也就慢慢消失了。没有人帮忙，他自然就会自己去做。

3. 小朋友的帮助。让一个动手能力强的孩子坐在他旁边，带动他一起做。小朋友的示范对孩子更有吸引力。

教育成果：经过几周的努力，现在，孙雨豪宝宝不再惧怕折纸了，在开展"自己的事情自己做"的主题折纸比赛中，他也能很快地举手说："老师，我折好了！"还时不时地看教他折纸的宝宝，很怕别人比他快呢！在课余时间，孙雨豪还经常跑到我面前说："老师，今天折什么？怎么还不折纸呀！"孩子体会到了成功的快乐，所以越来越喜欢折纸了。

（一）个案研究法的研究过程

从徐长琴老师的这个小课题研究案例，可以看出运用个案研究法的具体步骤和方法。

第一步：选择课题，确定研究对象。

运用个案研究法时，教师首先要考虑选题，即研究什么、研究对象是谁。选择研究对象十分重要，这直接关系到所得出的结论是否有价值。研究者应根据个案研究的目的和内容，确定在某一方面具有典型特征的人或事作为研究对象。徐长琴老师的这个个案研究，课题选得好。课题“一个不爱折纸的孩子的转变”，以孙雨豪宝宝为研究对象，抓住了他动手能力弱的特点，通过一系列教育措施促进他的转变。这个课题不仅有价值，而且具体生动。

第二步：搜集资料，拓展研究思路。

不管哪项研究，都要设法围绕课题搜集资料，拓展思路。搜集全面的研究资料是个案研究有效性的重要保证。尽量全面地搜集个案研究资料，有助于研究者对个案的历史与现状有比较完整、客观的认识。资料的来源大致有三种：第一种是个案本身的资料，第二种是学校的记录，第三种是家庭和社会背景。如徐长琴老师在这个个案研究的案例描述中让我们能看到，她对孙雨豪宝宝做了仔细地观察，搜集了孙雨豪课堂表现的第一手具体资料。这为后来的研究打下坚实的基础。

第三步：分析研究，制定研究计划。

个案研究的主要任务在于揭示研究对象特征的形成、发展规律，属于定性研究的范畴。因此，在广泛占有资料的基础上，最为重要的工作就是做好对资料的分析加工，同时制定切实可行的研究计划。

如徐长琴老师的这个个案研究，对研究对象孙雨豪宝宝做了案例分析：家长对孩子太宠爱了，不管什么事情都会为他做。这样一来，孩子就会变得非常依赖别人，做什么事情都不想亲自动手，等着别人来帮助他，对于做一些事情没有成就感。宝宝的性格很急，每次一拿到纸就想一下子折出来，所以会急得满头大汗。从这个方向，徐长琴老师提出了三项教育措施：（1）及时与家长进行沟通。（2）教师给予鼓励。（3）小朋友给予帮助。

第四步：实施计划，重实际效果。

有了计划，关键在于落实，研究计划的实施肯定不会是一帆风顺的，在计划实施过程中遇到新的问题，可以调整计划，以便追求最佳的研究效果。如徐长琴老师的这个个案研究，就是基本按照制定的三项教育措施来落实的。

第五步：梳理研究成果。

个案研究的成果最终应该体现在研究报告之中。个案研究报告的写作没有固定的模式，通常可以根据研究的对象、内容和每个作者习惯的不同灵活掌握。个案研究报告一般包括：要研究的问题、有关研究方法的介绍、对研究情景的仔细描述、对在这一研究情景中所观察到的现象或过程的详细描述、对研究中的关键元素的深入讨论、对研究结果的讨论等。

（二）个案研究的常用方法

海纳百川：个案研究有哪些常用的方法？

生命如歌：中小学的教育个案研究可以根据研究目的、对象、内容的不同，采用追踪法、追因法、临床法、作品分析法等具体的个案研究方法。

1. 追踪法

个案追踪法就是在较长时间内连续跟踪研究一个人或一件事，收集各种资料，揭示其发展变化的情况和趋势的研究方法。追踪研究短则数月，长则几年或更长的时间。比如，我国教育家和心理学家陈鹤琴就对他的长子进行了长达三年的追踪研究。

2. 追因法

实验法是先确立原因，然后根据原因去探究产生的结果。追因法则是先见结果，然后根据结果去追究其发生的原因。例如，某学生的学习成绩突然下降，我们去追寻他的成绩下降的原因，这就是追因法。追因法正好是把实验法颠倒过来。在实际研究中，究竟采用哪种方法，需要根据客观情况而定。

3. 临床法

临床法往往通过现场谈话的形式进行。临床谈话法的方式可以是口头谈话，即面对面地交谈，也可以是书面谈话，即问卷谈话。口头谈话是会谈双方的一种互动过程，特别是教师与学生的谈话。应用临床法最重要的是教师怎样创造轻松自如的谈话气氛，解除学生紧张、焦虑、防御、冷淡的心理。这就要求教师要以平等的身份参与谈话，不能居高临下，咄咄逼人。在谈话过程中，尽可能不要教师问一句，学生答一句，应该引导学生主动回答问题。同时，在谈话过程中，教师可以采取封闭性和开放性问题交替询问的方式。书面谈话一般按问卷要求的程序进行，教师要向学生交代清楚做问卷的具体要求和注意事项。对问卷的评分要严格按照标准，做到公正、客观。此外，对于临床上复杂的个案问题，需要运用两种谈话方法进行综合判断和分析。

4. 作品分析法

作品分析法是通过分析学生的活动产品，如日记、作文、书信、自传、绘画、工艺作品等，以了解学生的能力、倾向、技能、熟练程度、情感状态和知识范围。运用这种方法时，不仅要研究人的活动产品，而且还要研究产品制造过程本身以及有关的各种心理活动状况。

5.教育会诊法

教育会诊法是教师集体通过讨论，就某一学生的行为做出鉴定，形成比较客观公正的结论的方法。这种方法不仅适用于在个性方面有问题的学生，而且也适用于一般学生。会诊主要针对思想品质及学习方面的问题。按照教育家巴班斯基的研究，教育会诊通常包括六个环节：①明确会诊目的；②确定会诊参加者；③由班主任和任课教师详细说明对某一学生的看法，并列举理由；④组织集体讨论，广泛交换意见；⑤为该生作出鉴定，提出有针对性的教育措施；⑥根据学生的鉴定材料，教师对集体或个人的教育工作进行自我分析，加强自身修养，提高教育教学水平。

教师应该注意到，在进行个案研究的时候，往往并不只用一种方法，有效的个案研究常常是几种方法综合运用。比如，对一名潜能生进行个案研究，既要运用追踪法，有时还需要运用追因法、临床法，甚至运用教育会诊法，等等。

四、怎样撰写个案研究报告

海纳百川：如何撰写个案研究的研究报告呢？

生命如歌：个案研究报告的内容一般包括：

1. 要研究的问题。

2. 有关研究方法的介绍。

3. 对研究情景的仔细描述。

4. 对这一研究情景中所观察到的现象或过程的详细描述。

5. 对研究中的关键元素的深入讨论。

6. 对研究结果的讨论。

组成部分的排列取决于报告的观众是谁。对大多数观众来说，有关方法的详细介绍可作为附录。但在正式发表的文章里，方法部分要放在文章的前面。在研究报告中，也可以运用图表来呈现数据和结果。

具体写法可以参照上述徐长琴老师以及接下来要分析的张燕敏老师的案例。

学生作业个案分析

浙江省海宁市桃园小学　张燕敏

一、个人情况分析

小磊，男，小学五年级学生，大大的眼睛，胖乎乎的脸，是个可爱的小男孩。可是，他又是一个很特殊的学生：课上，他从来不看老师和黑板，低着头，手中还不停地拨弄着笔和橡皮，但对于老师的提问，他有时也能答上一二。下课时，他总是一溜烟跑到教室外，东跑西窜，满头大汗。无论是没完成作业还是与同学闹矛盾，他总是一个劲儿地给自己找理由，很多时候都让老师感到无奈。即便如此，每一次考试他发挥都较好，基本都在九十五分以上。这也使我开始反思：我布置的作业是不是太单调？是不是对他来说太简单？还是……总之，小磊是一个智力较好，学习能力强，但习惯特别差，经常不完成作业，撒谎成为习惯而且屡教不改的学生。

二、具体案例

一天，组长向我反映小磊没交作业。我问他原因，他说他回家做作业时才发现没带作业本回去，只好把作业写在一张纸上，但这张纸却找不着了。这显然是在撒谎。放学时，我找小磊谈话，教育他诚实是做人的第一美德，用和蔼可亲的态度鼓励他说实话，不要撒谎。他道出了实情，作业没写，并说不知道为什么，就是想玩，想看电视，不想写作业。

这次，我表扬了他的诚实，并且允许他在校补好作业。他也向我保证，作业一定按时完成。第二天、第三天，以后的数天，他都能按时交作业了。针对他的进步，我在全班表扬了他，鼓励他坚持下去，同学们也为他的转变感到惊讶、高兴。

但好景不长，才过了十来天，他又“旧病复发”了。查字典全错，作文凑数……是不会做吗？不是，他不想做作业，但又怕不完成作业会被老师批评，于是采取了应付的态度。正好，第二天是家长开放日，小磊的妈妈正好来校听课。我与他妈妈进行了交流，从他妈妈口中得知，除了爸爸，小磊在家最“大”。但爸爸经常早出晚归，回来也没时间检查小磊的作业。无奈之下，也只能和他妈妈达成初步意向：如果不做，以一罚五。原本以为通过惩罚，小磊能够改变现状。但第二天，小磊依旧如此。

三、分析与诊断

经过家访、谈话等多方面调查，我了解到小磊的现状与以下两大因素有关：

（一）个人因素

1. 父母的爱护和关怀不够。

2. 在家庭和学校里，没有被接受、被尊重，得不到别人的赞赏。

3. 在家里，只要离开了父母的视线，就可以肆无忌惮地玩。

（二）教师因素

在学校里，由于习惯较差，他在老师那儿得不到适时的表扬和赞美。久而久之，便逐渐产生失落感，进而否定自己，不相信自己的能力与水平，也就越来越不自信。

四、辅导方法

辅导的目的就在于激发学生的内动力。我相信每个学生内心都蕴藏着积极的资源，相信每个学生是可以发展变化的。根据小磊的情况，我决定对其实施多渠道、综合性的辅导。

对其本人，我首先通过面对面交流，了解其不做作业的主观原因，然后对他进行教育，主要是进行心理健康教育，加强对他的行为指导，锻炼他的意志力，帮助他提高辨别是非的能力，养成良好的生活和学习习惯。其次，加强与其他任教老师、父母、同学的沟通，取得他们的配合，争取更多的有利因素。

五、辅导过程

第一步，培养小磊的习惯，内化自觉行为。习惯是一种稳定的甚至是自动化的行为。从心理学角度来说，习惯是刺激与反应之间的稳固联结。教育家叶圣陶先生说："什么是教育？简单一句话，就是要养成习惯。"美国心理学家威廉·詹姆士说："播下一个行动，收获一种习惯；播下一种习惯，收获一种性格；播下一种性格，收获一种命运。"好习惯能使学生一生受益，而不良习惯则会贻误学生终身。因此，我们要注重学生的良好习惯养成教育。习惯是一种自动化的行为、潜意识表现的行为，不良习惯是一种藏不住的缺点。帮助小磊改掉不良习惯，已成为迫切的需要。

第二步，唤起小磊的上进心。任何学生都有积极向上和实现自我价值的潜意识。我根据小磊的个性特点，向其提供展示发展特长、体验成功的机会，并且经常鼓励他；对他取得的成绩，哪怕是微小的进步，都给予热情的鼓励和真诚的赞扬。例如，我会在他的作业本和测验卷上留言："你的书写非常认真，值得大家学习。""看到你的进步，老师为你感到高兴。""老师觉得很可惜，如果你能仔细检查，就可以减少很多不必要的笔误。""持之以恒，你会有更大的进步！"

第三步，我从谈话中得知小磊对他的父亲还是有一定的畏惧和敬佩之情的。于是，以此为契机，我与他父亲取得了联系。其实，他的父亲也是十分重视孩子的学习的，对于孩子的撒谎、拖拉情况也非常生气，但又苦于没时间管教。他曾想把孩子送往私立学校，全部由教师管理。针对此情况，我向小磊父亲提出了几点建议：一是赏罚分明，孩子特别喜欢玩具，你就适量控制，提出合理要求；二是权力下放，把权力移交给妻子和孩子爷爷，由他们代为管理，但每天必须及时上报；三是突击检查，不管多晚回家，都要把孩子从床上叫起来检查作业。以上种种便是借助父亲的威信来督促孩子逐渐养成良好的习惯。

总之，面对经常拖拉作业、耍小聪明的学生，教师都会倍感头痛。对小磊这样的学生，若态度过于严厉，方法过于简单、生硬，问题非但不能解决，而且会适得其反，加深师生感情的裂痕，对教育工作更加不利。在矫正这个学生的不良习惯时，教师的思想、观念、方法要做出适当的改变，选择正确的矫正方法，才能最终收到良好的效果。为了彻底改变他不完成作业、爱撒谎的不良行为，我不仅取得他的家长的帮助，还主动与其增进感情交流。另外，我改变了留作业的方式。每次都是给他选定一个作业范围，再由他自己选择作业，给予他主动权，让他没有压力，培养他主动完成作业的意识。

六、个案小结

一个学期下来，小磊的总体情况有了一定的好转，但并未彻底改变。可谓是“大事没有，小事不断”。这类学生似乎软硬不吃，改变起来真的很难。更何况在当今的教育制度下，教师真的要有“两下子”，才能获得学生的尊敬。因此，我认为，要促使一个学生改变行为，方法大体有两类：一类是从外部着手，如训斥、说服教育或者与家长联系等，使学生感到很害怕，被动地接受。但这样做很有可能使学生产生对抗情绪。另一类是要从学生心理入手，帮助学生发展认识，让学生意识到错误，发自内心地想改变自己的行为。“在训斥中成长的学生，既不会热爱知识，也不会建立自信。”作为老师，我们应该永远记住这句话。面对小磊这样的学生，我们需要的是耐心与细心，从内外两方面入手，鼓励、关心与信任他们。

海纳百川：个案研究法很有价值，也很好操作，我很愿意在小课题研究中尝试运用这种方法。

第12章 让研究直抵教学方法

——梳理研究法的运用

数学特级教师张思明分别在1999年和2004年获得北京市政府颁发的“基础教育教学成果”一等奖。他能取得如此大的研究成果，他的“导学探索、自主解决”教学模式功不可没，这为他传播教学经验提供了一个很好的载体。他说：“一种教学理论只有建构起与之相适应的教学模式，才能转化为有效的教学实践。”张思明的做法和主张启示我们：教师把自己的教学经验与方法梳理提炼成一种教学模式，也是一种很好的科研方法！现在，我们就来聊聊教师怎样运用“教学方法梳理法”这个话题。

一、让研究直抵教学方法

春暖花开：为什么要把“梳理教学方法”作为小课题研究的一种科研方法？

生命如歌：在北京华师教育科技研究院工作时，我开发了一个“教师专业梳理”的课程，其中包括梳理名师的教学方法。从2017年4月开始，三年多来，几十所基地校、几百名教师参与这项课程，课程受到基地校领导和教师们的青睐和好评。北京和平街中心小学的马劲梅老师说：“‘梳理我的教育思想、教学风格和教学法’让我对自己的语文教学陷入了深深的思考。在一次次的思索与修改中，我逐渐对自己的语文课堂教学有了规划，有了设计，更有了追求，让自己不再盲目于一节课，一个知识点，而是让自己站得更高，能够像一个高瞻远瞩的‘军事家’，合理规划，让每节课都成为突破口，运筹帷幄，让每一个学生都能享受语文带来的乐趣！”此项研究成果汇集在《名师教学智慧——情怀·思想·风格·方法》一书，书中记录了30位名师的专业梳理成果。

春暖花开：北京华师教育科技研究院开发的“教学方法专业梳理”课程研究证明，教学方法梳理法也是一个挺好的研究方法。而且，这种方法还是切实可行的。

生命如歌：一种科学的教学方法是最好的研究成果的载体。我一直在思考一个问题：怎样能让教师做研究不绕弯子，直抵教育教学的重点？教学方法梳理法就能发挥这样的作用。

这里我想分享我经历的一件事。在北京华师教育科技研究院工作时，一所基地校上传了几个科研课题的计划和开题报告。其中，《小学语文低年级有效识字教学策略的研究》和《体验式学习在小学数学课堂教学中的应用研究》的作者要我做指导。我仔细阅读后，发现这两个课题洋洋洒洒近万字都是课题计划和开题报告的内容，没有把研究目标和重点放在教学方法（教学模式）研究上，这将会导致他们最终呈现的研究成果不是教学方法（教学模式），而是论文和研究报告。所以，我觉得这样做研究就有些偏离研究方向和目标。这个课题如果按照这个思路做下去，很可能投入很大，劳神费力，但最终研究的成效不会太大。

有个小故事说得有意思。休息日的早晨，一个人闲来无事，他看着家里一面空白的墙，想：哎呀，好像应该挂一幅画。于是，他找来一幅画，拿来一颗小钉子，敲进墙里，把画挂上去。钉子太小挂不住，怎么办？他就想着要在钉子后面加一块木屑，然后去找木头。找了半天，找到一块，但是没有办法把它锯出来。他去邻居家借斧子。借来斧子，劈着劈着发现劈出来的不规则，要加工得更细，只得再去更远的邻居家借锯子。邻居家只有锯条，他借来了也握不住。最后，他只能开车去更远的人家借手锯。就这样来回折腾，一天过去了，这个人回到家，对着一大堆木匠活工具，不禁沉思：我最初想要做的是什么呢？他似乎也想不起来了。

这就很像黎巴嫩诗人纪伯伦说的一句话："我们已经走得太远，以至于忘记了为什么而出发。"所以，无论什么课题研究，都要紧扣研究目标，不要偏离主题。现在许多课题研究成效不大，最重要的原因就是研究目标的迷失。研究来研究去，自己到底想研究什么，解决什么问题都不清楚了。

所以，我主张让教师做研究直抵教育教学的重点，不能绕弯子，而教学方法梳理法就能实现这个目标。另外，教学方法梳理法比较适合教师，也是教师最需要的。一场课程改革，无论怎样轰轰烈烈，最终必须要落在教师的课堂上，要落在教师的教学法上。改来改去，如果教师的教学法没有改变，这种改革是没有意义的。另外，许多教师教了三十几年的书，上了几千节课，送走了几代人，问他的教学模式是什么、教学有什么特点，他还是说不清。这也是即将走下讲台的教师的遗憾。所以梳理建构自己的教学法也是一种好的研究方法。我也在几部教育专著中提出把“教学方法梳理法”列为科研方法。

二、怎样理解教学方法梳理法

春暖花开：我明白了，教学方法梳理法对我们这些一线教师真是太重要了。

生命如歌：什么是教学法？华东师范大学的叶澜教授把常规的教学方法称为小方法，教学模式称为大方法。每每提到教学模式，很多人都会跳出来反对。他们认为这是又在搞教学模式化、教条化。其实不然，教学有模式和教学模式化是两回事。“教学有法”，说的是教学一定有章法（模式、套路）；“教无定法”，则说的是因教材不同、学生不同、教师不同而不可能有统一固定的模式。所谓“贵在得法”，就是教学模式一定因教材、学生、教师的实际来制定，灵活运用。

综上所述，要想实现“有效教学”这一目标，教师首先要有相对稳定的教学法，即教学模式。

这里说的教学法，是指教师在一定的教学理论的指导下，以简化形式表示的关于教学活动的基本程序和框架。它不仅包括教学的设计理念，还包含程序、结构、方法、策略等一系列具体操作和实施的内容。教学法是教学原则、教学内容、教学目标和任务、教学过程乃至教学组织形式的整体、系统的操作样式。由此可见，这里所说的教学法不是指教学中那些讲授法、谈话法、实验法等单一的小方法。

教学有模式，但不能模式化。任何模式都不是僵死的教条。一方面，一种教学模式是在一定的教学资源等教学背景下形成的，它既有普遍意义，也有个性差异；另一方面，一个好的模式应是开放的、发展的、进化的，它需要不断发展、不断完善。所以，学习者不可僵化地、教条地学习，而应结合本人、本校及学生实际去借鉴、移植、嫁接、吸纳好的教学模式。

正如魏书生所说：“探索课堂教学方法，确立课堂教学类型，目的是提高课堂教学效率。教师不应该非把自己框定在某一种模式里不可，可根据自己与学生的实际确立一种基本模式。基本情况如此，情况有变则变。如果自己眼界比去年开阔了，学生基础比去年坚实了，学习积极性比去年高了，那么课堂教学方法、教学步骤必须随之改变。”这是我们面对任何一种教学方法和教学模式所应该持的科学态度。

什么是教学方法梳理法？所谓教学方法梳理法，即用简练概括的语言来梳理表述自己的教学思想、教学经验和教学程序的一种研究方法。简练概括的语言可以是数字、关键词语等。如下面即将分享的特级教师钱梦龙对初中语文“三主”“四式”导读法的梳理。

特级教师钱梦龙在梳理表述自己的教学思想和方法时，用了数字与关键词语概括归纳的方法，即“三主”“四式”导读法。“三主”“四式”导读法精辟地概括归纳了他在长期的语文教学实践中逐步形成的教学思想和方法。

一、关于“三主”

“三主”指的是以“学生为主体，教师为主导，训练为主线”的教学指导思想。

学生为主体，就是确认学生在教学过程中是学习的主体、认识的主体、发展的主体；也就是把学习的主动权交给学生，让学生在教师的指导下自己阅读，自求理解，自致其知，从根本上改变教学中单纯由教师灌输知识、越俎代庖的教法。

教师为主导，就是在确认学生主体地位的同时，规定教师在教学过程中的作用和活动方式主要是“导”。导，指引导、指导、辅导、因势利导，也就是根据学生的认识规律、思维流程、学习心理，正确地引导学生由未知达到已知的彼岸。

训练为主线，这是教学过程中确认了学生的主体地位和教师的主导作用以后的必然归宿。语文作为工具性学科，也必须把训练作为贯穿整个教学过程的基本线索——学生的知识在训练中获得，能力在训练中培养，智力在训练中发展；“主体”和“主导”的关系，也只有在一个组织得很好的训练过程中才能得到和谐的、辩证的统一。这里说的训练，是指语文教学过程中以语言训练和思维训练为核心的读、听、说、写训练，不是仅指做习题（做习题仅仅是训练的一种方式）。

“主体”“主导”“主线”三者之间的关系，可以这样概括：“学生为主体”是我们考虑问题的基点，“教师为主导”是确保学生主体地位的重要条件，而“主体”和“主导”的关系又辩证地统一在一个以训练为“主线”的教学结构之中。综观许多优秀语文教师的课堂教学，凡是卓有成效的教学设计，无不体现着“三主”的教学思想。

二、关于“四式”

“三主”思想体现在“自读、教读、作业、复读”的四种基本课式之中。钱老师把他的以“三主”为指导思想，“四式”为基本模式的教学构思统称作“导读”。“导读”是一个相对完整的阅读教学体系。在此体系中，“以学生为主体”是前提，“以教师为主导”是条件，教师和学生的双向活动必然表现为训练形式。

实践证明：自读课、教读课、作业课、复读课是较为合理的基本课式。“四式”实际上是四种不同的训练形式，是指四种课型。

1. 自读课

自读课是以培养学生的独立阅读能力为目的的一种训练形式，着眼于有计划地培养自读能力。分六步走，名曰“六步自读法”。

①读。朗读课文，框出生字新词，自查字典、词典解决。

②辨体。辨明文章的体裁，从而根据不同体裁的特点确定不同的自读方法。

③审题。审明题目的语言结构、含义和作者命题的意图，并点出“题眼”。

④发问。可就文章内容、文章表现形式、作者构思意图分别提出“什么”“怎样”“为什么”几个问题，自问自答，逐步理解文章。

⑤质疑。要求学生思前顾后，统观全篇，发现问题，提出问题，可以有疑而问，也可以无疑而问，“于无疑处生疑”。

⑥评析。经过充分消化，就文章在某一方面的突出特点做出评论或分析。

2. 教读课

教读课是学生在教师的具体指导下进行阅读训练。教读课与自读课，虽然都体现了学生的主体作用，但在教读课中教师的主导作用明显加强。

教读必须和自读结合进行。结合的方式：一是在自读的基础上，教师收集、分析学生自读所给予的信息，就学生的疑难和课文的重点，有的放矢地给予启发、指导；二是先教读，后自读，难度较大或背景复杂的课文多采用这种方式。但在学生自读以后，教师还需进一步教读，最后重点仍然落实在学生自读能力的提高上。

钱老师在总结自己的经验时说，要提高教读的实效，除灵活选择教学方法以外，还得掌握各种启发思维的手段，值得重视的有以下三点。

①助学生建立新旧知识的联系，启发其推旧知新。

②善于发问，巧设情境。

③选准知识与技能的结合点。

3. 作业课

作业课是为了强化学生对知识的记忆和迁移。因此，作业设计应以加深对知识的理解为主，同时还要使学生能举一反三，学以致用。根据不同的要求，作业有的重在记忆，有的重在消化，有的重在应用。此外，还有评价性作业，包括鉴赏和批判，从品评文章词句、片段到写出有相当难度的短评。阅读能力要从初一开始培养，逐步提高。

4. 复读课

复读课是把若干篇已经教过的课文按一个中心组成"复读单元"，读读、想想、议议、练练，既温故，又知新。"复读单元"的重点仍在"读"，通过读找到各篇的内在联系，从而形成某些规律性的认识。"温故"只是手段，"知新"才是目的。复读课常用的方法是比较法，异中求同，或同中求异，这对培养学生的阅读能力和思维能力是颇有意义的。

简要地说，"三主"是组织语文教学过程的指导思想，"四式"是体现这个过程的基本形式；而教学效率的提高则取决于教师正确的"导"和学生主动的"读"。据此，钱老师把他的这种方法叫作"'三主''四式'语文导读法"，简称"语文导读法"。

（选自钱梦龙《"三主""四式"导读法》）

上面的"'三主''四式'导读法"正是钱梦龙老师对自己几十年教学经验的梳理表述，而这种梳理表述是对教学经验概括、归纳、提炼的过程。"提领而顿，百毛皆顺。"因为钱老师能够抓住"三主""四式"这一反映他多年教学经验精髓的纲领线索，其教学经验的基本内容就梳理出来了。当然，钱老师的梳理首先还是来源于他对自己教学经验的概括、归纳和提炼。有了对自己几十年教学经验的概括归纳和提炼加工，才有了对"三主""四式"导读法的梳理。

钱梦龙的“三主”“四式”导读法后来在全国影响很大，在一个时期内成为引领全国中小学语文学科教学，乃至各个学科教学的一种主流理论。

三、教学法的建构与梳理

春暖花开：教学方法梳理法实际是教师利用总结、反思、提炼的方式对自己教学经验的一次深度的梳理过程。这确实意义重大。

生命如歌：教师高效教学法的形成途径是多方面的：有的可以从上到下、从外到内学习，借鉴、模仿别人的教学法（即学—仿—创）；有的可以从下而上、从内到外，从自己的课堂中摸索、尝试、总结、提炼出来。教学有法，但无定法，贵在得法。教师从自己的课堂经验中总结出来的方法更有生命力，所以教师更应该注重对自己课堂教学经验的梳理。

教师要敢于建构教学法。教学法并不神秘，有一定教学经验的教师只要认真总结，并吸纳一定的教学理论，加之取得校领导和教学研究人员的帮助，再经多次修改、升华，一般都可以建构自己的教学法。

许昌市古槐街小学李华老师对梳理建构自己的教学法就有很深的体会。

小学语文“分组合作，展示成功”教学法的探索与尝试

河南省许昌市古槐街小学　李华

那是一个初秋，师范毕业的我鬼使神差地谢绝了某电台的邀请，来到许昌市古槐街小学当一名教师，执教科目是我最喜欢的语文。

在这所小学，我的第一个岗位是一年级语文教师。对此，专业课成绩全优的我是颇有底气的。一个月过去了，在我的严格要求下，孩子们课堂上显得服服帖帖，作业做得工工整整，一周下来还能拿到学校的流动红旗，偶尔测验成绩也不错。一切都显得那么顺利，同事称赞我入门快，我也以为自己踏入了教育的门槛。

假如不是一位家长无意中说的一段话，我也许不会发现自己偏离了“跑道”。那位家长告诉我，自己的女儿在读书的时候，我从她身边走过，把孩子吓得一激灵，唯恐自己哪里做错了，惹我发火。她的话给我提了个醒。经

过观察，我发现：很多孩子守规矩，是因为他们害怕我而不是喜欢我的课。他们怕坐得不够端正受老师批评，怕作业做得不好被要求重做，怕惹老师生气被叫家长……我原想督促他们跑得更快、跳得更高，但却把恐惧植入了孩子们心中。这绝不是我想要的！

怎么让孩子们喜欢上我的课堂呢？我悲哀地发现，我所学过的肤浅的教学法此时不能给我太多的帮助。我为我的知识贫乏感到惭愧，心中升起从未有过的对学习的渴望。我向书本学，进修从大专到本科的课程；我向专家学，阅读各类专业杂志和教育著作。然而，“纸上得来终觉浅，绝知此事要躬行”，“磨课”成了我最大的“练功场”。

当时的业务校长是个特别严格的人，能连续一星期听我的课。每到评课时总是说“优点大家都知道，就不用说了，就把不足说一说”。接下来我就要迎接大家劈头盖脸的批评，甚至连站立时手放的位置、板书时拿粉笔的姿势都会被提出来讨论。我的教学就在这不断的打磨中一天天进步着。渐渐的，批评的声音少了，夸奖多了，连老校长也经常对我露出笑脸。

一年过去了，我欣慰地看到，课堂上孩子们的目光不再躲闪、声音不再紧张。就在那一年，我走进区级优质课的赛场，顺利拿到了教师生涯中的第一个优质课奖。这小小的成绩让我重拾自信。

寻找最适合我和学生的那条道路。

学习别人的是为了创造自己的。走过了模仿别人的阶段，我渐渐开始了自己的思考。2001年，许昌市魏都区进入新课改，我参加了省级培训，经历了一场场“头脑风暴”。这次培训让我看到了自己的不足：过于追求教学的技巧，忽略了教育的真正意义。静下心来，我申请从一年级开始教到六年级，寻找最适合我和学生的那条道路。

一年级的教学重点是拼音和识字，内容枯燥，怎么让一年级孩子爱上语文呢？既然小孩子最爱玩儿，那我就从“玩语文”入手。课堂上，我们玩字卡、做字母操、走识字迷宫、摸字母百宝箱、过生字桥……各式各样的活动让孩子们玩得不亦乐乎。但我很快就发现，课堂上看似热火朝天，孩子们乐是乐了，但一检查就发现有部分孩子纯属“白玩儿”，没有收获。

原因何在呢？经过调查，我发现孩子们接受的学前教育有较大差异，两极分化的现象比较明显。既然如此，我为什么不能利用学前资源为课堂服务呢？经过深思熟虑，我提出了“分组合作，展示成功”的教学方法：先展示，看谁认得多；生教生，比哪组学得快；手拉手，共同“玩语文”。课堂一下子变成了学生展示学习本领的舞台，孩子们互帮互学、兴趣高涨，真正实现了趣中有得。

看到效果，我信心大增，又有了新的想法：结合教材，定期组织孩子们围绕一个主题拓展识字。学过《在家里》，我们以“家具”为主题拓展识字；学过《自选商场》，我们围绕“商品”拓展识字……孩子们兴致勃勃地在生活中、阅读中识字，盼着在展示课上夺得“识字大王”的桂冠。一年级下学期，在全市新课改观摩会上，我上了一节名为《展示台》的语文课：我以春天为主题，让孩子们展示自己两周来认识的描写春天的词语，朗读描写春天的句子。还记得，其中一个孩子仅四字成语就认识107个，接近一年级下学期的总识字量。

进入中年级，随着学生学习重心的转移，我也在“分组合作，展示成功”的教学方法上不断进行完善，无数次地在“破”与“立”之间寻求“最佳”，力求让学生享受课堂。有时，我把课堂交给孩子们来辩论、分享、交流、展示，而我自始至终都毫不吝啬我的赞美之词；有时，我在易错的地方抛出一个问题，引起孩子们的争辩，等大家陷入胶着状态时给某一方悄悄地支一下招儿。孩子们的积极性被调动起来，经常提前自学后面的课程，期待在课堂上与同学分享。

这6年教下来，我们班成了学校的明星班。家长说我们班学生像八哥，能说会道；同事说我们班学生智商高，6年的文化检测，次次年级第一；学校领导说我们班能力强，每次代表学校参加活动都载誉而归。我慢慢把握住了课堂的基本脉搏——它是对学生的亲切款待，是与学生亦教亦学的共舞，是对学生本性保持着的信任和期待。

教学相长，随后，区、市、省级乃至全国性公开课接踵而来，我先后讲授了《乌鸦喝水》《她是我的朋友》等20余节优质课、示范课和观摩课，5次代表魏都区参加全国性教学研讨会，并且比赛均获一等奖。去年，我有幸被遴选为区名师工作室首批导师。工作室里的教师都是魏都区教育工作领域里的佼佼者，与他们同行，我忽然明白，我过去的日子过于琐碎，我应该向往更高的天空，自己的教学才能不断进入新的境界。

一路走来，未敢停歇。对于我来说，成长就是行走的价值和快乐所在。即使我最终不能成长为一棵参天大树，我也要以小草的茁壮为教苑增加一抹春色；即使我最终不能绽放为一株雍容的牡丹，我也要以小花的素颜为大地增加一缕芬芳！

一分耕耘一分收获，经过六年的风风雨雨，李华老师探索的“分组合作，展示成功”教学法终于获得成功。特别要注意的是，李华老师获得的成功首先是教学上的成功，同时她还获得“分组合作，展示成功”教学法梳理的成功。也就是说，她不仅有了想法和做法，还有了对自己教学成功的说法。由此可见，在运用实践研究的同时对教学进行梳理，进而建构自己的教学法，确实是一种很好的科研方法。

四、教学方法梳理法的步骤

海纳百川：那么，教师梳理教学方法时应该采取哪些具体方法和步骤呢？

生命如歌：通常可以采取以下步骤：找特点（找到自己的特长和优势所在）—学理论（上升到理论认识）—写方法（用文字将教学环节做归纳概括）—练方法（在课堂实践中运用方法并检验修改）。

（一）找特点（找到自己的特长和优势所在）

儿童作家郑渊洁说：“每个人都有自己的最佳才能区，除非他是白痴，要拿自己的长处和别人的短处竞争，打得过就打，打不过就跑。”这种见地是耐人寻味的。其实，每个教师都有自己的优势和劣势，如有的教师有表达优势，有的教师有朗读优势，有的教师有表演优势，有的教师有书法优势，有的教师有绘画优势，有的教师有音乐优势，有的教师有年轻优势，有的教师有人缘优势，有的教师有绝活优势……这些都是教师上好课的最好资源，关键是如何去发现、开发和利用这些优势。

像大多数教师一样，张永芳勤勤恳恳地备课、上课、批改作业，一年又一年。“虽然感觉自己课改的思想比较超前，课堂教学也说得过去，也能经常在县里上公开课、优质课、示范课，但具体有什么特色，自己却说不出来。”这种现象其实很常见，张老师说出了很多教师的心声。

连续听了张永芳几次课以后，教研室的几位教研员发现，课堂上她最出彩的地方就是设问、提问的环节。听教研员们这么一说，张永芳豁然开朗：在课堂教学的导入阶段、探究和应用阶段，自己确实精心设计了一些设疑、提问的问题，一方面可以激发学生的学习兴趣，另一方面又可以突出教学的重难点。受此启发，张永芳的“三段设疑教学法”诞生了。

找特点首先是找一个突破口，从最“能做”的方面入手，发现自己的教学长处、教学棱角，再和教师一起研究教学流程和操作系统，总结自己的特色。找特点千万不能赶时髦、摆花架子、盲目追随、生搬硬套，而应该因人而异，根据自身的优势寻找突破点。

（二）学理论（上升到理论认识）

深厚广博的知识是形成教学法的基础。一个教师教育信息闭塞、知识贫瘠、孤陋寡闻，是不能做好教学工作的，更谈不上形成教学法。为什么许多教师在总结、提炼教学法时无话可说，就是因为书读得少，知识积累少。所以，教师在研究教学法时要注重学习，开拓思路。通常应做好以下这几件事。

1.看书查阅资料

查看两种书：一是学习研究什么是教学法，把教学法的概念、教学法的特点、当前有哪些先进教学法等问题搞清楚。可以找一两个典型的关于教学法的案例做重点研究，研究其内容、写作方法与格式，作为自己写作借鉴的案例。二是学习研究名师的教学经验书籍和与教学相关的前沿理论书籍，如关于建构理论、多元智能理论等的图书。

2.借助理论梳理经验

对于一个普通教师来说，梳理建构教学法必定不是一件非同小可的事情。在学习理论以后，要和自己过去的教学实践相对照，对自己的教学经验进行梳理思考。要做到“三个关注”（关注自我经验、关注文献资料、关注课堂现实）、“两个反思”（反思经验与理论、反思教学设计与课堂现实）。看哪些东西我想到了，人家也想到了；哪些东西我没有想到，但人家想到了，学习理解后将其补进自己的教案；哪些东西我想到了，但人家没想到，我要到课堂上去用一用，验证一下我想的是否真有道理，这些是否有可能成为我以后的特色。

简言之，在梳理中问自己：我的课堂，哪些是高效的？哪些是有效的？哪些是低效的？哪些是无效的？哪些是负效的？

3.多请教，勤反思

在可能的情况下，可以去向有经验的同行、领导和专家请教。储建明老师这样谈自己教学模式的形成：

“任何成功的教学模式都能很好地把教学目标与教学活动汇聚在一起，体现独特性、操作性、稳定性、有效性的基本特点。在逐步认识和运用教学模式的过程中，围绕‘语文课堂教学优化’课题的研究，我多次与省内外、市内外的同行开课研讨。1996年的《绿》的教学记忆犹新。那次评课，我和那些专家、学者坐在一起，坦诚的对话使我感受到莫大的教益。大家充分肯定了我作为语文老师的专业功底，对新课型结构也予以认可，并提出了中肯的建议，诸如‘教会’与‘学会’的区别在哪里、学生的积极参与策略是什么、在什么环节上能一石激起千层浪、如何组织互动教学等。”

不久，我针对这些问题进行了理论充电，再次反思课堂教学的环节、结构，完成了《科学理序，优化教程——我教〈绿〉》的教后感。文章一经刊出，迅速引起许多语文教师的关注。从此，“引—议—联—结”四环节教学模式得以诞生。这个模式以师生主体理论为基础，采用以互动参与为主的教学策略，融合问答激思、讨论辨析等手法，培养学生的互动精神和学习能力。“引”是引言定向，自读感知；“议”则重点研读，展开讨论；“联”即连接延伸，融会读写；“结”为照应全课，总结升华。四环节通过学生自己的积极思维，生成学生自主的意识与行为，贯穿一个“导”字，体现一个“活”字，融知识顺序、认知顺序与情感体验于一体，环环紧扣，层层激思，充满紧张、灵活的智能活动，促进师生的共同进步。

（三）写方法（用文字将教学环节做归纳概括）

教师一定要重视总结提炼教学方法。写作是一种媒介，也是一个平台。写能把读书与思考、读书与实践、读书与写作结合起来，相得益彰。写又是记录读书和研究成果的最好方式。有人曾问一位特级教师：“你为什么在那么忙的情况下还能做到教学、科研两不误，不但书教得好，而且发表那么多论文，获得那么多科研成果？”他说：“我受益于多读、多思、多做、多写。读是积累，思是加工，做是实践，写是总结。是读、思、做、写相得益彰，助了我一臂之力。”看来，把学习、工作、研究、写作结合起来，这是一个人快速成长的最佳途径。所以，教师应拿起笔来写东西。

起草撰写教学方法就是用文字将教学环节做归纳概括。一般说来，教师要总结自己的教学方法，应从以下几个方面入手：

教学法梳理表述内容（框架）

教师梳理教学法的步骤	命名	简洁、好记、有新意
	内涵	概念、定义、要解读
	理念	思想、理论、找依据
	程序	环节、步骤、列具体
	效果	数据、案例、说效果
	问题	使用、反思、须注意

1.名称

给教学方法起个名字。过去，有的教师教了几十年课，已经形成了自己的教学套路，但因为教学方法没有名字所以推广不出去。总结自己的教学法，首先要有个名字，名正才能言顺。名字不要太复杂，复杂了不容易被记住，不便于推广；也不能太简单，太简单指向性不明确，让人不清楚这种教学法的使用范围。

教学法的名字要简洁好记，要有新意，能反映教学法的实质和特点。如河南省西峡县的杨文普等人创立的“三疑三探”教学法，名字响亮，让人一听就知道教学的大致环节，有新意，不与别人雷同；再如山东省高青县教育局推广的“五步导学法”，也很简洁，从名字上就能看出这种教学法的特点：课堂教学的环节分为五步，课堂教学强调对学生的引导而不是灌输。

2.内涵

教学方法有了名字，还要下个定义。这就如同一件商品，不但要有名字，还要说明它是什么。下定义就是界定这种教学方法的内涵和外延。如辽宁省铁岭市调兵山市教育局推出的“问题引导教学法”是指，在课堂教学中，教师依据课标和教材，精心设计问题，以问题激发学生的学习兴趣，以问题引导学生自主学习与合作探究，从而达成教学目标、提高教学效率的方法。

如中学生物“任务驱动法”的定义：在教学过程中，以完成一个个具体真实的任务为线索，把教学目标隐含在每个任务之中，引导学生去发现、去思考、去解决问题，在完成任务的同时培养学生的创新意识、创新能力和自主学习能力的教学方法。

3.理念

教学法的提出不能是无本之木。提出某个教学法的根据是什么？借鉴了什么？总要有依据，如理论层面的教育学、心理学、建构理论、多元智力理论……如天津市第二南开中学的蔡培浩老师提出“语文古典诗歌四步教学法”的理论依据就是建构主义学习理论和系统科学的整体原则。

实践层面是名师、特级教师的研究，以及这些年课改先进学校教师的经验实践。如研究情景教学，可以从李吉林的研究实践找依据。

阐述教学方法的依据和创新价值。一种教学方法的提出要有依据，这种依据既可能是历史的，也可能是现实的，又可能是理论的，或者几个方面兼而有之。历史的依据，是用来说明该教学方法的提出不是无中生有，而是对历史的继承和发展；理论的依据，是用来说明该教学方法的提出有扎实的理论基础，不是无本之木；现实的依据，是用来说明该教学方法的提出有现实的必要性，能解决现实教学中的问题。在阐述自己教学法的时候要说明其创新之处，创新性是一种教学方法存在的价值体现。

4.程序

程序是为了说明教学方法的环节和操作程序。对于一种教学法，大家更关注的是怎样操作，这就是教学环节和操作程序问题。即这个教学法分几个环节，每个环节分几个步骤，而实施策略又是什么，有的称为几段几环，即把一堂课先分为几个阶段，每一阶段又分为几个环节；有的分为几环几步，即把一堂课先分为几个环节，每个环节再分为几个具体的步骤；也有的只分为几个环节或几个步骤。

教学环节的表述要简洁明了，所使用的字数和表述方法要一致，给人感觉整齐和规范，操作程序的表述要具体。

5.效果

衡量教学法的好与坏要看效果。教学法不管怎样规范先进，效果不好，便不是成功的教学法，所以一定要证实教学法的效果。

介绍教学方法的实验或实践效果。人们关注一种新的教学方法首先是看其教学效果，有些规范的教学方法的实施效果要通过对比实验来加以验证。如果是对比实验，就要说明实验的对象、时间、实验班和对比班的具体情况以及对比的内容、考核的方法，还要说明实验中的控制因素和各种变量。如果没有严格的对比实验，也要用数据和案例说明教学方法在实践中的效果。

6.使用

使用此教学法应注意以下几点：

（1）注意授课班级的类型。因为学生的水平参差不齐，在设计提问和引导方面要注意方式及难易程度。

（2）注意所授课文的难易。有一些文言文对于教师来说都是比较难以理解的，在这种情况下，就要注意授课的方式，应适当调整教师和学生的分工。

（3）注意所授课的类型。新授课与复习课、第一课时与第二课时，授课方式肯定是不同的，应注意根据课型调整授课方式。

这时，教师应着重做好三件事：

第一，回顾并反思过去的做法。这里的思考首先指对自己的思考，即把自己当作研究对象，揣摩、琢磨、体验、品味自己已经和教育“水乳交融”的日常生活。同时，思考也包括关注、研究、咀嚼、审视别人的教育实践、教育思想。如果这种思考带有对自己进行检讨、解剖的意味，它便成了我所理解的反思，而这种反思的习惯和能力正是任何一个教师走向成功必不可少的专业素养和职业品质。

第二，学习、借鉴典型的教学方法。

第三，向专家、同行请教。可以把写出的教学方法初稿拿给教研员看，向他们请教，也可以向学校领导和同事请教。

（四）练方法（在课堂实践中运用方法并检验修改）

教学方法写出来以后，还不能说大功告成，要将方法运用到课堂，在课堂中实践历练与修改，经受实践的检验。河北省石家庄市北苑中学的魏静老师的“特色教学法”的形成和历练过程，或许能带给你一定的启发。

让“特色”可生长

《人民教育》记者　钱丽欣　施久铭

有了以自己名字命名的教学法，特色教师该如何让自己的教学法更进一步？

“虽然有了自己的教学法，但一开始，我只是把研究的切入点定在记叙文的主问题教学上。”北苑中学的魏静老师说。

记叙文是初中语文教学中最基本也是比例最大的部分。针对记叙文教学，魏静采用“四问题”教学法，取得了很好的教学效果。所谓“四问题”，即围绕什么样的人物、什么样的情节、什么样的主题、什么样的写法设计四个问题，引导学生通过解读文字来明晰形象，把握情节。

“在很长一段时间里，上公开课，我只敢这样教记叙文，囿在自己的圈子里出不来。”魏静说。

后来，北京市通州区教研室的高源、陈荣昌、宫来政三位教研员来听课，他们发现并指出了魏静的问题，鼓励魏静抛开文本、抛开自己固有的模式，大胆研究每一篇文章中牵一发而动全身的“主问题”。

之后，在北京市通州区教研员的指导下，魏静在《山市》《口技》《天上的街市》《紫藤萝瀑布》《邹忌讽齐王纳谏》等课文的教学中加以尝试。比如，在《口技》一课中，魏静问学生：“文章用一个‘善’字起笔，‘善’在哪里？怎样写‘善’？”

为了找出主问题，教研室组织几个进行相同研究的教师同上一节课，看这节课的主问题到底该怎么提，看谁提的问题更好，更能统领全篇，更能调动学生的积极性。然后，再让大家参与讨论。

这时候，魏静终于认清主问题教学的本质，变得面对各种文体的教学都游刃有余。比如，《鲁提辖拳打镇关西》的篇幅比较长，教学时如果“眉毛胡子一把抓”，学生肯定会无所适从。教研员就与教师一起讨论，最后只提两个问题：鲁提辖为什么要打镇关西？鲁提辖是怎样打死镇关西的？

在一次次研讨中，魏静认识到，要设计好主问题，教师需要站在高处，设计出一组有计划、有步骤、系列化的问题，既可以把复杂的问题变成易于理解的问题，也可以把大的问题分解成小问题，引导学生思维向纵深发展。

“我觉得自己越来越善于提问，而且具备了一点提问的艺术。”魏静对自己的进步有一点儿“小得意”。

这些，高源老师看在眼里，并适时地用布鲁巴克的一句话提醒魏静：“最精湛的教育艺术遵循的最高准则，就是学生自己提出问题。”

这句话让魏静认识到：教学研究没有止境。

在《皇帝的新装》和《乡愁》的教学中，魏静的角色发生了变化。在她的引导下，学生们终于提出了一个个有价值的问题。

学起于思，思源于疑。学生提出问题，就等于解决了一半问题。

“从提问学生，到学生提问，终于让学生回归课堂教学的中心，这是教学实践探索中的一小步，却是教学思想转变的一大步。”魏静因自己的成长而感到兴奋。

发现特色不是目的，提升特色，让特色成为教师发展的动力，这才是“特色教师”评选的本义。

北苑中学魏静老师“特色教学法”的形成启发我们，成熟并有质量的教学方法必定要经历一个反反复复的历练过程。而写出方法不是目的，提升模式，让方法相对稳定成熟，最终能提高课堂教学的有效性，这才是目的。

（选自《人民教育》2011年第23期）

海纳百川：我觉得这个研究方法特别好，能和自己的实际教学工作紧密结合起来，在学习中提高，在研究中成长，既能获得工作成果，又能获得研究成果，一举多得。

第13章　真正的名师都是有风格的

——教学风格梳理法的运用

名师是这样炼成的：教学个性—特色教师—名师。要成为名师就必须发展教学个性，平庸教师和卓越教师之间的重要区别是能否形成教学风格。如李吉林老师认准的是“情境教学法”；孙双金老师擅长的是“课堂辨论法”；于永正老师拿手的是“课堂表演法”；王崧舟老师出彩的是“情感体验法”；吴正宪老师最高效的是“训练型教学法”，巧妙以练代讲，以读促读。

许多中小学教师并不是没有自己的教学风格，而是缺少梳理和提炼。所以，学会总结、梳理和提炼自己的教学风格非常必要，这不仅让自己成长得更快，还能使自己成为有想法、有做法、有说法的品牌教师。那么，怎样提炼教学风格呢？教师可以使用教学风格梳理法。今天，我们一起来聊聊这个话题。

一、真正的名师都是有风格的

厚德载物：我真想成为一名名师，可是真正的名师都是有风格的。我们对教学风格了解太少，甚至觉得它高不可攀，更不知道怎样去梳理教学风格。如果能学会使用教学风格梳理法就再好不过了。

生命如歌：教学风格是可以创建的。教师不可以被动地等待教学风格的自然形成，而是应该主动去研究和创建。教学风格作为一种教学艺术是可以去追求的，去研究它，追求它，走自己的特色风格之路，这会大大加快你的专业成长道路。如河南省郑州市金水区实验小学宋君老师就谈了自己在这方面的体会。

做一个有教学风格的教师

河南省郑州市金水区实验小学　宋君

回想2008年，我被评为河南省首届名师，当时，参评的教师需要提交关于自己的教学特色和风格的材料。我认真梳理了自己的成长之路，把自己的教学风格定位为朴实、大气、开放。回想近5年的成长，我一直围绕我的教学风格进行探索与实践。

作为教师，我们需要教出自己的教学特色。因为，在日常的教学中，我们如果对教育教学不进行深入研究，只能日复一日地重复昨天的故事。作为教师，我们需要找到适合自己的教学方式。因为“教无定法，贵在得法”，只要你的教育教学方式适合学生，就能取得最佳的效果。作为教师，有了自己的特色，就能教出你“自己”，与众不同，教学更具意蕴，才能在不断的探索实践中去除职业倦怠，在实践中成就自我的教学风格和特色。

教出特色，让教师在课堂实践中独具个性；教出特色，让教师在不断的自我总结、完善中提升自我；教出特色，让教师拥有自我教学的个性空间；教出特色，让教师的教育教学更具魅力；教出特色，让教师更加清醒地认识自我……

厚德载物：宋君老师的做法和体会让我看到梳理教学风格不仅能助推自己教学工作更加成熟，让自己的专业成长得更快，还能使自己成长为有想法、有做法、有说法的品牌教师。

生命如歌：在早前出版的教科研著作提及的科研方法中，没有教学风格梳理法这种方法。可是根据我多年从事教师培训和教科研指导工作的经验，我认为应该把教学风格梳理法列为科研方法，它应该成为教师做研究的一种很实用的研究方法。运用这种方法可以帮助许多骨干教师走向名师，甚至成为一名卓越的名师。我在近些年出版的《怎样梳理教学经验与研究成果》等著作中都介绍了这种科研方法。

厚德载物：梳理教学风格完全可以作为教师进行教学研究的一种方法。

生命如歌：梳理教学风格对教师有很多好处。

1.有助于发现自己

青年教师有了成长意识，还要充分了解和认识自己，对专业成长充满信心。人生最大的遗憾，莫过于始终没能利用自身潜能和特长去创造本可以出现的奇迹。有的青年教师之所以成长不快，是因为对自己缺乏认识和成长自信心，如教育理念听校长的，教学设计抄组长的，上课内容看参考书的，作业及答案全是练习册上的，自己的东西太少。由此，出现了一批上课靠教学参考书，布置作业靠同步练习，试题讲解靠标准化试题的“三靠”教师。不注重发展教学个性是导致他们成长不快的一个重要原因。特级教师窦桂梅说：“教师不能没有独特的风格，不能没有鲜明的个性。随波逐流，循规蹈矩是自己成长的最大敌人。”“独立之思想，自由之精神”应成为我们为师的座右铭。我想对自己说的是：人云亦云的尽量不云，老生常谈的尽量不谈，要学会独立思考，而不是跟着“风”跑。

2.有助于形成个性品牌

真正的名师都是有风格的，但为什么许多名师有风格却不知名？这是因为他们缺乏总结，没有个性，教学风格没能形成品牌，缺乏影响力。或者说，他们的教学风格只局限于一个年组、一个学校，或一个小小的片区。而名师形成了个性风格品牌，就有了影响力，就可以将影响力辐射到一个县、一个市、一个省，乃至全国。名师不仅要有想法和做法，还要有说法。“能说”“会写”，即把自己的教学风格写出来，传播出去。

纵观艺术界，大凡杰出的艺术家都有自己独特的风格。如京剧中的“四大名旦”——梅兰芳雍容富丽，程砚秋深沉委婉，荀慧生俏丽清新，尚小云刚劲洒脱，莫不自成一家，各有风韵。教师可以不追求完美，但要追求特色。教学亦是一门艺术，想成为一名优秀教师，就要有自己的风格。

不知道教师们注意到没有，最近几年正高级教师职称评审有新变化！从我国中小学实行正高级教师职称评聘制以来，正在逐步扩大评聘范围，而且向普通学校扩展。这样，一线教师获得正高级职称的机会就越来越多。而把“成为具有突出教学研究能力、掌握系统教学理论、形成个性化教学风格”设定为前行目标，这对教师确实是一个福音。可是，你的风格在哪里呢？不要忘记那句老话：机遇总是恩赐给有准备的人。

二、怎样理解教学风格梳理法

厚德载物：那么，什么是教学风格梳理法呢？这种方法对教师都有哪些帮助？

生命如歌：所谓教学风格梳理法，是指教师用简练概括的语言把自己教学经验中最得意的、最有效的、最精彩的、最独特的部分加以梳理提炼，并用科学的方式表述出来的科研方法。

厚德载物：看来要学会梳理教学风格，首先应该了解什么是教学风格。

生命如歌：是的。下面我来简单介绍什么是教学风格。

（一）什么是教学风格

教学风格是指教学活动的特色，是教师的教育思想、个性特点、教育技巧在教育过程中独特的、和谐的结合和经常性的表现。教学风格的形成是一个教师在教学艺术上趋于成熟的标志。教学风格与教学法是教师教学能力的两个重要组成部分，如鸟之两翼、车之双轮。风格是魂的东西，表现在教师的各种教学法中。教学法是操作部分，不同的教学内容有不同的教学法。

（二）成熟教学风格的特点

闫德明教授认为，成熟教学风格的特点包括以下几点。

1. 有思想。即不仅知道做什么，而且知道为什么这样做。要做一个“实践着的思考者”和“思考着的实践者”。

2. 有成效。即把思想变成行动，把行动变成成果！不仅要想做事，而且要做成事。在你的课堂教学、班级管理、教育科研及主管工作等领域，要拿出有说服力的实践成果和理论成果。

3. 有影响。即做出成绩，并且要让成绩产生影响力。要善于运用博客、播客、著作、论文、课题、会议、活动等媒介和途径，传播推广个人形象，优化拓展生存和发展的社会性空间。

著名作家孙犁说：“创造一种风格，是在艺术的园林里栽培一株新树。”创造一种教学风格，就是在教学艺术的园地里栽培一株新树。在探索当中，要设法找到突破点，如体现个性特点的教材组织处理；体现个性特点的课堂组织形式；体现个性特点的教学语言；体现自身素质的教学基本功、才艺和绝活；体现自身特点的教学风格；体现个人的人格魅力特点等。

（三）教学风格的形成过程

在一般情况下，教学风格形成需要经历三个阶段：

模仿阶段：模仿阶段就是要学习观察、博采众长，为形成自己的教学风格夯实基础。

创造阶段：模仿达到熟练的程度之后，经过自己的思考和探索，就可按自己的教学思路、表达方式进行教学，从而进入形成某些教学特色的提高阶段。

成熟阶段：将一些个性化的教学特色有机地结合起来，并且在教学实践中逐渐稳定下来，使之成为一种在一贯的教学活动中表现出来的式样格调。这就是教学风格形成的标志。

（四）教学风格的主要类型

教学风格应是多种多样的，不同的教师有着不同的教学风格。有的教师喜欢旁敲侧击，不断启发；有的教师喜欢开门见山，拨云见日；有的教师在课堂上一言九鼎，如同知识的化身，让学生默然叹服；有的教师是和风细雨，如同朋友般与学生融为一体；有的教师的课堂朴实无华，却能将复杂的问题简单化；有的教师的课堂巧妙设计，引导学生对简单的问题进行深入的思考等。有风格的教师的课堂教学总能给学生带来一种艺术享受。

教学风格的主要类型包括：理智型、情感型、幽默型、技巧型、自然型等几种。

春华秋实：提到教学风格，许多教师觉得那是一种高雅的教学境界，是名师、特级教师的专利，普通教师高不可攀。

生命如歌：是的，当教师梳理创建自己的教学风格时，总会出现下面这些困惑和顾虑。

教师 A：教学风格都是名师、特级教师的事，与我们这些默默无闻的普通教师有什么关系。

教师 B：说来实在是惭愧，参加教育教学工作这么多年了，从没有考虑过教学风格是什么，我觉得那是教育家才能达到的层次。我连课还没有上明白，让我去研究教学风格，这不是天方夜谭吗?

教师 C：我们一直在谈自己的教学风格，我却认为“风格”一词用在这里并不恰当，一则“风格”用在我这种无名之辈身上，实在有大词小用、哗众取宠之嫌；二则所谓的风格多指那些定型的东西，而学无止境，教无止境，我的语文教学在今后很长的一个时期里仍将处于不断学习，不断研究，不断演变的过程之中。

生命如歌：对于刚刚参加工作的老师来说，谈教学风格早一点，但对于工作了几年的教师来说，研究教学风格是必要的，也是值得的。这里有几种情况：一种是心中有，手中无。有的教师工作多年，教学风格是有的，但是缺乏梳理总结，因此他的风格还处于隐性状态。一种是心中有，不成熟。有的教师教学风格尚不十分成熟，但是如果对其进行梳理研究，一定会加快风格的成熟。如有这样三个语文老师：

崔老师，强调预习，语文课堂上几乎每节课的前几分钟，都是让学生提问题，如在预习课文时你有什么疑惑，或是觉得哪里不合情理，都可以提出来，但不能检查到你时说“没问题”，那是会被狠批的。

王老师，强调诵读，她的语文课堂上总是书声琅琅，她诵读朱自清的《背影》时，读到“他戴着黑布小帽，穿着黑布大马褂，深青布棉袍，蹒跚地走到铁道边”时眼睛泛红的样子，以及深情的诵读，竟然能让学生脑海里真切地浮现出“车站送别”的画面。

李老师，强调学以致用，每学习一篇好的文章、一类新的文体后，总会让学生尝试模仿写作，但是他会给学生提示、给学生创造写作契机，这点学生十分喜欢。他教过的学生作文成绩出奇地好。

这三位教师虽然都是语文教师，但是有着不同的教学风格。如果每个教师都能很好地总结梳理自己的教学特色，提炼出独特的教学风格，这是很有价值的。所以，教学风格对普通教师而言要求是高了一点，但也不是高不可攀的。其实是教师们缺乏对它的了解，如果你了解了它，又知道它是怎样形成的，你就会爱上它，也许你会向追求你的恋人一样去追求它，那么你就很容易成为有个性化教学风格的名师。

三、教学风格的创建过程

桑榆未晚：教学风格的创建与梳理是一回事吗？

生命如歌：不是一回事。二者有联系，也有区别。从区别上看，创建是指教学风格形成的全过程，而梳理多数指教学风格的提炼与表述的过程。从联系看，没有教学风格的创建就不可能有教学风格的梳理。而缺乏教学风格的梳理，教学风格的创建也体现不出来。

桑榆未晚：那么教学风格的创建都有哪些方法和途径呢？

生命如歌：南京师范大学教育科学学院李如密教授提出的学习和创建教学风格的基本方法就很有参考价值。

（1）拜师学艺法与自我研习法。拜师学艺法，是指教师自觉主动地向自己所景仰的教学风格的创造者请教学习，以使自己的教学也体现出这种风格特色的方法；自我研习法，是指教师因受条件限制不能直接拜师学艺而采取的以某种教学风格为蓝本，自觉采用其指导思想和技巧形式，以使自己的教学也体现出这种风格特色的方法。

（2）作品分析法与模仿感受法。作品分析法，是指教师通过分析一定的教学艺术作品，从而达到认识和掌握其中蕴含的教学风格的一种方法；模仿感受法，是指教师模仿他人的教学活动而亲身感受、验证其风格特点及其相应要求，从而达到学习并掌握某种教学风格的一种方法。

（3）部分移植法与兼容并蓄法。部分移植法，是指教师通过精心选择，而后将他人教学风格中成功的教学特色部分地移植到自己的教学中来，从而使自己的教学也带上这种特色的方法；兼容并蓄法，是指教师对他人教学风格之长广采博收，利用综合优势使自己的教学获得整体最佳特色的一种方法。

（4）优势培育法与弱点逆转法。优势培育法，是指教师通过在教学中充分发挥优势，从而形成个人独特鲜明的教学风格的一种方法；弱点逆转法，是指教师通过在教学中对其自身弱点的巧妙逆用和转化，从而使个人教学形成独特鲜明的教学风格的一种方法。

（5）选择突破法与综合建构法。选择突破法，是指教师在教学中注意结合个人特长或教学需求选择突破口重点攻关，从而以点带面建立教学风格的一种方法；综合建构法，是指教师从教学整体着眼，通过综合变革、优化结构，而全面形成教学风格的一种方法。

（6）实践升华法与理论渗透法。实践升华法，是指教师对教学中不断积累的丰富的教学经验进行总结归纳、抽象升华、取其典型特征组成个人教学风格的一种方法；理论渗透法，是指教师在教学中自觉地以先进的教学理论或教学思想为指导，通过多方渗透，在各个教学环节都表现出明显的教学特点，从而最终形成个人独特而鲜明的教学风格的一种方法。

桑榆未晚：您对教师教学风格的创建过程有什么建议？

生命如歌：我建议教师创建教学风格可以抓住这样几个工作要点：

（一）方向与目标

教学风格可以作为一种教学的追求目标。教学风格的形成需要主动去研究梳理，比起没有目标、盲目自然的教学，认真研究梳理所形成风格的机会一定会多得多。

从“模仿—选择—定向—创新”这个成长模式看，教师教学风格的形成过程是一个主动追求的过程。为什么现在有独特风格的教师如此少？这与教师缺乏形成教学风格意识有密切的关系。你能走多远，关键在于你能看多远。有些事不是你做不到，而是你没想到。

人生需要找准自己的位置：我是谁，我应该在哪里，哪里是我人生的最佳坐标。名师之所以能很快形成自己的独特教学风格，是因为他们早就确定了自己的研究目标和方向。

（二）学习与积累

深厚广博的知识营养是形成教学个性的基础。如果一个教师教育信息闭塞、知识贫瘠、孤陋寡闻，是不可能做好教学工作的，更谈不上形成教学风格。苏霍姆林斯基说：“教师所知道的东西，就应当比他在课堂上要讲的东西多十倍、多二十倍，以便能应付自如地掌握教材，到了课堂上，能从大量的事实中挑选最重要的来讲。”陶行知先生也说过：“唯其学而不厌，才能诲人不倦。如果天天卖旧货，索然无味，要想教师生活不感到疲倦是很困难的。”这里都透辟地说明了教师不断学习的重要性。教师只有不断地学习，才能更新自己，才能不拘一家，博众之长，有所建树。

（三）优势与特点

每个教师在教育教学中都有自己的优势，如记忆优势、表达优势、朗读优势、人际优势、表演优势、书法优势、绘画优势、音乐优势等。关键是要能解剖自己，找到自己的优势，发挥自己的优势。如教学《狐狸和乌鸦》时，擅长绘画的教师就在黑板上画一画，擅长表演的教师就带学生演一演，擅长朗读的教师就当堂示范读一读……自己的优势不就凸显了吗？

教师应靠特长吃饭，而不是靠爱好吃饭。教师在成长中要善于挖掘自己的特点和特长。学者罗斯金说："自助是成功的最好办法。"学会自我展示的人，成功的希望就大。所以，要扬长避短。如果把这些"绝活"运用在教学方法和手段上，就可能爆出"冷门"，演出"拿手戏"。你只要注意精心打造，时间长了，就可能形成自己的优势和风格。

（四）借鉴与模仿

教师想要形成自己的教学风格，学习、借鉴和模仿名师是很必要的，这可以使教师少走弯路。教学有法，不是一蹴而就，是先得"一法"后兼及"他法"，先学"一家"后师法"百家"，然后融众家之长，形成自己的风格。这就像练书法一样，先"入格"而后"出格"。

一个人能走多远，看他与谁同行；一个人有多优秀，看他得到什么人指点；一个人有多成功，看他与什么人相伴。看来，吴正宪老师能成为名副其实的专家型教师，与她的拜师求艺、广交朋友、海纳百川、独成一家是绝对分不开的。翻烂一本经典，主攻一个专题，精研一位名家，可以让教师的教学风格早日形成。

（五）创新与探索

从"模仿—选择—定向—创新"这个成长模式看，教师要最终形成具有自己教学个性的教学风格，必须要在教学研究、教学改革方面勇于探索、勇于实践，探索出能体现自己风格的东西，如体现个性特点的教材组织处理，体现个性特点的课堂组织形式，体现个性特点的教学语言，体现自身素质的教学基本功、才艺和绝活，体现自身特点的教学风格等。

四、怎样梳理表述教学风格

海纳百川：怎样梳理表述教学风格？

生命如歌：对于大多数的骨干教师来说，他们不是没有特色教学风格，只是没有梳理出来。所以，教师要重视用文字把教学风格梳理出来。把看懂的东西做出来，把困惑的问题摆出来，把研究的成果写出来，把成功的经验传出去。

上面我们已经谈过了教学风格梳理法，就是教师用简练概括的语言把自己教学经验中最得意的、最有效的、最精彩的、最独特的内容加以梳理提炼，并用科学的方式表述出来的一种研究方法。在提炼经验成果的过程中，为了方便记忆，更能立体、形象地呈现成果，往往将一些研究过程中的理念、内容、原则、规范、制度及活动等成果浓缩概括为简短的短语或句子。

总结提炼教学风格一定要动笔，即先用简短的文字，把经验、思想和特色分几个问题，或几个层面提炼概括出来，而后再分项去诠释解读。如下面这些特级教师的做法。

王开东："要做到'三有六让'。'三有'即有趣、有情、有理，'六让'即目标让学生清楚、疑问让学生讨论、过程让学生经历、结论让学生得出、方法让学生总结、练习让学生自选。"

钱守旺：稳中求活，活中求实，实中求新，和谐自然。

窦桂梅：课堂应当有三个维度：温度，恒定性；广度，开放性；深度，发展性。课堂应有三个超越：学好教材，又要超越教材；立足课堂，又要超越课堂；尊重教师，又要超越教师。

梳理过程中可以抓住这样的一些关键词：

1. 几有：如我追求的教学风格：有趣、有用、有情。再如培养学生语文自主学习能力我追求：有法可循（路径）、有纲可依（高度）、有话可说（乐趣）、有梯可攀（目标）。

2. 几重：引用于永正老师的五句话：重情趣、重感悟、重积累、重迁移、重习惯，简称"五重教学"。

3. 几结合或几统一：我的教学追求三个统一：趣与情统一、活与实统一、宏与微统一。再如我的数学教学设计追求：以问题为主线，以活动为载体，以体验为收获，以情趣为动力。

当然，这些还仅仅是框架。有了框架，教师可以围绕框架展开诠释和解读。

五、怎样完整表述教学风格

上善若水：如果要完整表述自己梳理的教学风格成果，应该怎样做？

生命如歌：可以撰写一篇有关教学风格的论文。如下面刘炳杰老师这篇论文。

激情、参与、创编，我所追求的教学风格

辽宁省本溪满族自治县实验小学　刘炳杰

我在师范学校读书的时候，有一位政治老师的课讲得非常好，她的课曾获得国家级一等奖。记得有一次在全体学生大会上，校长给学生做报告，当讲到这位老师时，他说了这样一句话："你们都很喜欢上宋老师的课吧，为什么喜欢上她的课呢？因为她有自己独特的教学风格。"那时的我对教学风格还是很懵懂的，但这四个字已深深印在我的脑海中。毕业后，我走上了教育岗位，通过理论与实践的有效结合，我对教学风格有了更新、更高层次的认识和理解，因为风格就是生命、风格就是形象、风格就是特色！十五年的教育生涯，我形成了自己独特的教学风格，这种教学风格有以下特点：

1. 激情：提高学生兴趣的法宝

有句话说得好，"激情比才能更重要"。在我的课堂教学中，我始终以一种饱满的激情调动学生的情绪，我的这种激情包括：笑、语调、艺术性的语言。在讲课或与学生交流时我会对他们微笑，当涉及开心话题时我会和学生一起大笑。向学生提出问题时，我会用平缓的语调；启发学生思考或回答时，我会用拉长声的语调；当学生完成任务时，我会用稍快的语调来评价他们，如"回答正确，你好厉害！"这样的语调有时会让学生们开怀大笑。使用艺术性的语言是教师充满激情的最好体现。记得在讲《东北好》一课时，我让学生创编家乡的歌曲，我很谦虚地对学生说："我从黑龙江来到本溪县只有四年的时间，对这里的环境还不是十分的熟悉，请同学们作为本溪县的小主人给我介绍介绍你们的家乡吧！"同学们争先恐后地举手回答问题，话语里充满着自豪和骄傲。总之，充满激情的课堂会让学生在不知不觉中掌握知识，增加收获，从而提高他们的能力。不少学生还会因此产生灵感、创意，进而自觉地发展和运用知识。

2. 参与：学生展示自我的舞台

新课标提出，学生是课堂的主体，教师在教学中要面向全体学生，使全体学生共同参与课堂活动。但在实际的课堂教学中，受主体差异与客观环境制约，真正能让全体学生参与的确很难做到。为了让全体学生都能有兴趣地参与到我的教学中，在教学中我运用多种教学手段、教学形式，采用鼓励性

的语言来调动学生的参与热情。如在玩游戏时，尽量让没有回答过问题的学生参与，消除学生的不自信心理；在自主学习环节中，我把学生分成几个小队，有器乐队、合唱队、舞蹈队等，让学生都有事可做，有平台去展示，让他们真正成为课堂的主人。记得在送教下乡的教研会上，有一位老师为我点评课时说："刘老师胆真大，在全县观摩课上她还敢叫不举手的学生，如果换了我，我肯定不敢。"在这里我想说一句，只要你心里有学生，学生就会给你一个莫大的惊喜！

3. 创编：一个资源共享的过程

联合国教科文组织在题为《学会生存——教育世界的今天和明天》的报告中提出："教育具有开发创造精神和扼杀创造精神的双重力量。"我们的教育无疑应担当起开发、培育创新精神的时代重任，而万万不能留下抑制创造精神的遗憾和过错。创编其实就是创新能力的一种体现。在教学中，我为什么把创编作为一种教学风格呢？那是因为创编是一个资源共享的过程，也就是学生自身资源和生活中的资源的有机结合，既培养了学生的想象力，又培养了学生的拓展能力，可谓一举两得。因此，在教学中，我把创编作为一项重要内容，启发学生利用学过的知识、对生活的体会等资源，结合课堂教学开展创编活动。并针对学生层次的不同区别对待，一、二年级创编衬词，三、四年级根据旋律创编歌词，五、六年级创编旋律。实践证明，创编的应用给音乐教学注入了新鲜血液，让音乐课焕发出了创造的活力，真正使学生放飞思想、张扬个性，让学生在音乐的艺术天地里自由地翱翔。

海纳百川：刘炳杰老师的这篇文章写得真不错，是自己实践探索获得的经验。真正的教学艺术一定是个性化的，有特点的教学能吸引学生，能给学生带来兴趣，这样的课堂一定是高效的。

生命如歌：刘炳杰是我培训过的辽宁省本溪县实验小学的老师，可以算是一名草根教师，但是她用执着为我们创造了个性化的教学。这一方面说明她是伟大的，另一方面也证明即使是普通教师，经过努力，也能形成自己的教学特点和风格。

第14章 怎样不另起炉灶做研究

——行动研究法的运用

有一种研究是在教育教学自然状态下开展的研究，即带着思考的大脑去做平凡的工作，边工作，边学习，边研究，边总结。这种灵活性体现了“问题即课题”“工作即研究”“成长即成果”的常态工作研究化。用科研的术语来表达就是行动研究。行动研究法是一线教师做研究再适合不过的方法。那么什么是行动研究法？教师应该怎样运用行动研究法呢？现在，我们就来讨论这个问题。

一、怎样理解行动研究法

一路春风：我很早就通过专家讲座和阅读知道有一种科研方法叫行动研究法，但是对这种方法总是一知半解。您能给我们介绍一下这种科研方法吗？

生命如歌：你提到的这种行动研究法应该是中小学教师最常用的一种科研方法，其实许多教师已经运用了这种研究方法，只不过他们没有意识到而已。如果全面深刻地理解了这种方法，研究活动一定会更有成效。

什么是行动研究法？行动研究法是指在自然、真实的教育教学情境中，研究者从实际工作需要中寻找课题，并在实际工作过程中综合运用多种研究方法进行研究，从而有所创新的一种研究方法。这种研究法的特点是边工作，边学习，边研究，边总结的一种研究方法。它集中体现了“问题即课题”“工作即研究”“成长即成果”的常态工作研究化的基本特征。行动研究过程如这些特级教师的研究：李吉林——情境教学，刘可欣——主体教育，吴正宪——小学数学教学改革，窦桂梅——语文教学三个超越，钱梦龙——语文导读艺术，李镇西——民主教育，邱学华——尝试教学法，等等。

我 30 多年来做的研究工作大多属于行动研究。

桑榆未晚：是的，知道您是教育科研的最大受益者。您上课出成果，教研出成果，培训出成果。请问您在教研方面有什么诀窍？

生命如歌：没什么诀窍，除了执着和勤奋外，最重要的是抓这四点：一是干什么就研究什么，把研究与实际工作紧密结合，即种好自己的那“一亩三分地”；二是我酷爱阅读，大量的阅读拓展了我的视野；三是我喜欢把自己的创意和学习思考加进工作里，工作中既尊重常规和上面下达的各种指令，但又不拘泥，不唯书，不唯上，设法结合工作实际创造性地去开展工作；四是我平时重视对工作经验的及时反思和总结，即设法把自己的工作经验和成果梳理出来，做到有想法、做法，还有说法。这也能使自己的工作经验从感性上升到理性，从零散走向系统，从肤浅走向深刻。这是大家能看到我不仅有工作成果，还有研究成果的原因。其实，我的研究多数属于行动研究。

（一）行动研究与常规工作的区别

一路春风：如果这样，行动研究与教师日常工作有什么区别吗？行动研究不就是教师的常规工作吗？

生命如歌：表面看二者不好区别，其实区别是很大的。主要区别就看有没有加入研究成分。有这样一个故事：有人曾问三个砌砖工人：“你们在做什么？”第一个工人说：“砌砖。”第二个工人说：“我正在赚工资。”第三个工人却说：“我正在建造世界上最富特色的房子。”简短的回答，使每个人的工作态度跃然纸上：第一个工人是为工作而工作；第二个工人是为赚钱而工作；第三个工人则是为创造目标而工作。据说，前两人一生都是普普通通的砌砖工人，而第三个工人则成了有名的建筑师。

那么，为什么第三个工人能成为有名的建筑师呢？一个重要原因就是他有强烈的研究意识，而另两个工人缺乏研究意识。

教师也是这样，日常工作和行动研究可以从有无研究意识体现出来。从工作态度看，满足日常工作的教师没有加入研究成分，基本是单纯为了完成工作任务而工作。今年的工作照搬去年的模式，或者照着别人的路走，工作中很少有自己的创意和思考，工作后也很少反思和总结。而行动研究则不同，虽然做的是过去重复的工作，但是加入了研究成分，带着思考的大脑去做平凡的工作，常态工作研究化。每学期围绕自己发现的问题，边工作，边学习，边研究，边总结。在研究中不断改进和创新自己的工作，这样就会使自己的工作每学期都上一个新台阶。

一路春风：听您这样一说，我明白了。行动研究与常规工作的区别，最明显的体现是教师有无研究意识，常规工作中是不是加入了研究的成分。这也是一个教师在取得工作成果的同时能不能取得研究成果的关键所在。

生命如歌：为了说明这个问题，我再讲一个“两个和尚的故事”。

从前有两个和尚，分别住在相邻两座山上的庙里。这两座山之间有一条河，两个和尚每天都会在同一时间下山去河边挑水，久而久之便成了好朋友。

弹指一挥间，不知不觉五年过去了。突然有一天，左边这座山上的和尚没有下山挑水，右边那座山上的和尚心想：“他大概睡过头了。”也没太在意。哪知第二天，左边这座山的和尚还是没有下山挑水。一个星期过去了，右边那座山的和尚心想：“我的朋友可能生病了，我要过去看望他，看看能帮上什么忙。”

于是，他便爬上山去探望他的老朋友。当他走到左边的那座庙，看到老友之后，大吃一惊，他的老友正在庙前练功，一点儿也不像一个星期没喝水的样子。他好奇地问：“你已经一个星期没下山挑水了，难道你可以不用喝水吗？”“来来来，我带你去看看。”

于是，老友带他走到寺庙的后院，指着一口井说：“这五年来，我每天做完功课后都会抽空挖这口井。虽然我们现在年轻力壮，尚能自己挑水，但当有一天我们年迈走不动时，我们还能指望别人给我们挑水喝吗？所以，即使有时很忙，我也没有间断过挖井计划，能挖多少算多少。如今，终于让我挖出了水，我就不必再下山挑水去了，可以有更多的时间练我极其喜欢的功夫了。”

这个故事给我们什么启示呢？它告诉我们，无论赚多少钱，简单的工作也只是挑水；可别忘记把握下班后的时间，不断挖一口属于自己的“井”，培养自己在其他方面的实力，拥有自己的特长或者核心技术，为以后的工作和生活做好准备，这样就可以让工作更轻松，生活更美好。教师完成常规工作就像挑水，行动研究就像挖井。只有既坚持挑水，又坚持挖井，才是行动研究，才能既取得工作成果，又取得研究成果。

一路春风：通过上面的分析我清楚了，行动研究与日常的常规工作是不同的，日常的常规工作不一定都是行动研究，但行动研究一定要依靠日常的常规工作。行动研究不过是日常工作的研究化。

（二）行动研究与实验研究的区别

一路春风：老师，行动研究与实验研究又有何区别和联系呢？

生命如歌：有时，行动研究需要做实验研究，但是行动研究不都是实验研究。实验研究侧重于认识，是通过科学的方法，达到检验假设、发展理论的目的。行动研究侧重于实践，以教师为主体，强调对某一特定问题的解决，把解决实际问题放在第一位。前者是正规的，后者常常被看作“非正规”的。它们在研究的目的、问题的产生、假设的形成、取样、统计分析和结果应用上有诸多的不同。

这里我想引用李镇西的这样一段讲话：

对于教育科研，我的心情很复杂，也可以说很矛盾。一方面，30年来，我一直热心教育研究，每个班、每节课都是我的研究对象。比如我刚参加工作时搞“未来班”，谁叫我搞的？谁也没叫我搞，但我自己觉得应该这样做，因为这样做对学生有好处。于是我就和学生商量：我们要建一个怎样的班，如何实现这个目标，等等。这不就是教育科研吗？只是这不是任何一个级别的“课题”。然而现在看来，这是真正的教育科研。可以说，是教育科研成就了我，因此我没有理由拒绝教育科研。但另一方面，我对现在盛行的种种假科研深恶痛绝。10年前，我在成都市教科所工作时，就写下了《教育科研：警惕“伪科学”》，列数了教育科研中的十大“伪科研”现象。

这里一定程度说明了行动研究的基本特征。如果把严格的实验研究看作“高、大、上”的“正规”研究，那么行动研究就属于“非正规”的研究了。行动研究的前提是一定要有研究意识，即带着思考的大脑去做平凡的工作，把常态工作研究化。

春华秋实：怎样理解“正规”研究与“非正规”研究？

生命如歌：“正规”研究与“非正规”研究是相对而言的，“正规”研究主要指完全按照“提出课题—建立假说—实验设计—实验实施—资料整理—实验报告”的模式做研究，如此严密的、“高、大、上”的专业规范性研究，显然对缺少科研经验的教师来说是有一定难度的。而“非正规”研究就是指上面我们介绍的行动研究。这种研究不像“正规”研究那样复杂、严密和规范，更不是机械地用实验的一种方法。这种研究最突出的特点是具有一定的灵活性。研究者结合工作实际和研究需要自由进行研究。

春华秋实：行动研究法的关键特征是行动研究的灵活性。

生命如歌：行动研究法有三个明显特征。

一是自然性。行动研究是在自然、真实的教育教学情境中进行的研究，不是另起炉灶，而是与当下的工作紧密结合的。工作过程就是研究过程，行动研究是以解决问题为任务，以教育教学实践为载体，通过观察思考、探索实践、总结反思，实现策略优化、行动改进、教育有效，是一种贴近教师特点、贴近教育生活、贴近工作实际的田野研究。

如 1983 年我被分配到本溪满族自治县教师进修学校做教研以及教师和校长的培训工作。干什么就研究什么，把研究与实际工作紧密结合。我把自己的创意和学习思考加进工作里，在工作中既尊重常规和上面下达的各种指令，但又不拘泥于指令，不唯书，不唯上，设法结合工作实际创造性地去开展工作。同时及时对工作经验进行反思和总结，即设法把自己的工作经验和成果梳理出来。后来这些经验、论文和成果在《辽宁教育》《人民教育》等刊物上发表。这都是我在自然状态下所从事的行动研究。

二是灵活性。有时不需要把简单的问题复杂化，因为会增加研究难度。有时却需要深度复杂的研究。这需要根据实际情况来决定。多数情况下，行动研究开始是运用简便易行的研究方法。而随着研究问题的深入和研究者经验的积累丰富，研究方法逐渐趋向严谨规范，即从“非正规”研究走向了“正规”研究。如教师开始多数参与叙事研究、经验总结研究，撰写教育教学案例、教学反思、教学随笔等，后来做严密深度的实验研究等。

我最早做研究主要采取“一事一议”的叙事研究，即撰写教育教学案例，如《告状与道德评价》《激情与冷处理》《第一印象与首次感知》《幼儿手指运动与智力开发》等，这是现象 + 理论或案例 + 评论的研究模式。后来，撰写经验论文，如《坚持“四重”原则，探索中小学校长分岗培训的新路子》《从实际出发注重实效，“教材教法研究”全员培训的新路子》（后发表在《辽宁教育》上）。再后来，我精心修改的《改革中师班心理学课堂教学方法的实验研究》《开发非智力因素与指导学法，大面积提高教学质量的研究》获国家级优秀成果一等奖。

三是多样性。从上面两个特点可见，行动研究往往不是运用一种研究方法。教师在行动研究中可根据需要运用总结法、实验法、调查法、个案研究法等。行动研究经常是以一种方法为主，多种方法并用。而各种方法的运用是机动灵活的。

二、行动研究法的基本步骤

桑榆未晚：那么，行动研究法的基本步骤又是怎样的？

生命如歌：行动研究法的基本步骤根据每个教师做研究的具体情况不同，也有所不同。通常情况下，行动研究法要包括下面五个基本步骤：观察（发现与确定问题）、拓展（阅读搜集资料）、计划（设想研究思路）、实施（实践中反复尝试）、梳理（总结提炼研究成果）。

为了说明问题，我们这里先看一个案例。

缘起：一次美丽的嫁接

江苏省苏州市吴江区盛泽实验小学　薛法根

1997 年，我带教一个五年级班，班里有一位小杨同学，错别字多，记性差，课文背了就忘。但是语文学习需要积累，字词句、重点的语段和课文，要读得进、记得住、用得出。小杨同学默写 10 个词语，有时会错一半以上，更别说运用了。遗忘曲线、记忆规律在小杨同学身上就是不见效果。【观察（发现与确定问题）】

我偶然从《阅读心理学》一书中看到美国心理学家米勒的“组块原理”，他说，组块是一个记忆单位，人的短时记忆只能保持“7±2”个组块，超过 9 个记忆组块就很难记得住；虽然人的记忆组块数量不能增加，但可以扩大每个组块的容量，进而实现记忆质量的飞跃。

我试着将这个原理迁移到小杨同学身上，将课文中的词语进行归类，每一类 3—4 个词语；一类词语为一组，每次默写 3—4 组词语。果然，3 组 10 个词语，小杨基本默对了，也记住了。【拓展（阅读搜集资料）】

组块原理可以用在词语教学上，是否也可以用在阅读教学上，做一次美丽的“嫁接”呢？1999 年，我准备执教公开课《螳螂捕蝉》，备课时发现这篇课文故事里套着故事，字词学习、对话朗读、故事复述、道理阐释等，要教的内容就像满地的珍珠，舍弃哪一个都很纠结。

我翻阅以前教过的示范课教案，看到“组块记忆”这个词，脑海里蹦出了“组块设计”这个概念，顿时眼睛一亮：这个组块原理不就可以移植到语文教学上来吗？一篇课文中这么多的内容，学得多忘得也多，何不重组、整合，形成一个个“组块”呢？以往的“线性”设计内容芜杂，塞满课堂；组成“块状”后，一堂课呈现 3—4 个板块内容，目标更加集中，内容更加简要，“顾此”却不“失彼”。

我立刻构思出一个“组块设计”。【计划（设想研究思路）】

第一个组块，学词串，讲“螳螂捕蝉”的故事，先让学生听写四组词语：（1）蝉、悠闲、自由自在；（2）螳螂、弓着身子、举起前爪；（3）黄雀、伸长脖子、正要啄食；（4）侍奉吴王的少年、拿着弹弓、瞄准。然后，再让学生根据四组词语讲述“螳螂捕蝉”以及“少年劝吴王”两个故事。

第二个组块，读对话，演“少年劝吴王”的故事。

第三个组块，写“画外音”，悟“螳螂捕蝉”的寓意，让学生为表演的故事配写一段“早晨花园”的景物描写，再进行合作演绎。最后讨论：少年为何不在公开场合劝阻吴王攻打楚国，而选择在僻静的花园里给吴王讲这个“螳螂捕蝉”的故事？

三个板块内容，紧紧围绕语文能力这个核心，前后贯通，听、说、读、写融为一体，简单明了，便教利学。果然，经过“组块”之后的课堂，就像用水洗过一样，干净、简洁，教师教得轻松，学生学得扎实，赢得一片赞叹。

“组块设计”这个 1997 年便出现在我脑海里的词汇，经过这次美丽的“嫁接”，才展现出无限的生机与广阔的前景。“组块”，从心理学的记忆单位到语文教学设计方法，进而成为语文教学的一种模式、一种思想，缘于“嫁接”。“嫁接”的优势在于汲取不同植物的优良性能，培育出新的品种，这是一种创造。当我们深陷高耗低效泥潭的时候，借鉴教育学、心理学等其他学科的新思想、新技术，不啻为一种智慧的选择。

深耕：三轮课题的突破实施。【（实践中反复尝试）】

把偶然的成功尝试提炼为普适的教学方法，把教学问题设计成研究课题，才能推动教学的深层变革。基于“组块原理”，针对小学语文教学高耗低效的顽症，我于2000年提出了“组块教学”的实验构想：以培养学生的语文运用能力为主线，将零散的语文训练项目整合成综合的语文实践板块，使学生在生动活泼的语文实践活动中获得充分、和谐的整体发展。我试图通过“组块教学”实现语文教学内容结构化、方法科学化、过程最优化，为此进行了三轮课题的深耕细作。

第一轮（2000—2005年）：2000年，“小学语文组块教学”立项为江苏省教育科研“十五”规划青年专项课题。我积极运用组块原理，在方法层面进行突破，建构语文组块教学基本模式。

第一，重组教学内容。以现有语文教材为蓝本，选编切合学生学习的教学内容“块”。一是减，运用减法思维，将每篇课文中值得教又值得学的“精华”筛选出来，作为教学内容的“内核”；二是联，围绕“内核”，将相关教学点进行归类，并联系学生的语文经验，不断充实、丰富这个核心内容；三是合，厘清序列重新组合，形成一个具有聚合功能的教学内容块。

第二，整合实践活动。将每个教学内容块转化为一个综合性的活动板块，避免活动的碎片化和随意性。每个活动板块聚焦一个核心能力目标，依次设计阶梯式的学习活动，每个步骤都体现能力的递进式生长，形成一个有内在逻辑的活动链。

第三，优化教学结构。组块教学以学定教，确立了读、悟、习的课堂教学基本结构。读，是整体感知，读读、背背；悟，是深度体验，想想、议议；习，是实践转化，练练、评评。组块教学着力培养学生构建联系的能力和自觉联系的意识，以促进学生学会学习。读、悟、习的语文学习过程是学生个体与教材语言、情感、形象、思想的相互联系、相互融合，达到共振，进入新的学习境界的过程。

第二轮（2006—2011年）：2006年，“智慧解放理念下的组块教学研究”立项为江苏省教育科研“十一五”规划重点课题，我用解放教育思想改造组块教学实践，提出了以发展学生的言语智能为语文教学的核心目标，在理念层面实现突破，形成组块教学的新范式。

（1）选择生长性的教学目标。围绕言语智能，根据文本教学价值及学生发展可能，确定最具生长价值的核心目标，以实现多方面的教学功能，体现聚合性。

（2）整合本体性的教学内容。聚焦运用法则，选择语文本体性内容，并整合为板块化的教学内容：以语言材料为内核的板块、以语用法则为内核的板块、以言语策略为内核的板块，实现以少胜多，体现简约性。

（3）设计阶梯性的教学活动。基于活动功能，将教学板块内容转化为适合学生的言语活动板块：以积累为内核的诵读板块、以理解为内核的述演板块、以迁移为内核的读写板块、以创造为内核的问题解决板块，并将其设置为具有逻辑关联的阶梯式活动，实现一项活动达成多方面发展，体现增值性。

基于“板块结构”，将线性教学状态整合成块状教学样式，呈现板块化的课堂教学结构；板块与板块之间，形成并列式、递进式、承接式与主从式等关联结构，体现清简有致的结构风格。

（4）采用一致性的教学评价。根据目标达成，适时评判学生的学习状态及水平层级，以调整教与学的节奏，实现教、学、评的一致性，体现有效性。在此教学范式基础上，根据文本的不同教学功能，建构教读、导读、练读、自读等课型，便教利学。

第三轮（2012—2017年）：2012年，“关联理论视域中的组块教学研究”立项为国家社科基金“十二五”规划教育学一般课题。

我运用语用学关联理论，阐释学生言语能力的形成机制，并据此建构了板块式语文课程内容，试图从课程层面解决语文教学高耗低效的根本问题。根据文本潜在教学功能，我将选文分为三类：定篇，指教材中规定的经典语篇；类篇，指按照文本类型重组的单元语篇；用篇，指为完成任务而选择使用的语篇。

三类功能语篇的编排结构：定篇每学期安排8篇，共选编96篇经典文章；类篇每学期安排16组，每组3—5篇选文，共选编600—800篇文章；用篇每学期安排4个单元，6年共完成48个情境任务。【梳理（总结提炼研究成果）】

（1）定篇以“能力”为主线，以“能力要素”为内核。对经典文本做深入而透彻的解读，发现学生独立阅读的疑难之处，寻找适合学生解决疑难的阅读方法（核心知识）和关键技能。一篇经典文本可以形成以“能力要素”为内核的多个内容板块，进而将这些内容板块设置成由表及里的阅读台阶，引领学生步入经典的阅读殿堂。

（2）类篇以“文类”为主线，以“文类要素”为内核。按照文本类型，对现有教材中的选文进行重组，不足的增补，不好的删改。每组围绕一个议题进行比较阅读，探究其中运用语言的规律和奥秘。

（3）用篇以“功能”为主线，以“功能要素”为内核。在真实的生活情境中，为解决特定任务而选择的语篇，使用的实际上是语篇的交际功能。比如，以“劝说”为任务的教学内容，可以从《螳螂捕蝉》中发现“智劝”的方法，从《狐狸和葡萄》中发现“讽劝”的艺术，从《谈礼貌》中发现“理劝”的策略。这样的阅读指向“任务解决”，着眼于语篇中隐藏的“交际功能要素”，各类文本都在“交际功能要素”的统领下聚拢起来，形成教学内容的有机整合。

成熟：核心理念的形成。

组块教学旗帜鲜明的“为言语智能而教”这一核心理念并非一朝一夕形成的，而是历经20多年的教学实践与深度思考，才日渐达到理性的成熟。

海纳百川：这个案例太好了，比较完整地反映了研究的内容、方法和步骤。

生命如歌：是的，这项研究比较接地气，实践性很强，成效也很明显。不过这些可以分为两个阶段。从开头到深耕（三轮课题的突破实施）是第一阶段。这基本上是属于行动研究，而从深耕（三轮课题的突破实施）到最后是第二阶段，则属于严格规范的实验研究。

海纳百川：薛法根老师的研究第一阶段好学一点，第二阶段做起来复杂得多。而这项研究薛法根老师用了几十年的时间，真不容易呀！

生命如歌：做课题研究就得像薛法根老师那样有一种持之以恒的精神。薛法根老师做研究的经历还告诉我们：从小到大，由易到难，由浅入深。这是做科研的基本规律。

下面我们结合薛法根老师“组块教学”的这项研究来说说行动研究法的基本步骤。

薛法根老师“组块教学”的这项行动研究基本可分为五个步骤。

第一步：观察（发现与确定问题）

这一阶段的任务是预诊与归因，即设法发现问题。对学校工作进行反思，进而发现问题，并根据实际情况进行诊断，得出行动改变的最初设想。在各步骤中，预诊占有十分重要的地位。

苏格拉底说："问题是接生婆，它能帮助新思想的诞生。"爱因斯坦也有一段名言："提出一个问题往往比解决一个问题更重要，因为解决问题也许仅是一个数学上或实验上的技能而已。而提出新的问题、新的可能性，以及从新的角度去看旧的问题，却需要有创造性的想象力，而且标志着科学的真正进步。"行动研究的前提是一定要有研究意识。即带着思考的大脑去做平凡的工作，即在习以为常的教育教学实践中去发现有研究价值的问题。薛法根老师正是这样，他对小杨同学的这一悉心观察发现为后来的"组块教学研究"确定了课题研究的目标和方向。

海纳百川：老师，我明白了，行动研究要求教师首先要在自己的教育教学实践中发现有价值和适合自己研究的问题，同时又要把问题确定和转化为研究的课题。

第二步：拓展（阅读搜集资料）

生命如歌：是的，有了研究的课题，才有了研究的内容、目标和方向。

当你有了研究的内容和目标的时候，你对这个问题的深度和广度了解得可能还是很有限的。这就需要你去拓展自己的思路，最好的办法就是围绕你的研究课题去阅读搜集资料。薛法根老师就是这样，他偶然从《阅读心理学》一书中看到美国心理学家米勒的"组块原理"，便试着将这个原理迁移到小杨同学身上，将课文中的词语进行归类，每一类 3—4 个词语；一类词语为一组，每次默写 3—4 组词语。果然，3 组 10 个词语，小杨基本默对了，也记住了。

做行动研究一定要阅读搜集资料，既要学习借鉴各种理论，又要学习借鉴一些特级教师、名师的实践经验。围绕自己的研究主题，阅读他们的书籍，查阅他们的各种资料，必要时观看他们的视频资料。

第三步：计划（设想研究思路）

海纳百川：行动研究要不要做个研究计划呀？

生命如歌：要做计划的，这是整理思路，围绕研究目标，把研究的内容、方法、时间做初步的设想和规划。如薛法根老师三个板块的内容紧紧围绕"语文能力"这个核心，前后贯通，听、说、读、写融为一体，简单明了，便教利学。

做计划需注意的问题：一是扣住自己研究的主题，不要跑题。要明确自己要研究什么、解决什么，不要看了别人的材料以后，迷失了自己。一定要能找到自己的感觉。二是不要为写计划而写计划，天南海北地引入别人的理论或资料，看似高大上，但是不实用。三是计划既要考虑整体，又要考虑阶段。计划不是固定不变的，因为你对问题的认识不是一次性完成的。计划随着研究的深入也在不断地完善。

第四步：实施（实践中反复尝试）

生命如歌：行动研究关键要有研究的行动。如果只有课题目标、研究计划，而没有实际行动实施，那只能是纸上谈兵，当然也不可能有什么研究成果的。薛法根老师能取得那样有成效的研究成果，关键是在行动。这一阶段的特点是边执行、边评价、边修改。在实施计划的行动中，注意收集每一步行动的反馈信息，可行的，则可以进入下一步计划和行动，反之，则总体计划甚至基本设想都可能需要做出调整或修改。这里行动的目的不是为了检验某一设想或计划，而是为了解决实际问题。

第五步：梳理（总结提炼研究成果）

这是对整个研究工作的总结和评价。这一阶段除了要对研究中获得的数据、资料进行科学处理，得到研究所需要的结论外，还应对产生这一课题的实际问题做出解释和评价。

提出报告：在全部研究完成之后，对整个研究工作做出总结。应以客观、求实、严谨的态度，对研究所获得的数据、资料进行系统的、科学的处理，最终得出研究所需要的结论。对产生这一课题的实际问题及其解决的程度做出解释，并对研究成果进行评价。

海纳百川：行动研究是不是一定按照您说的五个步骤，按照顺序一步一步地走?

生命如歌：不是的，行动研究的最大特点是灵活。边工作、边学习、边研究、边总结，学一学，做一做，想一想，改一改，试一试，反反复复。多数情况下，人们按照观察、拓展、计划、实施、梳理五个步骤的流程一步一步做。但是在实际实施过程中，方法不是机械的，步骤的先后顺序不是固定不变的。因为有时在实施中还需要再观察，再拓展，再调整计划，还要反复实施和梳理。

海纳百川：听了老师介绍，我感觉行动研究确是一种适合于广大教育实际工作者的研究方法。它既是一种方法技术，也是一种新的科研理念、研究类型，对一线教师来说非常实用。

桑榆未晚：我理解的行动研究需要教师练好“四力”：眼力、学力、脑力、笔力。练好眼力就是要善于观察，能发现教育教学中的有价值的问题；练好学力，即教师围绕研究目标拓展阅读，开阔思路，能学习借鉴别人的理论和成果。脑力就是要善于总结反思，对研究中的问题做出正确的分析判断，总结成功的经验和失败的教训；练好笔力就是对经验能做出梳理和提炼，把隐性成果转化为显性成果，真正能做到有想法、有做法，还要有说法。这就是你上面说的，带着思考的大脑去做平凡的工作，边工作，边学习，边研究，边总结。

生命如歌：你的悟性很强，总结很到位。相信你在小课题研究方面一定能取得优异的成绩。

立项篇

观念决定思路，思路决定出路，出路决定定位，定位决定地位。

一个人的目标有多高，他的潜能发挥得就有多充分。

第15章　怎样进行课题立项与开题论证

——课题立项申报与开题论证

有的教师做小课题研究可能会遇到课题申请立项问题，教师做小课题研究为什么要申请立项？立项的利和弊是什么？申报立项的基本程序是什么？教师需要做些什么工作？怎样撰写课题申请立项书？另外，立项申报后还要做开题论证，开题论证的基本内容和流程是怎样的？这次，我们来聊聊这些问题。

一、小课题立项申报的概念与利弊

（一）什么是课题立项

上善若水：老师，课题立项是什么意思？

生命如歌：课题立项是指集体（课题组）或个人（现在通常不接受个人申报的课题）向上级有关科研管理机构申报，经过该管理机构组织专家组评审，认为有研究价值，准予立项研究（颁布专门的课题立项批准文件）的课题。立项课题必须具备四个要素：提出申请、专家评审、批准立项、接受管理。

课题级别包括：校级课题、县级课题、市级课题、省级课题、国家级课题。课题的种类包括基础理论课题与应用性课题。一般小课题研究多数是应用性课题。

上善若水：教师做小课题研究一定要立项申报和开题论证吗？申报课题立项有什么优势和劣势？

生命如歌：教师做小课题研究不一定非要做课题立项申报，可以申报立项，也可以不申报立项。各有利弊，但是做课题立项申报比不做课题申报更有优势。

上善若水：做课题立项申报的优势是什么？

（二）课题立项的利与弊

生命如歌：在前面的章节里我们讨论过了，小课题研究立项有利也有弊，作为教师如果真心做研究一定要考虑立项的利与弊。

1. 小课题研究立项的利

首先，教师如果能够给自己做的小课题研究申请立项，使其纳入课题管理规划之中，课题管理部门就会对课题研究的选题、实施步骤、研究方法，乃至研究过程等给以指导，这有助于提高课题研究的规范化、科学化水平。其次，教师做的小课题研究如果被纳入课题管理，能得到业务部门和行政部门的专业指导和督促检查，又有助于成果的推广和应用。再次，课题立项有获得研究成果证书的机会，这对教师评优评先和职称晋级都是大有裨益的。

2. 小课题研究立项的弊

课题立项有利，也有弊，这要看教师怎样对待和处理。如果自己缺乏科研经验，在专家、领导的引领、帮助和指导下，自己可以少走弯路。但是教师也要有这样的思想准备，立项以后有两个明显问题：一是自主独立研究将受到影响，特别是你的课题不是自选的，是上面下达的课题，或者是别人的子课题，那么你基本上是要跟着别人做研究，听别人的指挥。二是应对检查的材料比较多，今天写材料，明天打报告，后天来检查验收，受到的束缚可能多一点。当然这都不是绝对的，也要看自己怎样兼顾和灵活处理。

其实，一个教师如果真心做科研，不在于立项与不立项。笔者 30 多年来做了很多项研究，基本上都是没立项的，却获得了很多国家、省、市级优秀科研成果奖。

（三）课题申报立项的步骤与内容

上善若水：那么，教师怎样申请小课题立项？它的基本程序有哪些？教师需要做些什么工作？

生命如歌：首先，课题申报立项，教师需要做这些准备工作。

1. 认真阅读并熟悉课题申报要求。
2. 确定申报的序列及层次。
3. 对设定的研究范围进行初步论证。
4. 确定课题名称。

5. 填写课题申报表。

其次，明确课题申报立项的序列。教师课题申报立项，首先要考虑自己是否有条件进入那个序列。通常课题申报立项有这样几种序列：①教研室序列；②教育科研序列；③学会序列；④职教、幼教、特教序列；⑤教育行政序列；⑥电化教育序列；⑦其他序列。可见教师申报小课题是多序列和多途径的，哪个方便就走哪个。

再次，了解课题申报的主要内容：通常课题管理部门会提供一个填报项目表格，教师可按照表格上所列的相关项目逐一认真填写。各类申报表的名称尽管各不相同，所立项目与形式也各不相同，其实内容是大同小异的。

课题申报表主体部分大致由以下项目组成。

1. 课题的表述与界定。

2. 研究的背景、目的、意义。

3. 本课题研究的历史、现状和发展趋势。

4. 课题研究的理论依据。

5. 研究范围、内容和对象。

6. 研究方法。

7. 研究步骤。

8. 预期成果的形式。

9. 课题组负责人和成员的分工。

10. 经费预算及其他所需条件。

（三）课题评审未通过的主要原因

春暖花开：有的教师课题评审未通过，主要原因是什么？

生命如歌：教师对小课题立项常识缺乏了解，甚至不知道申报立项是怎么一回事，对立项的程序、需要准备的材料、怎样填写申报表等都不十分了解。正因为缺乏申报课题的经验，所以教师很难通过课题立项申报。

通常，课题评审未通过的主要原因有以下几种。

1. 选题不当，不符合立项条件。

2. 课题论证不充分。

3. 负责人的素质或水平不宜承担此课题。

4. 课题组力量不强或分工不当。

5. 资料准备不够。

6. 最终成果不明确。

7. 不具备完成本课题所需的其他条件，如学科背景等。

8. 经过比较，本课题有更合适的承担人。

二、怎样申请小课题立项

春暖花开：怎样申请小课题立项呢？

生命如歌：通常需要做这样一些工作。

（一）及时获取申报信息，积极做好准备

申报者应注意及时获得课题申报的信息，包括申报时间、申报要求和课题指南、课题申请书等。各类课题管理单位都会在网上公布课题的相关要求及信息，教师可以直接在网上下载。县（区）教科室也会及时向各学校发各类相关课题的申报通知。

在做好准备工作时要认真研读课题指南，选准研究方向。课题指南所涉及的选题方向都是当前需要研究的理论问题和现实中的重要问题，特别是国家和地方急需研究的重点课题。所以，申报课题不能完全脱离指南，尽管不必和指南上的一模一样，但最好也要围绕指南来选题。

构思好课题题目，严格按要求填写课题项目书，专家通过阅读课题申请书来获得相关信息，得出结论。所以，要认真填写好小课题研究申报表，在规定的时间内严格按要求向课题管理部门提交课题申请书，错过申报时间就只有等下一年度再申报，而有些课题往往就会因丧失新颖性、时效性而不能申报了。

（二）认真填写好小课题研究申报表

课题申请能否成功，主要取决于申请书填写情况，如果申请书填写规范、科学、合理有效，并且课题论证符合要求，那么课题申请才有可能成功；反之则很难通过申请。所以，教师在申报课题立项时要特别用心地把小课题研究申报表填写好。

什么是小课题研究申报表？小课题研究申报表是报管理部门批准的选题设计和计划。它的内容主要是说明为什么要对所选课题进行研究，自己有什么条件进行研究，以及准备如何开展研究等问题，是对课题的论证和设计，

即回答“研究什么、为什么研究、如何研究”的问题。它是实施研究之前对研究项目较为充分、完整、系统的思考。

（三）填写课题申请书应注意的事项

1. 课题的表述与界定：课题名称就是课题的名字。这看起来是个小问题，但实际上很多人写课题名称时，往往写得不准确、不恰当，从而影响整个课题的形象与质量。这就是平常人们所说的“只会生孩子，不会起名字”。课题的表述，一是看名称表述是否准确、规范。准确就是课题的名称要把课题研究的问题是什么，研究的对象是什么交代清楚。规范就是所用的词语、句型要规范、科学，似是而非的词不能用，口号式、结论式的句型不要用。二要看名称是否简洁，不能太长。

2. 研究的目的、意义：从理论与实践两个方面阐述该项课题研究的现实意义。首先，阐明课题研究的背景，即根据什么、受什么启发而进行这项研究的。因为任何课题研究都不是凭空来的，都有一定的背景和思路。其次，要阐明为什么要研究这个课题、研究它有什么价值，能解决什么问题。最后，要认真、仔细查阅与本课题有关的文献资料，了解前人或他人对本课题或有关问题所做的研究及研究的指导思想、研究范围、方法、成果等。

3. 国内外研究现状、水平和发展趋势：“本课题与同类课题的区别与联系”是申请课题时需重点填写的内容。

4. 课题研究的理论依据：政策依据、理论依据、实践依据，充分、贴切、准确，不要贴标签、拉大旗、喊口号。

5. 研究的目标、范围和内容（填写重点）：要进一步界定研究的范围与具体内容，从而使研究具有可行性和可操作性。

6. 研究方法（填写重点）：在开题报告中，尽可能详尽地写出具体的操作过程。主要反映一项课题的研究通过什么方法来验证假设，为什么要用这个方法，以及要“做什么”“怎么做”的问题。教育研究的方法很多，包括文献研究法、调查研究法、实验研究法、比较研究法、理论研究法、行动研究法等。一个大的课题往往需要多种方法，小的课题可能主要是一种方法，但也要利用其他方法。我们在应用各种方法时，一定要严格按照每一具体科研方法的要求，不能随意凭经验、常识去做。

7. 研究步骤（填写重点）：这是课题研究在时间和顺序上的安排。研究的步骤要充分考虑研究内容的相互关系和难易程度，每一阶段从什么时间开始到什么时间结束都要有规定计划。每一阶段的工作任务和要求都要明确，不仅要心中有数，还要落实到书面计划中。

研究步骤一般分为三个阶段：第一阶段（准备阶段）；第二阶段（实施阶段）；第三阶段（总结阶段）。

8. 研究预期成果（填写重点）：课题预期的成果与表现形式。课题研究成果预测即研究过程可能出现哪些情况和问题、研究会带来什么成果、有什么对策。课题研究的成果形式包括研究报告、教育论文、专著、软件、课件等。课题不同，研究成果的内容、形式也不一样，但不管形式是什么，课题研究必须有成果，否则，这个课题就没有完成。在开题报告中设计出成果形式，可以使研究者明确将来用什么形式来表现研究成果，以便从开始就可以着手努力积累材料、构思框架、进行分工，以利于研究成果的顺利问世，以及课题管理者据此对课题进行检查验收。

9. 人员分工：在方案中，要确定课题组长、副组长、课题组成员以及分工内容，课题组组长就是本课题的负责人。一个课题组的成员应该包括三方面的人，一是有权之士，二是有识之士，三是有志之士。有权了，课题就可以得到更多的支持；有识了，课题质量、水平就会更高；有志了，可以不怕辛苦，踏踏实实去做。课题组的分工必须明确合理，让每个人了解自己的工作和责任。在分工的基础上也要注意全体研究人员的合作，大家共同研究，共同商讨，克服研究过程中的各种困难和问题；同时，还要注意课题组成员的整体素质与水平，尤其是课题负责人的水平，如果课题组成员和负责人既没有理论基础又没有实践经验，这个课题就无法很好地完成，也就难以得到批准立项。

10. 研究的经费预算及其他所需条件：任何研究都需要一定的研究经费和设备条件，教育研究也不例外。对课题研究有价值的资料，如有关测验题和问卷题等研究工作与材料、经费预算及设备条件的需要，必须写清。但要实事求是，不能多多益善，胡写乱要，要加强管理，监督使用。

春暖花开：通过上面的讲解，我们知道了“什么是小课题立项申报和立项的利与弊”，了解了“怎样申请小课题立项”和“填写课题申请书应注意的事项”。我听说还要填写课题立项评审书，您给我们讲讲这个问题。

生命如歌：是的，如下面这个立项评审书。

延安市基础教育教学研究 2016 年度微型课题申请·评审书

申报人	刘晓玲	学科	英语	学历	本科	职称	中二
课题名称	**初中英语课堂理答行为的策略研究**						
工作单位	永坪中学						
申报人简历	刘晓玲，女，现年 34 岁，英语专业，大学本科学历。2004 年参加工作至今，在永坪中学任教，专职英语老师。						
选题缘由	（包括选题背景、理论依据、实用价值，字数不少于 500 字） **一、概念界定** 理答：就是课堂上教师提出问题后，教师对学生的调控和处理。这种理答行为可以出现在学生回答问题之前、之后，以及学生回答问题的过程中。（这里主要指在学生回答问题之后） 有效理答行为：是专指教师的自身行为，是教师为实现课堂教学有效性对学生所采取的调控措施或提出的明确要求，以便进一步提高课堂提问的有效性，从而实现有效常态课堂的目标。 初中英语课堂中，教师有效理答行为是实践研究行为：就是教师在平时的课堂教学中，通过自身的实践，探究如何对学生提出不同的答题要求来提高问题的有效性，从而提高课堂教学的效率。 **二、实用价值** 新课改提出：英语课堂教学是师生之间、学生之间交往互动与共同发展的过程。教师的课堂教学强调师生之间心灵的沟通，追求师生之间的对话关系。其中，理答就是教师对学生回答问题后的反应和处理，是课堂问答、师生对话的重要组成部分。但是大部分教师往往只注意教学过程的设计，注重课堂提问的方式与方法，对课堂上学生回答问题后的处理即理答却不大讲究。很多初中英语教师或缺少理答意识，或缺乏理答技巧，或缺乏理答机智。 **三、理论依据** 1. 中国传统文化中的启发式教育理论。在孔子的教育思想中，关于教学过程中最有代表性的主张——“学思结合”，孔子精辟地指出：“学而不思则罔，思而不学则殆。”怎样使“学”的过程成为“思”的过程呢？这就是孔子的启发诱导的教学思想。学习离不开启发诱导，在课堂教学诸因素中，教师对课堂提问的处理有着举足轻重的作用。 2. 课堂教学论。课堂提问是组织课堂教学的中心环节，对学生掌握学科知识、培养英语思维具有决定作用。课堂教学论指出，设计课堂提问必须以认识论为基础，以教学大纲和教材的知识体系为依据，以实现课堂教学的有效性为目标，针对教材中的重点、难点和关键，以及学生的实际情况提出问题，并组织学生有效参与问题的心理学分析。有效性问题有助于摆脱思维的滞涩和定式，促使思维从“前反省状态”进入“后反省状态”，有效性问题的解决带来顶峰的体验，从而激励再发现和再创新，有效性问题有时深藏在潜意识或下意识中，顿悟由此而生。所以，教师的理答能有效调控问题本身和学生参与答题的方式、方法、要求等，最大限度实现课堂提问的有效性，从而实现课堂教学的有效性。						

续表

<table>
<tr><td>申报人</td><td>刘晓玲</td><td>学科</td><td>英语</td><td>学历</td><td>本科</td><td>职称</td><td>中二</td></tr>
<tr><td>课题名称</td><td colspan="7">初中英语课堂理答行为的策略研究</td></tr>
<tr><td>选题缘由</td><td colspan="7">四、课题研究的背景及意义
课题研究的背景：目前，在初中英语的常态课堂中，教师的提问和学生的答题存在很多问题。随意提问的现象较严重，“无效问题”时常出现。提问形式单一，大多数还是采用传统的一问一答的形式，教师问得从容，学生答得流畅，整齐划一，实质上很多问题没有思维价值，导致学生参与答题的积极性低落。学生答题前思考时间短。教师为了快速完成教学内容，剥夺了学生思考的时间，常常是问题一出，就立即要求学生回答，很多问题学生并没有充分思考的过程，因此所得到的答案也漏洞百出，英语语言的表达也受到一定限制。教师“垄断”现象严重，对于问题的评价常常是教师“一言堂”。由于思维水平的不同，课堂上许多后进生、中等生时常在优等生的快速抢答声中淹没，答题的全班参与率不高。这些现象严重影响了学生整体思维的提升，是导致常态英语课效率低下的重要原因之一。在英语教学回归本质的今天，追求真实高效的常态课尤为重要。</td></tr>
<tr><td>研究设想</td><td colspan="7">（包括研究内容、研究方法、过程设计，字数不少于1000字）
研究内容：
课堂上面对学生通过思维活动得出的结论，我进行梳理和反馈，优化了理答行为：教师根据学生的行为状况艺术地进行理答。获得的成功体验：以学生积极体验和反省、感悟为依据组织教学，让学生在学习中亲历体验，积极参与学习，不断获得唤醒和鼓舞，养成良好的学习习惯，激发创新的潜能。
研究方法：
1. 观察法：本课题研究是一种“基于课堂、为了课堂、在课堂中”的研究，课堂观察是该课题的主要研究方法之一，通过观察收集有关理答行为的研究素材。
2. 反思法：结合具体的课堂教学情境，并依据有关理论来反思理答行为的有效性。
3. 个案法：选择两到三个教师进行重点跟踪研究，研究其理答行为现状及改进策略。
4. 文献法：通过研读文献了解借鉴有关问答，尤其是理答行为的理论或实践研究成果。
过程设计：
一、准备阶段（2016年4月至5月）
通过文献研究，搜集整理与课题相关的资料，了解与本课题相关的研究现状，为课题研究提供科学的依据，并认识本课题的研究价值，在充分论证的基础上，确定研究课题，形成课题研究方案。
二、实施阶段（2016年6月至2017年2月）
1. 开展课堂反思，记录理答行为中的机智回答或尴尬场面，组织专题研讨、分析，总结。
2. 开展同题课研究，寻找理答的有效策略。
3. 开展“我的学习我参与”学生沙龙活动，交流参与学习过程中的心得体会。
4. 提高回答问题的参与率，使每个同学每3节课都有一次以上的发言，并给予激励性评价。</td></tr>
</table>

续表

<table>
<tr><td>申报人</td><td>刘晓玲</td><td>学科</td><td>英语</td><td>学历</td><td>本科</td><td>职称</td><td>中二</td></tr>
<tr><td>课题名称</td><td colspan="7">初中英语课堂理答行为的策略研究</td></tr>
<tr><td>研究设想</td><td colspan="7">5. 综合运用文献研究、调查研究、行动研究、案例研究等方法，深入课堂教学，通过典型案例研究改进课堂教学有效理答的途径及其操作策略。
三、总结阶段（2017 年 3 月至 2017 年 4 月）
1. 通过教师评价、学生互评、自我评价等方式，让学生了解自己在理答方面的得失，能更好地改善学生理答的完整性，从而获得成功体验。
2. 通过个案分析的叙事研究，寻找个性化解决问题的方法。
3. 通过搜集、整理、总结研究成果，并撰写课题研究报告，完成结题工作。</td></tr>
<tr><td>所在单位意见</td><td colspan="7">（单位盖章）
年　月　日</td></tr>
<tr><td>区（县）教研室意　见</td><td colspan="7">（单位盖章）
年　月　日</td></tr>
<tr><td>市　教研中心意　见</td><td colspan="7">（单位盖章）
年　月　日</td></tr>
</table>

三、如何做好开题论证

桑榆未晚：我听说申请课题立项成功后还要做开题论证。那么，怎样召开开题论证会？它的内容、流程是什么？教师需要做哪些准备工作呢？

生命如歌：是的。教师在小课题研究通过课题立项申请以后，还要进行小课题开题论证。教师小课题研究的课题确定了，但是课题的研究价值如何？是不是有科学性和可行性？这需要请专家来论证。开题论证会是对课题组成员一次极好的培训和指导，是确保课题高质量、顺利完成的需要。如果你的课题过大过难，你会越搞越难，甚至无法结题；如果你的课题针对性、实用性不强，那么你费了很多工夫研究的成果价值并不大；如果你的课题选择挺合适的，但是方案设计和选择的方法不得当，也无法取得理想的效果。那么，这些问题就需要通过组织召开开题论证会来加以解决。另外，开题论证会还有一个任务就是：通过宣传、表态，让课题组成员迅速进入研究状态。

（一）开题论证会的一般流程

桑榆未晚：老师，开题论证会的一般流程是怎样的？

生命如歌：通常，开题论证会的一般流程是这样的：

1.开题论证会的准备工作

（1）撰写《开题报告》；（2）邀请专家；（3）论证会之前的沟通；（4）课题组成员的分工；（5）会务准备。

2.开题论证会的召开

（1）开题论证会的一般议程：①主持人宣读或介绍课题批文；②课题组组长介绍研究方案；③课题组其他成员作相关补充；④专家指导、咨询、论证和评议；⑤主持人小结专家组评审意见；⑥课题组代表表态性发言。

（2）开题论证会为课题研究创设良好的氛围。

3.意见汇总与分析决策

根据论证会的研究讨论，课题负责人把大家的意见做汇总分析，对研究计划做适当的修改，最终做出研究的决策。

四、怎样撰写开题报告

春暖花开：在开题论证会上，教师一定要宣读开题报告，那么怎样撰写开题报告呢？

生命如歌：开题报告就是课题方向确定之后，课题负责人或课题组主要研究人员在调查研究的基础上撰写的报请上级批准的选题、研究计划。它主要说明这个课题有必要进行研究，自己有条件进行研究，准备如何开展研究等问题，是对课题的再论证和再设计。

开题报告有这样一些作用：进一步明确研究思路，完善实施方案，明晰研究技术线路，是再次论证研究课题的重要一步。

开题报告是开始进行课题研究的工作框架，也是如何进行研究的基本思路。开题报告主要回答三个“W”：研究什么、为什么研究、如何研究。开题报告是为了让他人（专家）知道你是否在做（研究）了、你已经研究或实施得怎样了、有没有偏离方向、有没有继续下去的必要、有没有应引起注意的地方或矫正的地方。换句话说，开题报告是为了争取“取得具体帮助”“求得具体论证”“听得具体意见”“明确今后任务”等。故开题报告也可把具体实际的问题或困难开诚布公地提出来，请与会人员共同讨论。

（一）开题报告与立项申报书的区别

海纳百川：老师，开题报告与立项申报书有什么区别？

生命如歌：开题报告与立项申报书看着类似（一级目录大致相同），但相比之下，重点和详略有明显变化，主要有以下具体区别。

一是立项申报书强调“为什么”（背景、意义、目标等），而开题报告强调“做哪些、怎样做”（计划步骤、人员分工、任务方案等）。

二是立项申报书重视“有什么”（条件、师资、决心、前期成果等），而开题报告重视“已怎样、将怎样”（进度、现状、估计、预见等）。

三是立项申报书关注“应怎样”（假设、论述）或“别人有什么问题”（诊断、分析），而开题报告关注“自己已怎样”（已然、既成）或“我们决定怎样”（用什么、做什么、怎样做）。

上述三种说法可以再换一套说法，就是：

立项申报书的目的是为了让他人（专家）觉得该课题很重要（有必要）、有意义（有价值）、有思路（有设想）、有可能（有条件、有能力、有基础）。也就是说，立项申报书是为了“争取认可”“争取关注”“争取支持”等。

立项申报书和开题报告各项内容的侧重点区别一览表

内容	立项申报书	开题报告
文献研究	研究背景、研究角度、突破口	在对以往研究进行分析中，特别要说明对本课题的已有研究基础和突破口
研究内容	概述准备研究的问题	具体说明研究问题
研究假设	基本的设想	具体假设、预期结论
研究方法	大致采取什么方法	说明如何采取这些方法
研究队伍	确定课题组成员	人员的分工及建立子课题组
研究成果	成果形式	具体的成果形式
研究时间	研究各阶段的大致安排	研究日程安排
研究经费	投入经费总额	每年度支出情况及自筹经费情况

（二）开题报告基本结构与写法

开题报告是开始进行课题研究的工作框架，也是如何进行研究的基本思路。开题报告主要回答三个问题：研究什么、为什么研究、如何研究。

1. **课题的表述与界定：** 名称表述是否准确、规范、简洁，标题不宜太长。

2. **研究的目的、意义：** 从理论与实践两个方面阐述该项课题研究的现实意义。首先，要阐明课题研究的背景，即是根据什么、受什么启发而进行这项研究的。因为任何课题研究都不是凭空来的，都有一定的背景和思路。其次，要阐明为什么要研究这个课题、研究它有什么价值，能解决什么问题。第三，要认真、仔细查阅与本课题有关的文献资料，了解前人或他人对本课题或有关问题所做的研究及研究的指导思想、研究范围、方法、成果等。

3. **国内外研究现状、水平和发展趋势：** “本课题与同类课题的区别与联系”是本项目重点填写的内容。

4. **课题研究的理论依据：** 政策依据、理论依据、实践依据，充分、贴切、准确，不要贴标签、拉大旗、喊口号。

5. **研究的目标、范围和内容（填写重点）：** 要进一步界定研究的范围与具体内容，从而使研究具有可行性和可操作性。

6. **研究方法（填写重点）：** 尽可能详尽地写出具体的操作过程。

7. **研究步骤（填写重点）：** 一般分为三个阶段，即第一阶段（准备阶段）；第二阶段（实施阶段）；第三阶段（总结阶段）。尽可能详尽地写出具体的操作步骤。

8. **研究预期成果（填写重点）：** 研究报告、教育论文、专著、软件、课件等。课题不同，研究成果的内容、形式也不一样。

9. **人员分工：** 在方案中，要确定课题组长、副组长、课题组成员及其分工。课题组组长就是本课题的负责人。

10. **研究的经费预算及其他所需条件：** 实事求是地撰写。

春暖花开： 开题报告的结构和撰写要求很明确了，能不能给我们提供一个开题报告的写作案例？

生命如歌： 好的，下面这个开题报告写作案例可以供大家参考。

小学数学“数的认识”典型教学案例研究

安徽省马鞍山市实验小学 吴学军 裴振年

一、课题的提出

随着课程改革的进一步深入，教学案例分析研究为人们越来越关注，它已成为教师成长中不可或缺的中介。通过案例分析，教师可把新的教学理念落实到教学实践中，有利于实现有效课堂教学。

教学案例研究是发达国家在学校教育、师资培训中非常盛行而有效的方法，它在我国起步较晚，基础教育阶段的案例研究是近几年随着新课程改革才出现的，有关教学案例研究的书籍不多，特别是按学科内容分类的教学案例研究更为鲜见。总而言之，教学案例研究在我国起步晚、底子薄，缺乏深度、效度，可行性、权威性不大。但现在它开始为我国教育界所重视，且十分适合一线教师运用，而被学校誉为“真科研”，被专家认为是培养研究型教师、全面提高教师素质、促进学校发展的最为有效的形式。

新课改以来，我市对教学案例的研究也如火如荼，各学校的课题研究中都少不了教学案例这一载体。我校数学教师在市、区、校的各级教研活动中，从“什么是教学案例？怎样写教学案例？……”开始进行探索和研究，逐步对“教学案例”一词有了清晰的认识。同时在教育教学过程中，记录自己的教学经历、撰写教学经验总结和反思教学得失，适时地矫正、调整自己的教学行为，为同行间的交流提供了思路和载体。教师们对教学案例的结构、特性、撰写的了解和认识也正逐步趋向成熟。但对案例分系列进行深层面研究才刚刚开始，且在现行的小学数学案例研究上，还有很多不成熟的地方。其表现在以下几个方面：

（1）大多是教师根据自己的教学所得撰写教学案例，随意性较大，研究性不够。

（2）对同类教学案例进行比较、剖析的深层面的研究还不完善。

（3）针对数学学科的内容进行分板块的系统性研究还比较缺失。

为此，在“备好课，上好课”的大教研氛围下，为更好地开展校本研究，推动教研组的教研工作，我们想根据数学学科的内容，分板块研究，这样从下到上所有年级段的数学老师就都可以围绕一项内容，有目的、有针对性地进行深入研究，教师之间也会有更多相互交流研讨的题材，教研活动将更有实效。现集中优势兵力，依据教材的内容体系，以小板块“数的认识”切入，从一年级至六年级开展对典型案例的研究，以提高我校教师的教研能力。特申请“小学数学‘数的认识’典型教学案例研究”课题。

二、课题研究的目的和意义

本课题研究的目的：

申请对此课题的研究旨在通过对“数的认识”这一内容的教学案例进行分析和研究，完善教师对教学案例的撰写，逐步提高教师对教学案例的剖析能力；促使本校数学教师对该教学内容形成较为系统全面的认识；同时了解不同年级段学生在学习本内容时的成效和问题，为教师更好地把握本内容，在教学实践中及时调整教学策略和方法，提高课堂教学的有效性提供借鉴。

本课题研究的意义：

1. 发挥学校各数学教研组的功能，以促进学校数学教研。

2. 积累教研经验，提高数学教师的教学自省能力。

三、课题的界定

典型即具有代表性的人或事。案例研究的中心词是“案例”。教学案例研究是教育理论与教育实践相结合的一种有效研究方法。

教学案例是以叙事的形式来描述富有深刻道理的教学事件。它具有叙事的一般特征：背景、冲突、问题、活动方式及结果。它展示特定教学活动的发生、发展和效果，包含具体的处置方式和特有的教学理念，反映的是教师与学生的典型行为、思想和情感。

教学案例一般具有以下特征：①案例是现实问题的缩影。②案例叙述的是一个相对完整的事件或例子。③案例的叙述要详细。④案例具有时代性。⑤案例具有有效性。⑥案例具有典型性。⑦案例不是课堂实录，对课堂信息的摄取有侧重点。

本课题是在“数的认识”这部分教学内容里，对一些具有代表性的教学案例进行分析比较，对其共性的内容开展相关研讨，以获取有价值的教学经验。

四、课题研究的主要内容

1. 调查分析本校数学教师对有关“数的认识”这一部分数学知识的掌握

情况，以及对教材的理解和把握水平。

2. 整理相关的教学内容，分年级段确立研讨的实施方案。

3. 分析“数的认识”同一类型教学案例的教与学的共性和非共性特点，完善教师对教学案例的撰写，逐步提高教师对教学案例剖析的能力，探索总结教学中所出现的问题和成效，为在教学实践中及时调整教学策略和方法，提供有效借鉴。（本课题研究的重难点）

五、课题研究预计有哪些突破

1. 对小学阶段的“数的认识”教学内容进行系统梳理，有利于教师构建一个较为完整的“数的认识”的内容体系和教学框架。

2. 通过对教学案例的分析研究，完善教师对教学案例的撰写，整理出相关教学内容的教案集或案例分析集。

3. 开展理论学习和实践探索，让理论学习和课堂教学紧密结合，在课堂教学实践活动中帮助教师进行教学案例的得失分析，逐步提高教师对教学案例的剖析能力，积累教学经验，提高数学教师的教学自省能力。

六、课题研究的基本思路和主要方法

本课题研究的基本思路：

借鉴现有的教学案例研究成果，边实践边研究，在不断总结中探索该内容框架下的教与学的策略和方法，并在实践中检验。

本课题研究的方法：

文献综述法：用文献综述法对各年级段的有关“数的认识”的教学案例现状进行文献综述，然后在全校数学教师中开展理论学习。

课例研究法：通过跟踪课堂教学，对进行中的教学案例教与学的问题和成效作共性和非共性分析。

量表调查法：对课堂教学进行前测和后测，并对其检测效果进行分析。

七、完成本课题的条件

人员结构：

校教导主任为课题组负责人，课题组成员有 13 名，他们是各年级教研组组长和成员，这样的结构有利于课题方案在各年级组顺利传达、实施。从业务角度看，有市骨干教师 2 人（含市教坛新星 1 人），校骨干教师 6 人，省教坛新星 1 人。从年龄结构看，既有一定教学经验的中年教师，又有精力充沛的青年教师，有利于课题的顺利实施。

资料准备：

校图书室的藏书，教学报刊都比较丰富，课题组成员都能熟练使用计算机和网络，可以在网上下载资料。

经费保障：

学校提供一切课题所需费用。

八、可能存在的困难和解决对策

1. 对量表的分析需要理论的支持，在科学性的把握上有一定的困难，一方面需要加强理论学习，另一方面需要取得各方面的支持，加强沟通交流。

2. 对系列案例的剖析诊断，以及进行理论的提升，特别需要专家的引领和指导。

3. 参加课题研究的都是一线教师，教师本身工作繁重，再进行课题的研究，有时会感到心有余而力不足。这还需要我们教师奉献精神更多一点。

九、课题研究计划

人员分工：（略）

研究步骤：（略）

十、成果形式

典型教学案例集、研究论文集和研究报告。

十一、参考文献

徐世贵的《做个研究型教师——微课题研究实施指南》。

春暖花开：这个案例挺好，具体实用，能为我们拓展思路。谢谢老师。

第16章　如何应对中期检查与结题鉴定验收

——中期检查与结题鉴定验收

教师小课题立项研究，按照教育科研管理的程序，上级科研管理部门要定期对小课题研究做中期阶段检查和结题鉴定验收。那么，为迎接中期阶段检查和结题鉴定验收，研究者要做好哪些准备工作？需要怎样撰写中期报告和结题报告？现在，我们来聊聊这个话题。

一、中期检查与结题鉴定验收是立项课题常规

春暖花开：听说教师做小课题研究，如果课题立项了，如何应对中期检查与结题鉴定验收是不可回避的两大问题。这方面我们一点经验也没有，不知如何应对。

生命如歌：是的，这两项工作也很重要。这是立项课题研究的常规工作。如果你的小课题研究本来做得很好，可是中期检查与结题鉴定验收这两项工作没能做好，这会直接影响你的小课题研究成果被认可，成果评奖和成果的推广也会受影响。

春暖花开：教师在应对小课题研究中期检查与结题鉴定验收时，容易出现的问题是什么？

生命如歌：中国有句古话“平时不烧香，临时抱佛脚”，意思是平时没有准备，临时慌忙应付或仓皇求救，教师小课题研究迎接中期检查和结题鉴定验收最容易出现的就是这种问题。教师平时教育教学工作比较忙，课题研究有时顾得上，有时跟不上，特别是与课题研究相关的材料有时不能及时积累起来。于是，为了应付检查，临时突击，东拼西凑，甚至不惜造假。有的教师为了应对小课题研究中期检查和结题鉴定验收，忙得手忙脚乱，到处找材料。尤其有的教师不会撰写中期报告和结题验收报告，对前一段工作的研究过程不能进行很好的梳理，没能提炼好研究成果，对研究过程中的困惑也不能很好地提出来。

所以，这样的中期检查和结题鉴定验收是不容易通过的。中期评估的依据是课题的开题报告，中期评估的内容是课题研究的操作过程、研究任务完成情况及取得的成果。结题鉴定验收的依据是中期评估。因此，无论是中期评估，还是结题鉴定验收，都应该按相关要求做好资料准备。尤其要高度重视平时资料的积累，因为无论是中期检查，还是结题鉴定验收，你的研究过程和成果要靠事实说话，而不能随意杜撰。

二、怎样应对中期检查的基本程序

春暖花开：看来，应对中期检查与结题鉴定验收，高度重视平时资料的积累很重要。那么，如果中期检查到来了，教师除了做好平时资料的积累，还需要做哪些工作?

生命如歌：可以考虑下面几个方面的工作。

（一）中期检查的基本程序

每次中期检查，情况也不尽相同，有时是小课题专题检查，有时不仅仅是小课题检查，可能还有对其他课题的检查。不管哪种情况的检查，其程序大体是这样的：会议一般由基层学校的校长，或者业务副校长、主任来主持。同时，要把迎检的材料放好，做一个会标，或者用大屏幕打出来。

一般程序：

1. 校领导或主持人致欢迎词。

2. 课题研究者做中期报告。

（1）专家可能直接阅读中期报告。

（2）有几个课题就有几个中期报告。

（3）有专题片的可以播放专题片。

3. 专家提出疑问。

4. 专家查阅资料。

5. 专家意见反馈。

6. 有时围绕困惑和研究专题，专家做讲座。

（二）中期检查需要准备的材料

1. 撰写中期评估报告。中期评估报告由课题组指定专人负责完成，评估报告的主要内容是：依据课题开题报告所确定的课题研究步骤、已经完成的各个阶段研究所取得的成果及成效、课题研究中存在的问题、进一步开展课题研究的措施及期望。

2. 填写中期评估表。依据中期评估报告，按中期评估表要求，填写中期评估表。

3. 整理课题研究的过程资料。课题研究的过程资料主要包括如下内容：课题的开题报告、每学期课题研究的计划与总结、每个月向市教育科研办公室送交的课题研究活动情况、课题组组织开展的研究活动记录等。

4. 收集课题研究成果资料。课题研究成果资料主要包括课题研究开展以来，以课题研究为主要内容的一些成果：公开发表或各级获奖的论文、教学案例、经验文章、教学叙事、教学反思、参与上级组织的优质课竞赛的获奖成果、学校组织的关于课题研究的成果评比形成的研究材料等。

5. 准备课堂教学。根据课题的性质及内容，中期评估一般都将深入课堂，了解课堂的真实状态和变化情况，课题组在准备中期评估时，应该根据评估小组的要求为其提供一至两节的课堂教学，因此中期评估应该进行课堂教学的准备。

（三）中期检查的对策

1.真抓实干，迎检有底气

怎样迎接小课题研究中期检查？最有效的做法是研究者按照预订的课题方案，有计划、有步骤、扎扎实实地做研究。优秀成果是做出来的，不是写出来的，更不是造假出来的。所以，迎接小课题研究中期检查的有效措施就是教师平时扎扎实实地对课题进行研究。有了研究成果还怕检查吗？

2.注重平时资料积累，事实胜于雄辩

在研究过程中，要特别把各种与课题研究有关的资料搜集积累起来（包括文字和图片）。

中期检查用事实、材料说话，这比口头描述更有说服力。所以，做小课题研究的教师平时一定要注重积累与课题研究有关的各种材料，包括文字、图片、视频等资料，以及开展研究的会议记录、各种测试的材料、学生的作品，反映阶段性成果的论文、教学反思、案例随笔，等等。如果研究者平时

做了真研究，又有资料积累，迎接小课题研究中期检查就万无一失。

3.认真写好小课题中期报告

小课题中期报告是课题的执行人在科研过程中向科研主管部门汇报课题研究工作进度的情况及阶段性成果的书面材料，主要功能有：（1）课题执行人总结前一段研究工作的成绩和经验；（2）向主管部门和协作单位通报信息，以便检查研究进度，安排进一步的研究工作。

小课题负责人组织课题成员通过中期检查认真总结经验，注意梳理研究过程中的困惑和经验，做好过程性研究资料的收集，提炼好研究成果，认真写好小课题中期报告，迎接中期检查验收工作。

（四）中期报告写作方法

1. 课题概述。一般在第一次进度报告中要写课题的概述，后续的进度报告可以不写。主要写明课题来源、起止时间、支持经费以及课题要求等。

2. 本阶段研究工作的内容、情况和存在的问题。应该按照工作计划上规定的本阶段任务条款，或按进度报告中“下一阶段工作计划”的内容，逐条检查落实，注意写明完成情况，也同时写明存在问题，并分析存在问题的原因。如果不具备研究条件而未完成任务，应做出说明。这部分内容是衡量进度报告质量的关键所在。

3. 下阶段研究工作计划。这部分写作既要参照课题工作计划写出下一阶段将进行的研究，又要针对上一阶段工作的经验和存在的问题，将未完成的任务移至下一阶段去完成。如果研究工作计划有变动，应写明变动原因并做出新的安排。

4. 课题中期报告的编写方法。对单一课题，可采用时序式编写，按任务完成时间的先后进行编写，但重点放在本阶段研究工作的进展和结果上，避免写流水账；对项目比较多的课题，如分有多个子课题，可采用任务分项式编写，一项一项地写；也可把时序式或任务分项式结合起来编写。

5. 内容真实，把握分寸。课题中期报告写作的重点应放在“研究计划完成情况”和“未能按计划完成的工作”两部分上。写作中应如实反映研究的客观实际，正确评估取得的成果；写成绩不要过分夸大，同时要写明存在的困难和问题。

春暖花开：太好了，过去我对如何应对小课题研究中期检查与结题鉴定验收知之甚少。通过老师的介绍，我收获了很多相关知识。

附：小课题中期检查的案例

“小学语文课前三分钟培养和发展学生口语交际能力的探究”中期报告

时间：2018 年 5 月 23 日

<table>
<tr><td>立项号</td><td></td><td>课题名称</td><td>小学语文课前三分钟培养和发展学生口语交际能力的探究</td></tr>
<tr><td>负责人</td><td>董佳仪</td><td>负责人
所在单位</td><td>承德市滦平县第四小学</td></tr>
<tr><td>课题研究进展情况</td><td colspan="3">语文课程的基本特点是“人文性和工具性的统一”，而口语交际正体现了这一特点。小学口语交际重在培养学生倾听、表达、交流的能力，而现在学生在课上或与人交流时总感到惧怕、无言，这让我们老师很是苦恼。为此，我们积极寻找解决问题的方法，而利用上课前三分钟的时间，我们通过让学生说话的方式，提高学生语言组织和表达能力。作为课题负责人，我一直积极参加教学一线的实践研究，从多个方面着手为课题研究工作的顺利开展而努力，现将课题研究进展情况汇报如下。
（一）准备与起步阶段（2017 年 7 月至 9 月）
确立课题研究方案，构想课题研究的实施步骤，编制实施方案和具体活动计划。
成果：确立了以“小学语文课前三分钟培养和发展学生口语交际能力的探究”为课题的研究内容，制定了该课题的详细实施计划，对研究过程中的各个步骤进行了规划。
（二）研究实施阶段（2017 年 9 月至 2018 年 7 月）
这一阶段我们主要是通过前期指导培训、具体操作、个案跟踪、开展阶段性成果展示、评比、统计分析、阶段总结等方法进行验证。
本阶段，根据课题实施方案，我们做了以下几方面的工作：
1. 进行培训学习，加强理论支撑
2017 年 10 月，我县研训中心李红老师对我县教师进行了“语文主题学习”的培训，其中对课前三分钟的活动形式、注意事项做了详细的讲解，并给了具体的建议。课题组成员也就此课题的研究翻阅了大量的书籍，如关于语文课程标准、儿童心理学、演讲与口才等方面的图书。
2. 对班级学生进行培训
对于课前三分钟活动的主持人，我先对他们进行了培训——定期组织他们观看少儿节目，让他们去模仿电视上的主持人，告诉他们要做到仪表端庄、发音准确、面带微笑、语言要富有感情。
3. 建立评价机制，全员参与
为了让每一个同学都有锻炼的机会，我要求同学们按照座位次序往下轮，每天一名同学进行播报，这样不仅让每一位同学都参与进来，而且对于一些没有自信的同学来说也是一种“硬性”的锻炼。同时，我还在班级小组评价中加入课前三分钟展示这一项，同学互相评价，对于讲得好的同学给予加分，这不但激发了学生参与的积极性，也是生生互动的好时机。</td></tr>
</table>

续表

<table>
<tr><td>立项号</td><td></td><td>课题名称</td><td>小学语文课前三分钟培养和发展学生口语交际能力的探究</td></tr>
<tr><td>负责人</td><td>董佳仪</td><td>负责人
所在单位</td><td>承德市滦平县第四小学</td></tr>
<tr><td></td><td colspan="3">4. 规范管理，持之以恒
根据本年级学生的年龄特点，经过课题组成员的认真研究，决定每天的课前三分钟学生讲一个故事，做到声情并茂。我们为班级学生制定了班级讲故事记录，主题是“用故事丰盈心灵，让讲述助力成长”，同学们将每天讲的故事记录下来，督促我们要持之以恒，同时也记录了学生们讲故事的足迹。
5. 读书漂流，助力课前三分钟
除了每周到图书馆借书外，我们还启动了读书漂流活动，同一个班的学生买同一本书，看完以后，和另一个班级的学生进行交换，这样，他们就能看更多的书，为课前三分钟展示积累素材。
6. 开展活动，激发兴趣、检验成果、助力成长
经过一段时间的坚持，我们于 2018 年 4 月 24 日，在学校录播教室开展了“故事大王”评选活动，同学们热情高涨，经过班级的海选，有 12 名同学入选本次活动，平时小组得分高的同学每人会获得一张入场券，去现场观看比赛，其他同学将在班级通过转播进行收看，此次活动取得了良好的效果，同学们各展风采，又一次得到了锻炼。2018 年 5 月 31 日，学校举行了经典诵读展示活动现场会，被评选为“故事大王”的同学有幸对课前三分钟讲故事活动进行了展示，收到参会人员的一致好评。目前，学校已将课前三分钟讲故事活动纳入学校校本课程。
7. 个案跟踪——小案例“大”自信
每一个班都有一些处于班级“边缘区”的孩子，经常会被教师忽视。我们班就有这样一个孩子，他叫李雨，胆子特别小，原来别说回答问题，就连说话都听不见声音，可是通过课前三分钟的展示，他慢慢找回了自信，还成功地得到了讲故事比赛的入场券。
8. 定期表彰，激发热情
我们会定期对表现好的学生、进步大的学生进行奖励，增强他们展示的欲望和热情。
总之，在几个月的实践研究中，我们对课题研究的思路越来越清晰，取得了一定的成果，学生们的口语交际能力整体上了一个台阶，我们会继续努力，将课前三分钟讲故事活动坚持下去，做好下一阶段的研究。</td></tr>
<tr><td>存在的困难及解决思路</td><td colspan="3">存在的困难：
1. 课题组成员都来自教学一线，都是班主任，教学任务繁重，不能保证有大量的时间和精力参与课题研究。
2. 本阶段从讲故事入手，提高学生的表达能力，对于下一阶段研究如何在此基础上进一步提升，目前存在困惑。
解决思路：
1. 调配时间，确保教学、科研时间合理安排，还可在校本教研时与教研组成员一起研讨课题。
2. 加强理论学习，在原有成果基础上进行提升。</td></tr>
</table>

续表

立项号		课题名称	小学语文课前三分钟培养和发展学生口语交际能力的探究
负责人	董佳仪	负责人 所在单位	承德市滦平县第四小学
能否按期结题	保证按时结题		
专家的指导和建议	（此栏请课题负责人填写指导专家对开题报告的指导意见）		

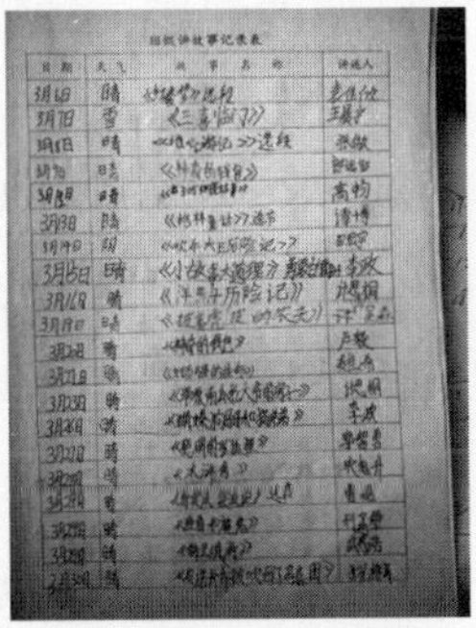

三、怎样做小课题结题鉴定验收

厚德载物：据我所知，做小课题结题鉴定验收是教师做课题研究的一场“大戏”，教师做小课题结题鉴定验收需要做哪些工作？怎样才能把这场“大戏”唱好呢？

生命如歌：小课题结题是教师小课题研究的最后冲刺阶段。完成了结题，教师的研究工作才算告一段落。教师做好结题应该考虑这样几个方面的工作。

（一）了解结题鉴定的一般程序

1. 课题组向上级科研管理部门（一般为市科研所或市教师进修学院科研部）提出申请。

2. 准备好鉴定材料（一式 5—7 份）。

（1）开题报告；（2）研究（或实验、调研）报告、论文、专著；（3）必要的附件，含实验效果、成果被采纳或在教育教学中应用推广的情况。

3. 聘请鉴定专家，并将文件送交专家。一般5—7人，设一名组长。

（1）重点课题由学会学术委员会指派或与课题组协商确定；（2）一般课题可由受委托单位（有关专业委员会、市教育学会）组织指派，也可由课题组聘请，但需要先提出名单报经所属教育学会批准，课题组成员不能担任本课题的鉴定专家。

4. 鉴定。填写《结题鉴定申请表》，可采取通信或会议方式。以会议方式鉴定者，由专家组共同确定并由组长签署意见；以通信方式鉴定者，各专家将鉴定寄交组长，组长根据多数的看法签署意见后上报。

5. 结题验收。在专家鉴定基础上，经上级科研管理部门确认，发放教育科研课题结题证书。

6. 已通过鉴定结题的课题，如需要继续滚动研究的，可按要求申报下一期课题。

7. 有下列情况之一者，课题组需书面报请所在单位同意后，报向上级科研管理部门备案：（1）变更课题主要负责人；（2）变更课题名称或对研究内容做重大调整；（3）课题完成时间延期；（4）通讯地址、电话、联系人等情况变动。

（二）结题鉴定需要材料的准备

1.课题结题材料准备

立项、开题资料：课题申请书、立项文件、课题开题报告。以上资料供结题小组核准该课题的研究目标与研究内容是否出现偏差。

2.课题研究工作报告

该报告单独撰写，一式七份。标题为“……课题”研究工作报告，署名为“课题组 ××× （撰写人，多人合作撰写均须明确署名）”。内容如下：

（1）研究的主要过程和活动（流水账：时间、地点、人物、主题、效果）；（2）研究计划执行情况；（3）研究变更情况（无变更则不写）；（4）成果的出版、发表、获奖、新闻报道情况，如有转载、采用、引用情况，可列出。

该报告主要陈述课题研究工作的开展情况，平实表述，勿用华丽辞藻，1000字以上。

附件：申请书

本溪市教育科学“十二五”规划2014年度市级

小课题结题·鉴定申请书

一、基本情况

<table>
<tr><td>课题名称</td><td colspan="7">有效提高高中生英语写作能力的探索的研究</td></tr>
<tr><td>课题主持人</td><td colspan="2">史丽丽</td><td colspan="2">任教年级及学科</td><td colspan="3">高三英语</td></tr>
<tr><td>性别</td><td>女</td><td>年龄</td><td colspan="2">33</td><td colspan="2">最后学历</td><td>本科</td></tr>
<tr><td>职务职称</td><td colspan="7">中学一级</td></tr>
<tr><td colspan="8">主要参与者（不超过6人，请填课题立项时的参与者）</td></tr>
<tr><td>序号</td><td>姓名</td><td>年龄</td><td>职称</td><td>任教学科</td><td colspan="3">研究具体分工（简写）</td></tr>
<tr><td>1</td><td>唐波</td><td>39</td><td>高级</td><td>英语</td><td colspan="3">开题报告 撰写论文
课题研究</td></tr>
<tr><td>2</td><td>黄金鑫</td><td>27</td><td>初级</td><td>英语</td><td colspan="3">课题研究 撰写论文
整理和电子化</td></tr>
<tr><td>3</td><td>倪铭</td><td>26</td><td>初级</td><td>英语</td><td colspan="3">结题报告 课题研究
撰写论文</td></tr>
<tr><td>4</td><td>艾莉莉</td><td>32</td><td>初级</td><td>英语</td><td colspan="3">搜集信息 课题研究
撰写论文</td></tr>
<tr><td>5</td><td>王冰冰</td><td>30</td><td>中级</td><td>英语</td><td colspan="3">阶段总结 活动记录
撰写论文</td></tr>
<tr><td>6</td><td>王晓曦</td><td>30</td><td>初级</td><td>英语</td><td colspan="3">调查问卷 中期报告
阶段总结</td></tr>
</table>

<table>
<tr><td colspan="5">课题组研究人员在2012—2015年曾主持或参与研究的省市级课题（限填10项）</td></tr>
<tr><td>序号</td><td>姓名</td><td>课题名称</td><td>级别</td><td>是否结题</td></tr>
<tr><td>1</td><td>史丽丽</td><td>高中英语语法教学中的困惑与探索</td><td>市级</td><td>是</td></tr>
<tr><td>2</td><td>倪铭</td><td>高中英语语法教学中的困惑与探索</td><td>市级</td><td>是</td></tr>
<tr><td>3</td><td>唐波</td><td>高中英语阅读技巧的实践研究</td><td>市级</td><td>是</td></tr>
<tr><td>4</td><td>黄金鑫</td><td>高中英语阅读技巧的实践研究</td><td>市级</td><td>是</td></tr>
<tr><td>5</td><td>王晓曦</td><td>外语教师共同体阅读教学的实践探索研究</td><td>省级</td><td>是</td></tr>
<tr><td>6</td><td>史丽丽</td><td>外语教师共同体阅读教学的实践探索研究</td><td>省级</td><td>是</td></tr>
<tr><td>7</td><td>倪铭</td><td>外语教师共同体阅读教学的实践探索研究</td><td>省级</td><td>是</td></tr>
<tr><td>8</td><td>黄金鑫</td><td>外语教师共同体阅读教学的实践探索研究</td><td>省级</td><td>是</td></tr>
<tr><td colspan="2">研究周期</td><td colspan="3">一年</td></tr>
</table>

二、结题报告简介

内容提示：一、课题提出的背景；二、课题的界定；三、课题研究的特色或创新之处（理论上的新观点、实践中的新举措）；四、课题研究的意义和价值（基本观点与主要结论）；五、研究目标；六、研究内容；七、研究方法；八、研究步骤；九、研究中存在的问题与今后的研究设想；十、参考文献。 （小四号字、宋体、1.5 倍行距、1000 字左右）
一、课题的提出与界定 在高中英语教学中，对高中学生听、说、读、写能力的培养至关重要，其中写作是最难培养的能力之一。现代视听工具的普遍使用，不仅没有降低写作的地位，反而对写作提出了更高的要求。而面对基础原本薄弱的英语，写作一直是学生的弱项，学生往往难以形成有效的写作技能，常常停留在文本的接受性学习中，缺乏逆向思维能力。教师和学生投入了大量的时间和精力，积极采纳了一些办法，但是学生写作水平提高较慢，英语写作教学现状不乐观。 **二、研究步骤** **“有效提高高中生英语写作能力的探索的研究”课题成立于 2014 年 4 月，历时一年，大体分为三个阶段进行。** 第一阶段：准备阶段（2014 年 4 月—2014 年 5 月） 1. 组建课题组，制定课题方案及实施计划。 2. 召开课题组会议，学习讨论研究方案，明确研究思路，落实研究任务。 3. 搜索查看相关文献资料，把握研究现状与发展趋势。 4. 调查学生英语写作水平的现状及分析。 ◆阶段成果：形成课题方案 第二阶段：实施阶段（2014 年 6 月—2014 年 10 月） 1. 课题组教师按实施计划进行实验并收集材料。 2. 课题组成员理论学习，召开课题组成员会议，对课题进行阶段性小结。 3. 召开课题研讨会，根据效果调整并完善课题设计。 4. 收集、整理学生的优秀作文，进一步指导。 5. 收集、整理教师案例、反思等。 ◆阶段成果：课题小结，中期报告 第三阶段：总结阶段（2014 年 11 月—2015 年 4 月） 1. 调查英语写作水平的现状及分析。 2. 撰写研究报告。 3. 为完成课题实验，完成各项成果的资料整理工作，做好课题研究的结题和成果论证工作。 ◆最终成果：形成课题结题报告、研究性论文。 **三、课题研究的意义与价值** （一）教师通过此课题的研究改进传统的教学模式，接受有效的、与写作教学策略相关的理念和理论，从而促进教学方式和手段的转化，为进一步开展写作研究提供新的思路。 （二）本课题的研究实践，有助于促进我校英语教师的写作教学与指导水平，实现新课程的教学目标，让学生树立强烈的写作意识，进一步提高学生的英语综合素质，以及学生的写作能力，形成本校英语的教学特色，增强在区域内的影响力。

续表

四、课题目标 使学生能更加明晰作文几大体裁的特点，掌握提高写作水平的几大要素，词汇也更加丰富多彩，句型在保证正确的同时力求多变。提高学生综合运用语言的能力，发展学生从口头表达转向书面表达的能力，让学生逐步学会整合所学的语法、句型等知识点，把它们变成一个有机的整体。 **五、研究内容** 如何让学生掌握一定的写作基本功，是高中英语教学的重要任务之一。 在本课题研究中，要求教师在以学生为主体的英语教学中，改变传统的教学观念，灵活运用各种教学方法，充分调动学生学习积极性，让学生更好地运用和发展语言能力。 在英语写作课的各个环节中，教师应以不同类型的问题为主导，引导学生通过自身思维活动掌握英语写作知识，提高语言运用能力与思维能力。 旨在探索出一条有效解决高中英语写作课效率低下的有效途径。希望通过此次课题的研究，教师能在提高自身教学水平的同时多关注学生的动态及自身教研水平的提高，利用各种办法，开展多种活动使学生们对写作课充满学习的激情与欲望，从而提高课堂学习效果。 **六、课题研究方法与特色** 1. 夯实英语基础知识，激发学生对语法知识的关注。 2. 创设真实情境，激发学生的写作兴趣。 3. 运用多元评价策略，激发学生写作的成就感。 **七、研究中存在的问题及今后的研究设想** 在课题研究中，虽然我们取得了较好的成绩，但在教学和研究中，我们也遇到了一些难题，值得思考。 1. 如何提高一部分学困生的学习时间和效率。 2. 如何进一步提高课堂效率。 总之，本课题的研究旨在使学生形成良好的英语学习习惯，激发学生的英语学习兴趣，促进学生听、说、写能力的提高，培养学生自主学习英语的能力，使学生的英语应用能力获得较大的发展，让学生在良好英语学习习惯的影响下提升英语的综合素质。

（三）撰写课题研究报告

该报告单独撰写，一式七份。标题：“……课题”研究报告，署名为“课题组 ×××（撰写人，多人合作撰写均须明确署名），主要包括以下内容。

1. 课题的研究背景（核心概念界定、理论依据、国内外研究现状，不超过 300 字）。

2. 研究目标、研究内容、研究对象、研究方法（不超过 500 字）。

3. 研究实施、结果与分析（数据或案例分析）、研究结论（不少于 1000 字）。

4. 研究的主要特色与创新点（不少于 500 字）。

5. 研究中存在的问题（不超过 300 字）。

6. 后续研究的设想（不超过 200 字）。

7. 主要参考文献（不少于 5 项）。

研究报告是非常重要的结题资料，一定要写好。该报告总字数 3000 字以上，平实表述，勿用华丽辞藻，要展示出课题研究的理论水平。本报告撰写人须提供亲笔签名的无抄袭承诺书。小标题按标题层级，序号依次标注为一、(一)、1、①。

（四）课题研究的过程性资料

要全面搜集课题的相关资料，以印证课题研究过程及研究成果的真实性。这个资料最烦琐，也最庞大，但它可以真实地体现课题结论是通过一系列的研究而得出的，并非主观判断或者抄袭得来的。本项资料主要包括与本课题相关的原始记录文字、教学设计、数据统计、PPT 课件、视频、照片等原始资料。要求编写目录，按目录顺序封装成袋（或册）。

研究经费决算。课题经费用在什么地方，怎么用的，相关的账目及证明材料要清晰。

成果集（①已发表的论文复印件：封面、版权页、目录、正文等；②被引用证明；③获奖情况与相关报道资料）。课题组在提交结题申请前，应充分准备结题材料，特别是结题报告的撰写方法和要求。对课题的研究结果要客观、如实地进行反映，正确认识课题研究过程中存在的问题，形成这样一种意识：失败也是一种成功，它是同类课题进一步研究的宝贵经验。

（五）课题结题鉴定会议的一般程序

1. 课题鉴定组织单位（或授权委托单位）的负责同志介绍出席会议的鉴定专家、领导和课题组成员，提出课题结题鉴定的具体要求。

2. 课题鉴定专家组组长主持鉴定会并简要说明结题鉴定的程序及做法。

3. 课题主持人（含课题组成员）陈述研究过程和研究结果（以研究报告为主）。

4. 专家组审阅课题成果及相关研究资料，鉴定专家提问，课题主持人和课题组主要成员进行答辩，专家组对研究报告提出修改建议。

5. 课题鉴定专家组组长综合各专家点评意见，形成书面鉴定意见（课题组成员回避），填写或打印《课题成果鉴定书》。

6. 专家组组长宣布鉴定结果。

7. 课题主持人表明对鉴定意见的态度。

8. 课题成果鉴定组织单位主管领导讲话。

（六）汇报用PPT演示

会议鉴定课题主持人要陈述以下主要内容。

1. 课题主要研究解决什么问题，为什么要研究这个问题。包括问题提出、研究综述、研究意义等。这就要求课题结题汇报应包括提出研究的问题、介绍研究的背景、表述前人研究的成果、说明研究的意义。这个部分的陈述，不求面面俱到，但要扣住主题，简单扼要，讲清问题。

2. 课题是怎么研究出来的。包括理论依据、研究目标、研究内容、研究思路和方法、研究的具体步骤和主要措施等。这个部分的陈述，要做到以下几点：研究思路清晰，研究目标合理、有效，研究内容具体实在，研究步骤安排科学规范，研究的具体措施有力，研究方法得当。特别是通过对这个问题的陈述，让别人清楚你在研究这个问题的过程中，是怎么解决这个问题的，确实有些重要的研究经验可供他人借鉴。

3. 研究的主要成果（结果、结论）及成果分析（包括理论成果和实践成果）。这个部分是陈述的重点，不仅要具体陈述课题研究出了什么具体的成果，如公开发表的论文、出版的专著等，还要提炼重要的观点，进行深刻的理性分析，用数据说话，以事实证明。如理论上新的认识（观点、理念、理论）、新的规律；社会认可的程度：操作层面的新模式、新方法、新对策等被实践检验过，社会的认可或某些权威机构的科学认可，使鉴定者认为你这个结果（结论）具有科学性、创新性、学术性、效益性，有可信度。

4. 研究成果的影响。包括成果带来的社会影响和实际的效果。这个部分的陈述，要“有血有肉”，生动具体，有数据，有典型案例。

5. 值得讨论和继续深入研究的问题。如由于其他因素影响未进行研究的问题，已进行研究但由于条件限制而未取得结果的问题，与本课题有关但未列入本课题研究重点的问题，值得与同行商榷的有关问题，等等。如下面这份科研课题验收评审报告。

辽宁省凤城市东方红小学"小学循序训练作文教学实验"

验收意见

由凤城市东方红小学校长包全杰同志主持的"小学循序训练作文教学实验",是辽宁省教育科学"八五"规划重点项目之一。先后进行了两轮14年实验,在1995年10月26日接受了辽宁省专家组的验收。

专家组对东方红小学的作文课堂教学,反映实验过程和成果的资料以及实验报告做了全面的调查和评审,一致认为该项实验具有下列特点。

一、立题意义重大

该实验是在充分考虑了作文在语文教学中的地位,针对小学作文教学长期存在的起步晚、坡度陡、无计划、不得法、量不足等问题和学校的实际情况提出来的,对提高小学作文教学效率和水平,对学校整体改革,以及实施素质教育有重大现实意义。

二、实验目标明确

该项实验的总体目标是大面积提高学生的作文水平,同时确定了低、中、高年级学生作文在时间、字数和程度上的要求,为实验确定了研究方向。

三、实验设计科学

该实验以现代教学思想为指导,确立了"一个核心、三个阶段、六步训练"的循序训练作文教学模式。在实践中,以更新教育观念为先导,以自编作文课本为载体,以丰富学生生活为基础,以培养学生写作兴趣为动力,以勤写多练为途径,以作文与做人相结合为根本,改革课堂教学结构,改革作文批改方法,作文与阅读相结合,作文与其他学科教学结合,课内与课外结合,实行全程教学,给学生提供了表现成功的机会,体现了学生的主体性。这个教学模式和操作办法符合小学作文教学规律和小学生心理活动规律,为学生作文水平的提高提供了可靠的保证。

四、实验操作到位

在实验过程中,学校已将实验思想和操作办法转化为多数教师的教育观念和教育行为,使实验工作落到了实处。

五、实验效果显著

在实验中，构建了“循序训练作文教学”模式群，创造了实现目标的操作办法，大面积提高了学生的作文水平。据测试，全校2000多名学生的作文水平已超出了实验确定的目标，作文竞赛成绩在全国居前列，同时学生的认识能力、创造能力和心理素质等方面也得到了较好的发展。这些成果是可信的、显著的，在教育界和社会上产生了广泛的影响，对推动我省小学作文教学改革发挥了积极的作用，也推动了本校教师作文教学水平的提高和全校教学整体改革。

上述分析说明，该项实验主题是先进的，改革力度大，有利于全面提高学生素质，方案设计科学，操作办法可行，控制严谨有效，效果显著，是一次成功的实验。专家组同意该实验通过省级验收，并推荐参加辽宁省“八五”优秀教育科研成果评选。

专家组建议对实验报告的结构做进一步调整和完善。

专家组组长：李放

1995年10月26日

厚德载物：通过上面的梳理，我对教师做小课题研究过程中如何应对中期检查与结题鉴定验收有了很全面的了解，才知道原来小课题中期检查还要做这么多的工作。如果说选好课题是小课题研究的良好开端的话，应对“中期检查与结题鉴定验收”就是编筐织篓全在收口。要想编好小课题研究这个“筐”，就应该做好“收口”工作。

生命如歌：对于申报小课题立项的教师来说，上面这些内容是十分重要的，因为如果不了解上面这些基本常识，将直接影响申报小课题立项。教师除了了解上面介绍的这些情况，还应该找找这方面的书来细致读一读。

交流篇

组织好的石头能成为建筑，组织好的社会规则能成为宪法，组织好的事实能成为科学。组织好的教学经验和研究成果则能成为教师一笔难得的精神财富。

“天下事有难易乎？为之，则难者亦易矣；不为，则易者亦难矣。”

第17章　把隐性成果转化成显性成果

——研究成果的梳理与表述

“有研究无成果”和“有成果无转化”是小课题研究的两大失误。小课题研究即使有了研究成果，如果没有进行精心的梳理与提炼，其研究的成果还是零散的、感性的、隐性的。这将使小课题研究的意义大打折扣。那么，怎样才能将自己的研究成果科学地呈现出来呢？这就需要对研究成果进行梳理提炼和表述。梳理提炼研究成果也是教师做小课题研究的一道坎儿。今天我们就来聊聊小课题研究成果的梳理与表述这个话题。

一、研究成果梳理的重要意义

上善若水：教师为什么要重视小课题研究成果的梳理？

生命如歌：成果梳理为什么那么重要，看看名师是怎么说的就知道了。李吉林说：“写作就是研究。没有写作，研究成果往往会呈现碎片化、思绪化、即时性等特征或状态，写作是对这些研究成果的归纳、整理和提升，也可以说是对平时研究的二次研究。”钱守旺说：“教师专业成长的五条通道：把别人的智慧借过来、把看懂的东西做出来、把困惑的问题摆出来、把研究的成果写出来、把成功的经验传出去。”朱永新说：“写教育随笔，在纸上与自己对话，留下日子的划痕。也许，你看到的仅仅是别人写了些文字，你没看到的是其精神的成长与灵魂的蜕变。”特级教师刘祥说：“你离优秀教师或许只差一支笔。”

调查研究发现，一个人的教育理性，40% 来自专业阅读、专业实践和专业思考，60% 来自专业写作。只有动手写时，才会发现思维里的欠缺，才会更好地阅读、思考和实践。写着写着，你就会养成通过现象看本质的习惯，就会多角度思考问题。追溯名师做研究的成长历程，我们发现一个基本事实：大凡卓有成就的骨干与名师做研究与成长，除了痴迷读书外，还重于经验梳理与专业写作。他们通过大量阅读丰盈自己的精神世界，通过写作创造属于自己的精神世界。

另外，教师的小课题研究不能只种不收，只有过程没有结果，只见研究不见成果。那么，教师怎样去收获自己的小课题研究成果呢？这就需要把自己的研究进行一番总结提炼，形成文字材料。春华秋实，春有种秋有收。教师把自己的研究成果写出来，并将其推广和应用，这才是一个完整的研究过程。

如果你做小课题研究“有研究无成果”或“有成果无转化”，那么你的成果是隐性的，怎能去参加评估评奖和推广呢？只有隐性成果显性化，才能被评估评奖和推广。

有人曾问我，你为什么能在那么忙的情况下做到教学科研两不误，不但书教得好，而且发表那么多论文，获得了那么多科研成果。我说：“我受益于多读、多思、多做、多写。读是积累，思是加工，做是实践，写是总结。是读、思、做、写相得益彰助了我一臂之力。”所以在我看来，重视对研究成果的专业写作是十分重要的。教师能把学习、工作、研究、写作结合起来，是小课题研究的最佳途径。日有所记，记有所思，日积月累，境界渐高，这对人的个性成长大有裨益。

二、克服心理障碍，敢写常写

桑榆未晚：每每提到专业写作，梳理研究成果，有的教师总是有恐惧心理。他们认为没内容可写，不知道写什么，把写作看作很难、很神圣、很神秘的事情。

生命如歌：是的，梳理提炼小课题研究成果确实是很多教师的难题。他们会说，做专业梳理多难啊！让我上课没问题，让动笔写东西我就发愁、打怵。这是因为，教师产生了专业写作的心理障碍。所以，教师要想梳理好小课题研究成果，首先要克服专业写作的心理障碍。

怎样克服专业写作的心理障碍？首先教师要敢写常写。这里我举一个特级教师专业写作之旅的案例。特级教师张祖庆是如何踏上写作之旅的？他正是在不断的读书、研究和专业写作中，才逐渐从一名普通教师成长为一名全国知名特级教师。

我的写作生涯经历了四个阶段，约 20 年时间。1999 年前，我真正的专业写作还没有起步。

第一阶段：刀笔吏生涯。1999 年到 2004 年，我在浙江省温岭市太平小学当教科室主任。这段时间我的文章大部分是为学校而写的，包括各种工作计划、总结、教代会报告等。

第二阶段：论坛江湖。2004 年到 2006 年，是我在论坛上尽情折腾的一段时光。偶然闯入“人教论坛”，注册了一个名为“温岭祖庆”的“马甲”，开辟了专栏《沉淀每一天——温岭祖庆教学耕耘录》，几乎每天一篇文章。个人经历、班级故事、教学片段、课堂实录、教学思考、教学论文……什么都写，写着写着，积累了五十多万字。就这样，在不经意间，写出了我的第一本书《张祖庆讲语文》。

第三阶段：博客时代。2007 年左右，论坛衰落，博客兴起，我把很多文字放在新浪博客“自在乾坤”里。博客是后花园，主人随意播种，客人随意来去，无需招待，自由观赏，来去两便。我蛮喜欢博客写作的状态。但后来，博客也渐渐没落了。

第四阶段：微信公众号时代。2016 年 8 月 31 日，我和朋友周其星一起注册了一个微信公众号。我的号叫“祖庆说”。不到 3 年时间，我就写了四百多篇原创文章。开始，是不定期写，有话就写，无话不写。慢慢地，粉丝多了起来。从 3 万到 5 万，再到 10 万，到现在的近 15 万，感觉不少读者对公众号都有了期待，于是我从去年 9 月份开始日更。

日更确实不易。开始一直是一个人在做，后来，几位一线教师看我实在太忙，主动提出帮我编辑，于是，公众号便有了一个编辑团队。不少朋友说我有毅力。其实，与其说我是用毅力在坚持，不如说是喜欢的力量在推动着我。现在，我常常觉得，如果让我不写文章，是对我的一种惩罚。

桑榆未晚：张祖庆老师的写作之旅启示我们：教师的专业写作并非想象中那样很难、很神秘，关键是要敢写常写。

生命如歌：是的，“天下事有难易乎？为之，则难者亦易矣；不为，则易者亦难矣”。梳理提炼小课题研究成果并非难事，教师一定要克服心理障碍，要敢写常写。

三、眼睛向内，写好自己的东西

春华秋实： 教师在梳理研究成果时首先应该注意的是什么？

生命如歌： 荒了自己的地而种了别人的田，这是教师梳理小课题研究成果时容易出现的现象。即本来自己做了很长时间的研究，也有很好的实践研究素材，却放下这些很鲜活的内容不去做梳理提炼，而是去研究一些书本的大理论。一开始写作就去求助网络搜索，找寻一大堆的名词概念和名家言论，然后东拼西凑一些教育理论素材，显然这是不合适的。

教师梳理提炼小课题研究成果，最怕的是不从自己的课堂上、学生身上找成果（答案和规律），而是从网上、专家的著作里找成果（答案和规律）。所以，首先眼睛要向内：我的研究成果是什么？研究目标是否实现了？研究过程是怎样的？成效是什么？问题是什么？需要进一步研究的问题是什么？真正的教育写作者，自然不会乐意于将自己的文字变成他人思想的跑马场。故而，真正的教育写作者，一定是本着“我手写我心”的原则梳理研究成果的。

“好文章不是写出来的，而是做出来的。”梳理提炼研究成果的确需要借助一些理论，但还是以写自己的东西为主。即对自己研究的问题与现象去粗取精、去伪存真、去枝留干，提纲挈领，从中发现规律。教师不要迷信名家和理论，高手在民间，要相信自己的感悟和体会更真实。所以，教师要以“我手写我心”为原则，写出自己的感悟和体会。这样可能少走弯路，不走歧路。写稿的时候，不要动不动就引用其他人的话，尽可能用自己的话，深入浅出地阐述。千万不要为了显示博学，就把别人看似“高、大、上”的话拿来装潢门面。如找寻一大堆的名词概念和名家言论，用来“提升”文章的“理论高度”，然后东拼西凑一些别人的教育素材，嫁接在自己的文章中。这样的文章，初读时觉得很“高、大、上”，但自己的东西和实践很少，理论与实践多为“两张皮”，再读便会发现其实价值不大。

桑榆未晚： 如此看来，教师梳理研究成果是否不应该看外人的东西？

生命如歌： 也不是的。当你没有写作经验时，不要自己硬憋，可以通过阅读来寻找碰撞，拓展思路，如看一看别人的教育教学案例、研究报告、调查报告等是怎样写的，从框架思路到布局谋篇，从开头结尾到文字锤炼。他山之石可以攻玉。可以学习钻研他人的优秀成果，也可以适当模仿他人的形式，以便做到举一反三。某些理论观点也可以适当借用，不过需要特别注意两点：一是要在写作说明自己的成果基础上借用；二是不能引用过多。学习名家，不迷信名家；学习书本，不唯书本。仔细算一下，你写的研究成果有多少是自己的观点和做法，有多少是别人的，应该以自己的东西为主。因为真正来自自己实践研究的东西是最有价值的一部分，要寻找自己的独一无二，即属于自己、区别于别人的个性的东西。你发现了你的研究成果，你就找到了自己；你找到了你自己，你就找到了成功。

四、找准自己梳理表述的形式

桑榆未晚：教师梳理成果有哪些表述的形式？

生命如歌：教师梳理成果是一种专业写作，把问题变成论文，把做法变成论文，把想法变成论文，把课题研究变成论文。因为没有进行精心梳理与提炼的研究成果还是零散的、感性的、隐性的，梳理就是要把研究成果用科学的方式呈现出来，这是科学认识教育规律的过程，这样的成果形式才有利于推广和应用。

教师怎样梳理成果？面对一大堆的感性材料，不可能“眉毛胡子一起抓”。这就需要梳理，而梳理首先要找准自己梳理表述的形式，即量体裁衣，看自己的研究内容适合哪种表述的形式。

每个教师开展的微课题题目、内容、形式、时间长短不同，那么成果的梳理表述形式与策略也不同，梳理表述的方式方法自然也是多种多样的。通常小课题研究成果的梳理内容包括以下几个方面。

（一）研究报告类

1. 课题研究报告；2. 课题调查研究报告。

（二）教育论文类

1. 教育经验论文；2. 教育理论论文；3. 班主任经验论文；等等。

（三）教学法类

1. 教学法（模式）；2. 教学风格（特点）；3. 教学设计。

（四）教育叙事类

1. 故事 + 评析；2. 案例 + 反思。

（五）教育随笔

1. 教学反思；2. 教育日记；3. 杂谈；4. 一事一议小论文；等等。

（六）教育专著

综上所述，教师要根据这些课题研究成果梳理方式，找准自己梳理表述的形式。如自己的研究内容和题材是适合撰写叙事研究的教育教学案例，还是适合撰写教育教学论文；是适合撰写研究报告，还是适合撰写调查报告；等等。

五、梳理要学会归纳概括

桑榆未晚： 为什么说课题研究成果梳理的关键是要学会归纳概括？

生命如歌： 学会归纳概括、浓缩、提纯，提炼出本质属性，找到规律。提炼教育教学成果的核心价值在于把实践经验总结上升为规律性的认知，转化为普适性成果，让更多的人受益。但在小课题研究中，很多教师做了大量默默无闻的工作，也收获了许多诉说不尽的感悟和认识。但“有研究无成果”和“有成果无转化”，这是非常遗憾和可惜的。从《成果申报表》的填写就能看出问题：本来教师做了很多工作，填写时或者把方案的内容原封不动地搬到成果表上，或者把别人的教育理论都列举出来，或者说一些空洞口号——“提高了课堂教学效率”“提高了教师素质”“提高了学生学习兴趣和学习成绩”……这样就不能很好地呈现我们的研究成果。所以，教师要学会梳理提炼。

有学者曾对北京市 23 位某学科骨干教师的教学成果进行分析，发现教学经验描述类、教学设计类成果多，分别占全部成果的 43.5% 和 30.4%；有理论支撑的成果，如借助理论观点解释教学案例，或对教学案例有比较系统的阐释和思考的较少，分别仅占 21.7% 和 4.3%。笔者在与中小学校教育工作者接触的过程中，发现了一个很多校长、教师在参与课题研究中出现的比较突出的问题，即实践结果卓有成效，但梳理提炼出的成果却质量不高。问题主要表现在对于成果的提炼停留在现象描述和事实罗列层面，观点不鲜明，研究要素缺乏；没有厘清核心要素的关系结构，对相关研究成果的分析与借鉴不到位等。

桑榆未晚： 梳理归纳研究成果应该注意哪些方法和技巧？

生命如歌：教师梳理成果的方法有很多，重点应该注意这几点。

第一，深刻理解、弄懂自己要梳理的教学成果的内涵、特点、重点和类型，清楚应该归纳什么，概括什么。

第二，利用大、小标题。在梳理教学经验的过程中，利用大、小标题进行归纳概括的方法。这种做法类似列提纲，通过大、小标题把梳理的内容打起框架，整理思路。一篇优秀的教育教学成果总结就是一篇结构严谨、内容扎实、逻辑清晰的好文章，可以根据“问题、过程、内容、效果、问题”五要素，即“针对什么问题，开展了哪些相应的研究和实践，取得了哪些成果，成果是否解决了问题”进行框架的搭建。同时文章各要素要环环相扣，一脉相承，内在逻辑要高度一致，互为印证。优质教育教学成果的表达应有以下特点：题目精准、结构严谨、言之有物、呈现有法。

第三，利用关键词、短语或浓缩句子。在梳理教学经验的过程中，为了方便记忆，立体形象地呈现成果，并更好地宣传和推广成果，往往需要将一些研究过程中的理念、内容、原则、规范、制度及活动等成果概括为简练的短语或句子。如几位特级教师对自己的教学风格做了这样的梳理表述：钱守旺：“稳中求活 活中求实 实中求新 和谐自然”。王开东：“三有六让”，“三有”——有趣、有情、有理，“六让”——目标让学生清楚，疑问让学生讨论，过程让学生经历，结论让学生得出，方法让学生总结，练习让学生自选。于永正：“五重”——重情趣、重感悟、重积累、重迁移、重习惯，简称“五重教学”。

第四，用事实说话，言之有物。梳理成果应避免大话、套话，事实胜于雄辩。在说明观点时要拿出自己的具体做法，说明的背后有“量化数据＋定性案例”给予支撑。

提炼是对已有成果进行分析、概括，使之上升为规律性认识的过程。成果经提炼后应凝缩为一个或若干个理论术语，具有特定内涵，产生典型效果。比如，提起“情境教学”就会想到李吉林老师，提起“1+x”课程就会想到清华大学附属小学，等等，这些都是已经形成品牌的成果。此外，若成果内容比较复杂，还可借助图示、图表等方式进行可视化呈现，让成果各部分的逻辑关系更清晰，特色更凸显，效果更震撼。

六、研究成果梳理表述文体写作

海纳百川：小课题研究成果梳理表述的文体应该怎么撰写？

生命如歌：关于小课题研究成果梳理表述的文体，我们在前面介绍各种小课题研究方法时就已经聊过了。如在第 6 章我们介绍了教师怎样撰写各种文体的教育教学经验论文，在第 7 章介绍了教师怎样撰写教育教学案例、故事和教学反思，在第 8 章介绍了教师怎样撰写研究报告，在第 9 章介绍了教师怎样撰写调查研究报告，在第 10 章介绍了教师怎样撰写文献研究报告，在第 11 章介绍了教师怎样撰写个案研究报告，在第 12 章介绍了教师怎样撰写教学风格论文，在第 13 章介绍了教师怎样撰写教学模式，在第 14 章介绍了教师怎样撰写行动研究报告。所以这里我们就不再赘述了。

海纳百川：但是我们常常会遇到这样的问题：我们平时积累和撰写的是教育教学案例、教学反思、教学课例等，那我们怎样把案例、反思、课例转写为论文呢？

生命如歌：你提的这个问题很实际，我看到许多教师会遇到这样的问题。下面我就和你们谈谈这个问题。通常，教师遇到这种情况应着重做好五件事：一是推敲新的标题；二是深挖主题，更加明确主题说明了什么，突出了什么；三是改变文体框架（重新拟写小标题）；四是增加论述理论成分，有理有据；五是增加文字，内容更翔实充盈。

海纳百川：能不能给我们举一个案例？

生命如歌：下面我结合这个具体案例来说明。

教育案例：原文

把目标分解，让他能够得上

辽宁省大连市第 46 中学　董大方

【纪实】初一下学期开学，我们班转来一个富商的儿子，学习不好，行为也很散漫。观察他一段时间后，我发现他是一个很聪明的孩子，就是学习不努力，学习习惯也不好。

期中考试后，我找他谈话，帮助他分析成绩，问他有什么计划。他说：“我太笨了，学习不行。学习好的人都是特别聪明的。”我点了三个成绩略高于他的学生的名字问他："这几个学生学习怎样？"回答："不好。"我问："你追上他们有困难吗？"他笑着说："太容易了，他们不比我强多少，每科只是高出几分。"我告诉他："你的目标就是追上他们，他们怎样学你就怎样学。"他很自信地答应了。

期末考试他真的追上了他们。成绩出来后他对我说："老师，我说话算数吧？"以后每隔一段时间我都给他指出几个他追赶的目标，这几个学生与他的成绩很接近或只是略强他一点点。

我告诉他："要追上他们就要了解他们，了解他们是如何学习的，如何思考的，如何战胜困难的。"他每次都爽快地答应了。为了追赶别人，他常常主动与追赶的对象研究问题，升入初三时他已经是班级的优秀学生了。

【思考】通过这个后进生学习成绩的提升让我体会到：只要方法得当，提高后进生学习成绩是完全可能的，而提高后进生学习成绩的关键是激发他的学习动力，培养好的学习习惯。

下面是改写后的论文。

关于激发潜能生学习动力的个案研究

一、问题提出

目前，中小学生厌学的现象很严重，在初高中的课堂上有众多的"干坐生"。而在这厌学队伍中，我们所说的潜能生是主力军。有人对1.6万余学生进行抽样调查发现，无论是小学还是中学，学生厌学情况日益严重。有高达58%的学生选择"假如可以不上学的话，我会不去上学的"。有人说，他们就是社会某些违法分子的后备军。部分潜能生厌学，弃学出走，甚至混在社会上，走上犯法门路，给家庭、社会带来不少麻烦和危害。

由此看来，转变潜能生，激发潜能生的学习动力，转变潜能生的厌学心理，是目前学校教育和家庭教育的一项重要任务。本课题即以"激发潜能生学习动力"为研究目的，通过对学生个案的研究来探究调动和激发潜能生学习积极性的规律。

二、研究对象

初中一年级（2）班：王某，男，14岁，富商儿子。

三、归因分析（包括假想）

初一下学期开学，我们班转来一个富商的儿子，学习成绩不好，人也很散漫。观察他一段时间后，我发现他是一个很聪明的孩子，就是学习不努力，学习习惯也不好。

对这样的孩子应该加强自信教育。教师不能因为后进生学习成绩不好就歧视、嫌弃他们，要转变他们的思想，提高他们的学习成绩。

自信心是指人相信自己的愿望或预料一定能够实现的心理。自信心是一种精神能源，是人行为活动的内在动力。一个人做事缺乏自信心，他就会对自己的奋斗目标产生怀疑，发生动摇，看不到自己的力量，甚至自卑自责，做事缺乏勇气，容易自甘放弃。学生在校学习也是如此，一个对学习毫无信心的学生，毕业时肯定无法取得优异的学习成绩。大量的调查证明，在大多数的潜能生中，都存在学习自信心不足的问题。他们有的半学不学，对付对付；有的干脆自甘放弃，准备混到毕业。所以，从这个意义上说，增强后进生的学习自信心，往往比用大量的精力、时间给学生补课辅导更重要。

四、教育措施

期中考试后，我找他谈话，帮助他分析成绩，问他有什么计划。他说："我太笨了，学习不行。学习好的人都是特别聪明的。"我点了三个成绩略高于他的学生的名字问他："这几个学生学习怎样？"回答："不好。"我问："你追上他们有困难吗？"他笑着说："太容易了，他们不比我强多少，每科只是高出几分。"我告诉他："你的目标就是追上他们，他们怎样学你就怎样学。"他很自信地答应了。

期末考试时，他真的追上了他们。成绩出来后他对我说："老师，我说话算数吧？"以后每隔一段时间我都给他指定几个他追赶的目标，这几个学生与他的成绩很接近或只是略强他一点点。

我告诉他："要追上他们就要了解他们，了解他们是如何学习的，如何思考的，如何战胜困难的。"他每次都爽快地答应了。为了追赶别人，他常常主动与追赶的对象研究问题。

五、教育效果

升入初三时他已经是班级的优秀学生。

六、结论与思考

研究证明，通过分解目标，降低要求，来激发潜能生的学习动机，效果是好的。这给我们以下启发。

1. 低起点：就是从低处着眼，适当降低要求。

2. 小步子：指细分学业任务，对学生每一点微小进步和成功都要及时发现和肯定，即运用多肯定的激励式教学方法。

3. 多活动：指强调“四练”，即课前练（预习适当的引导性材料）、议中练（课堂讨论中进行理性思考）、检测练（新知识形成后的应用）、课外练（完成课外作业）。

4. 快反馈：指及时批改学生的作业，及时评价学生的回答，使学生能及时发现问题并加以改正。

当然，这在这个学生身上是有效的，但是在其他学生身上是不是同样有效也当另论。另外，激发潜能生的学习动力从而转变潜能生是一个复杂的过程，还有许多问题需要进一步研究。

（选自董大方的《董大方：我这样当班主任》）

七、附件：参考文献（略）

春风化雨：真的很奇妙，一个教育案例被改写成了一篇很好的研究论文。

生命如歌：这里我只是为了给大家提供个例子，研究论文改写得很粗糙，内容不是很深刻，格式也不够规范。不过能看到五个方面的变化。

第一，推敲新的标题。

教育案例原文标题是《把目标分解，让他能够得上》。改写后论文标题是《关于激发潜能生学习动力的个案研究》。标题实际就是小课题研究的目标、重点、范围和界定。那么，我们从这里看到改写后论文对研究的目标、重点、范围做了重新界定，研究目的更明确。

第二，深挖主题。

通过“问题提出”和“问题分析”的说明，更加明确本项研究的主题就是通过“自信教育来转变潜能生”。

第三，改变文体框架（重新拟写小标题）。

改写前后文章结构的变化

改写前	改写后
把目标分解，让他能够得上	关于激发潜能生学习动力的个案研究
【纪实】	一、问题提出
	二、研究对象
	三、归因分析（包括假想）
	四、教育措施
	五、教育效果
【思考】	六、结论与思考
	七、附件：参考文献

第四，增加理论论述成分。

如改写后的“结论与思考”增加了下面的内容：研究证明，通过分解目标，降低要求，来激发潜能生的学习动机，效果是好的。这给我们如下启发。

1. 低起点：就是从低处着眼，适当降低要求。

2. 小步子：指细分学业任务，对学生每一点微小进步和成功都要及时发现和肯定，即运用多肯定的激励式教学方法。

3. 多活动：指强调“四练”，即课前练（预习适当的引导性材料）、议中练（课堂讨论中进行理性思考）、检测练（新知识形成后的应用）、课外练（完成课外作业）。

4. 快反馈：指及时批改学生的作业，及时评价学生的回答，使学生能及时发现问题并加以改正。

这样有理有据有说服力。

第五，增加了文字，内容更翔实。

教育案例原文约 600 字，而改后的研究论文是 1700 多字。

海纳百川：是不是其他几种梳理小课题研究成果的文体都可以参照这种方法来改写。

生命如歌：可以的，可能在改变文体框架（重新拟写小标题）方面有所不同，但其他项目基本上大同小异。如果参加成果评奖，可能还需要填写下面的表格。

春风化雨：过去，我们对教师怎样梳理提炼自己的小课题研究成果是懵

成果名称					
申报者姓名	性别	年龄	职务职称	工 作 单 位	联系电话
成果 简要 介绍					
研究起 始时间					
实施对象					
研究过程中 获奖及论文 发表交流情况					
所在单位 审核意见	单位（盖章） 负责人（签字） 年 月 日				
评审意见 及等级	评选单位（公章） 负责人： 年 月 日				

懵懂懂、糊里糊涂的，您的介绍让我们明确了方向，掌握了方法和技巧，这对我们来说实在是太有用了。

生命如歌：不过，我还要给你们泼点冷水，梳理研究成果需要一种专业写作能力，而能力不是单纯靠讲出来的，必须要亲身去写作实践，专业写作能力只有在写作实践中才能形成。所以梳理研究成果时你们要敢写、常写。还是那句老话说得好，“天下事有难易乎？为之，则难者亦易矣；不为，则易者亦难矣”。

第18章　是金子就设法让它发光

——研究成果的交流与推广

一分耕耘，一分收获。教师经过一番努力，把小课题研究成果做出来了，并且经过梳理，把研究成果写成了案例、论文或研究报告，那么，这些研究成果该到哪里去发表交流？又该怎样去推广应用呢？现在，我们就来聊聊这个话题。

一、让小课题研究成果派上用场

春华秋实：教师们很关心怎样让自己经过辛苦研究的小课题成果能派上用场，今天我们来聊聊这个话题。

生命如歌：是金子就该发光，是英雄就该有用武之地。其实，相当多教师的小课题研究成果十分有价值，值得大力推广。然而，许多教师对展示、推广课题研究成果的意识不强，方法也不了解，致使这些研究成果未能让更多的人受益。

首先，从“公”的角度讲，一定意义上说，科研成果是潜在的生产力，教师应设法把科研成果这种潜在的生产力通过推广应用转化为现实的生产力，使学校教育科研工作真正成为促进学校改革和发展的重要因素，充分发挥教育的科研效益。

其次，从“私”的角度讲，交流与推广研究成果对个人也有很多好处，让辛苦的劳动得到相应的回报也是应该的。机不可失，时不再来。现代人没有必要过分谦虚。干柴遇不到烈火，永远不会燃烧；千里马碰不到伯乐，只能拉车；鲜花开在深山里，无人知晓；英雄怀才不遇，只有仰天长叹……一个人只有适时恰当地展示和推销自己，才有可能“英雄有用武之地”。

另外，发表成果得到社会的认可，对教师而言就是最好的激励。有一位教师这样回忆道：“我第一次投稿时只是把自己的比赛课教案整理了一下，一个是完整的一节课的教学感想，一个是教学片段。我投寄了 2 篇，没想到我这么幸运，等我快要忘记这件事时，我竟先后收到了两个杂志社的录稿通知书，一切是那么顺利，算是开了个好头！这件事对我起到了激励的作用。”

二、怎样理解教育科研成果

1.什么是教育科研成果

春华秋实：什么是教育科研成果？怎样理解小课题研究成果的范围和表现形式？

生命如歌：教育科研成果是指教师、校长、教育行政管理人员和教育科研人员，对某一教育科研课题进行研究，通过观察、总结、调查、实验、行动研究和思维等一系列研究活动，获得具有一定学术意义或实用价值的创造性结果。

成果的基本表现形式为论文、科研报告、实验报告、经验总结，等等。

小课题研究成果的表现形式更广泛一些，它不仅包括研究报告、成果报告、专著、调研报告、科研论文、应用模型、咨询报告、建议、方案、规划等，还包括经验总结、反思记录、教育故事、教育日志、教育随笔、示范课、教具、校本课程开发等。

优秀的教育教学经验产生于长期的实践探索之中，是创造性解决基础教育教学面临的实际问题和未来挑战的科学的思路、方法和措施，可以产生广泛而积极的影响，在教育教学中发挥示范引领作用，具有创新性、科学性和可行性。

2.教育科研成果的评价标准

目前，我国尚未形成一个公认的、比较全面的、科学的教育科研成果的评价指标体系，这就需要各地区、各学校因地制宜和自行设计。为了帮助大家设计好教育科研成果评价标准，这里介绍一些地区的经验，以供大家参考。

布隆斯基把教育科研划分为基础研究、应用研究和细则研究，并提出评价指标体系，把每一类型研究的质量水平分为零级、一级、二级、三级四个等级。基础研究以其理论意义为评价标准，包括以下内容：A. 研究课题内容新颖；B. 具有现实意义；C. 研究课题有发展前途；D. 研究成果概念性强；E. 研究成果经过论证。应用研究以实践意义为评价标准，包括以下内容：

A.研究课题内容新颖；B.切实可行；C.可供应用。布隆斯基对教育科研的分类在逻辑上并不是无可非议的，但是他根据不同教育科研类型的特点，正确地提出了评价成果的标准，并通过四级水平的划分使之具体化，这值得我们借鉴。

对教育科研成果评价的等级划分，我国有些省市制定了标准，这里选载如下：

一等——为领导部门进行决策提供了重要依据，在理论上有所突破，在实践上证明具有重要的参考价值；在省级以上刊物上发表；在省内外教育界有较大的影响。

二等——理论上有一定创造性的科学见解，在实践上证明有很好的参考价值，在省级以上刊物发表，在省内教育界有较大影响。

三等——在理论上确有一定深度；对解决实际问题确有一定参考价值；在省内教育界有一定影响。

3.教育科研成果的评审

成果评价一般包括以下具体过程。

（1）研究者提出成果鉴定申请。研究者先向基层学术领导部门（成果鉴定小组、科研专业组）提出成果鉴定申请。其主要内容包括科研成果主题、研究方法、论证和设计原理、解决问题的措施、取得的成果和存在的问题等。

（2）以学校为单位成立学术小组负责初评。对每一项科研成果，学术小组的每个成员都要认真审阅，提出个人意见，然后归纳，写出小组的综合评语，作出成果鉴定，指出其理论价值和实践价值，并决定是否提交给上级学术委员会评审。

（3）学术委员会（一般由县级以上教研、科研专业人员组成）进行评定。对某项教育科研成果经集体研究讨论，写出评语，采取无记名投票或举手表决或民主协商等方式确定成果等级，决定是否将该成果继续向上级有关部门推荐上报，是否申请专刊，是否进行推广。若推广，还要提出推广的范围和形式。

（4）评审后期工作

由学术委员会或其他隶属单位向科研人员发放科研成果等级证书。

中小学教育科研成果达到一定的成熟度，要经历一个渐进的过程。实事求是地讲，过去由于中小学校长、教师对教育科研的基础知识、基本方法掌握得不够牢固，其教育科研成果的成熟度也往往比较低。在这种情况下，如果我们用理想化的成熟度标准去衡量还不够成熟的中小学教育科研成果，就会挫伤广大实际工作者的积极性，不利于教育科研工作的广泛开展。因此，我们对当前中小学教育科研成果成熟度的要求应从实际出发，从调动和保护中小学校长、教师的科研积极性出发，不宜一开始就要求过高，应采用相对性的评价方式，充分肯定本地区、本学校涌现出的质量比较高的成果。这样才能鼓励已涉足教育科研的教师的信心，吸引更多人参与这项工作。

三、推广与交流研究成果的主要形式

桑榆未晚：推广与交流研究成果有哪些主要形式？

生命如歌：推广与交流研究成果的方式方法有很多，如成果报告会、现场观摩会、成果展示会、成果推广经验交流研讨会、录像、文献资料的学习、培训指导等多种形式。常见的推广与交流方式有下面几种。

（一）现场展示

现场展示推广是以课题研究单位为现场，组织有关人员进行现场观摩来推广其研究成果的一种形式。现场展示推广的途径与方法是多种多样的，可以根据课题的内容或性质，根据学校的条件，选择适合自己的途径与方法。以下是一些常用的展示途径与方法。

1. 召开现场会。召开现场会是推广与交流研究成果的一种很好的形式。它可以集现场成果观摩、经验介绍、课题研讨、专家评点、领导讲话、提出要求为一体，既是一个研究成果推广与交流会，也是一个推进科研活动的工作会。

2. 课例展示。体现小课题研究成果的课堂教学一向是最具说服力和最受教师欢迎的。而许多教师的小课题研究都是体现在课堂上。如“五步导学法下的小组合作学习”“小学英语快乐学习游戏”，这些成果的推广就应该通过教学课例展示。一般这种教学课例展示活动可以安排四个环节：第一个环节是看课；第二个环节是介绍研究成果经验；第三个环节是专家点评推介；第四个环节是大家研讨交流。

3. 成果介绍。学校教科研成果推广现场会的召开是学校教科研工作的重要组成部分，由学校领导（校长室和教科室）直接负责召开。对于在推广会上交流、推广的课题成果和获奖发表的论文，学校教科研领导小组要认真筛选典型教科研成果。课题成果展示的内容一般应包括“做了什么课题”“这个课题是怎么做的”和“课题的成果有哪些”这三个方面。尤其是在展出“成果”时，不能忽视“过程”，要能够让其他人看了成果展示后知道自己以后可以如何做。

4. 资料展示。课题研究资料是课题研究活动的记录，它的收集与整理是课题研究工作的一部分。每次推广活动中都要安排专门的时间让与会者观摩课题研究资料。资料展示不仅增强了课题研究成果的说服力和感染力，而且是对课题研究人员认真负责的工作态度、严谨治学的工作作风、不断学习和勇于探索的精神的综合展示，会起到很好的示范作用，这对正在进行课题研究的观摩者来说，也是一次现场学习收集与整理课题研究资料的机会。

（二）专题研讨

什么是“专题研讨”？主要指研究的范围和角度相对小一些。一般一次研讨活动只围绕一个中心内容来研讨交流，而不是像召开年会那样什么内容都有。如“关于在学科中如何实施核心素养教学”的专题研讨；“关于开展减负增效”的专题研讨；“关于开展和推进深度学习”的专题研讨；“关于小组合作有效学习”的专题研讨；“关于提升班主任工作智慧和艺术”的专题研讨。

专题研讨活动有时是教育行政部门或者教育科研部门根据一个时期教育教学重点应急所组织的，但是更多的是教育科研部门例行常规开展的。通常是每一年召开一次或者两次专题研讨会，是教师推介、交流自己研究成果的最好机会。有时这种活动还会颁发获奖证书，或者出版成果文集等。

开展专题研讨活动，通常组织部门会提前下达通知，包括研讨的主题和范围、时间、论文或者研讨成果的题材形式及其要求。这种专题研讨活动通常有围绕专题课的展示和围绕专题的理论研讨，而后有专家组评议，或者聘请专家做专题讲座等。

参加这样的活动，教师要做好充分的准备。一是平时留心这方面的信息，如每次专题研讨的主题、形式和要求等，设法能把自己的小课题研究内容与开展的专题研讨内容结合起来。二是无论是课，还是论文，要围绕专题真正开展研究，到研讨时真正拿出自己的研究成果。

（三）学术交流

目前，县、市、省乃至全国都成立了教育学会、心理学会、班主任研究会、美育研究会、家庭教育研究会等研究机构。各个学科也有专业研究会，如语文教研会、数学教研会、外语教研会等。这些研究会都是学术研究团体专为研究各种学术问题、交流论文而成立的，教师可充分利用这些研究会。

通常按学会或研究会的章程规定，交流论文人员应加入学会，成为组织的成员。教师可根据专业、专长和兴趣爱好加入相应的学会。

一般而言，学会和研究会大约两年召开一次年会。在每次召开年会前，它们都会下发征集论文的通知，提出有关论文的内容、范围、形式、文字和时间上的要求。教师可以根据征文通知精神、相关内容要求撰写论文。当然，如果有已完成的论文，并符合征文条件，就可直接呈报给学会。

学会和研究会是教师交流论文、发表见解的重要渠道，对论文的要求一般不像教育期刊那样严格，而且交流的数量也较大，因此，教师不应错过每次年会的时机。

（四）网络推广

现在，网络已经成为推广教育科研成果的一个重要平台。在网络上推广教育科研成果大体有三种形式：一是利用教育网来推广，即把一些优选出来的小课题研究成果上传到教育网上，供教师来学习借鉴。二是建立课题研究博客来推广。在这个博客里，设立了课题管理制度、课题研究活动信息、课题检查评比、课题成果评奖、课题立项、课题研究报告、课题研究方案、课题工作总结、课题研究活动安排、课题研究工作辅导等栏目，并上传了课题研究的有关制度，典型课题研究方案，课题研究工作辅导以及课题研究方面的重大活动、重要信息等。三是建立 QQ 群来推广。对于市、县或区域性的课题都要求建立 QQ 群来及时交流工作、通报信息、推广阶段性成果等。

（五）评比活动

目前，县、市级教科研成果评比有两类，一类是县、市教育局教研室组织的每年一次的教学、教研论文评比，这种评比分五大类别：小学（幼教）、初中、高中（职高）、教科及其他类。其中，小学、初中、高中（职教）又分各学科论文进行评比，教科类主要指课题论文，其他类指德育、管理等论文。每年参加市级论文评比按指标分配推荐名额，获奖率在 30% 左右，这一评比活动正在逐年规范。县级教学、教研论文评比基本上参照市教育局教研室评比方式，每年评一次。在县、市获二等奖以上的教学教研论文，学校应在校刊上转载，并作为学校的教科研成果予以推广。

另一类是省、市、县教科研规划课题，有获县、市以上奖项的课题论文，校刊应予以转载，并让课题负责人介绍、推广课题成果。另外，学校还应积极参与省、市、县组织的教学成果奖评比活动，这是第二层次教科研成果奖（属较高层次的奖项），一般在县、市一等奖的教学教研论文和县、市二等奖课题成果中产生。对于其中获县市级第二层次教科研成果奖的教学、教研论文，应在县教科研大会上交流推广并由县教科室装订成册，在全县范围内推广，并向各兄弟县、市邮送和推广。

四、推广运用科研成果的原则策略

推广应用教育科研成果，应遵循以下几个原则。

1.立足本校，倡导自我推广

为了避免“墙内开花墙外香”的现象，学校产生的科研成果先“自产自销”，以坚持研究和扩展取得的成果。例如，凤城市东方红小学的作文循序训练实验研究，先是由几位教师进行实验，取得经验以后，再推广到全校，全校推广后，才向本地区和省内外推广。

下面是一位教师推广运用教科研成果的做法。

王之华，苏州市实验小学数学特级教师，有突出贡献的中青年专家。

常常有教师不辞辛苦，远道前来请教如何上好一堂课；常常有教师为一个教学问题写信或打电话来咨询；常常被外地学校邀请去上课或讲学。我想，作为在教学研究上先走了一步的教师，应该成为一个引导广大教师在理论与实践之间架桥辅路的使者，于是我开始有计划、有步骤地推广科研成果。

首先，我选择“20 以内加减法口算教学的研究”和“20 以内乘除法口算教学的研究”两项同类型的专题教学成果进行推广，因为这两项成果符合科研成果推广的条件：一是先进性，国内尚无同类专题教学成果，也尚未有人发现低年级口算教学中的“高原现象”。二是成熟性，这两项成果已经过15年的反复验证，参与实验的学生在10万人以上，结论可靠。三是效益性，参与实验的每个学生都能在较短时间内大幅度提高口算能力，参与实验的后进生口算水平可以达到或超过未参加实验的优等生。四是可行性，这两项研究成果的方法易学，操作简便，教师乐于接受。

在推广过程中，我始终坚持以应用为主线，并将传播、辅导、应用结合起来。最初以本校为推广基地，通过传播吸引本校的教师参与研究，按实验的操作方法和程序加以辅导，并在应用过程中根据实验情况做适当调整，以保证科研成果产生教育效益。然后，又通过到省内外学校讲学与交流的机会，扩大科研成果转化的基地。近几年来，我把这几项成果中的部分方法编入苏州大学出版社出版的小学数学活动课实验用书，再通过举办教材使用培训班，辅导各省市实验学校的相关骨干教师，再由他们回去培训其他教师。通过层层培训、层层辅导，科研成果的转换率达到更高的程度。

专题讲座是传播、推广科研成果的基本途径。在已有的专题讲座中，我讲得最多的是关于课堂教学研究的专题，因为它与每个教师的日常工作联系最直接、最受广大教师的欢迎。经过长期探索和实践，我在数学课堂教学中总结了40字经验，即“精心设计教学过程，善于组织思维训练，注重渗透教学思想，谋求最佳教学反馈，体现情知和谐发展”。我把每一条经验具体落实到某个知识点、某个法则、某个规律的教学中，将现代数学教育的思想方法贯穿其中，整理成专题讲稿，到各地开展专题培训，还提供了一系列有针对性和操作性的课堂教学范例。此外，我充分利用举办各类培训班的机会，传播、推广科研成果，尽可能地将科研成果推广到教学实践之中，让科研成果发挥出应有的效益。

2.先易后难，边研究边推广

中小学教师学习和应用新的科研成果，这是一个由浅入深、循序渐进的过程。为此，为了有效推广先进科研成果，我们应先抓试点，通过现场观摩或成果展示让学习者能看得见，摸得着，从而增强学习者学习应用新成果的信心。例如，上海市静安区积极推广“愉快教育”，其专门成立了由教育行政、科研人员、学校校长、教师组成的课题组，分别进行了三年两轮的推广研究。1995年，其在取得第一轮8校推广经验表彰先进的同时，紧接着又进行第二轮由 16 所学校参加的推广研究。在总体方案设计上，该区要求各校结合实际，寻找连接点，选择突破口，坚持以点带面，理论研究与实践操作相结合，从而使“愉快教育”的成果得到有效推广。

3.因地制宜，吸收借鉴

推广应用教育科研成果不应简单照搬，重在因地制宜，消化吸收。学习别人的教育教学经验和成果往往会有三种态度：一种是照猫画虎，全盘照搬；一种是不以为然，百般挑剔；还有一种是取其精华，灵活运用。显然第三种态度是正确的。

五、怎样在刊物上发表文章

上善若水：我常看到很多教师在各种刊物上发表文章，这是不是也是一种交流与推广研究成果的方式？

生命如歌：是的，而且是一种常见又很有意义的交流与推广方式。

目前，我国有各级各类的教育刊物几百种，还有一些教育专业类的报纸。这为广大教育工作者提供了发表文章的平台，成为教育工作者学习和交流的广阔园地。

积极投稿并争取发表是实现在教育刊物上交流的主要途径。一般而言，向教育刊物投稿不受时间限制，范围也比较大，随写随投。但是，教育刊物对文章质量要求较高，特别是一些学术性较强的教育刊物。因此，教师发表论文要慎重，要在文章质量上多下功夫。

不同级别的职称评选，对发表文章的刊物级别要求不同。一般而言，初级、中级职称评选，要求在省级以上刊物上发表文章；而副高级和正高级职称，则对刊物级别有更高的要求，通常要求其中一篇论文要发表在正规核心期刊上。

上善若水：怎样利用校刊和简报？

生命如歌：校刊和简报是推广学校教科研成果的主阵地，是学校教科研建设的重要内容。学校校刊创办的定位可以灵活多样，可创办面向学生的刊物，也可创办面向教师的刊物。校刊可每学期出一到二期，内容可设一些固定栏目，比如，①学校教科研活动信息报道；②教师课题研究过程中相关论文选登；③教师在报纸杂志上发表的文章，或选登在上一级论文评比中获奖的论文；④本校师生作品选。

上善若水：怎样在正式刊物上发表研究成果？

生命如歌：利用正式刊物是推广本土研究成果的一种常见方式。教师通过投稿，把研究成果发表在报纸杂志上，推广教科研成果。如果教师在省、市或国家级刊物上发表论文，说明其教科研成果推广范围广，其价值也逐级升高。

怎样在正式刊物上发表研究成果呢？为了拓展教育者的思路，这里介绍浙江省特级教师张祖庆的做法和体会。

2004 年前，我的投稿是空白状态。参加工作 15 年，我没有发表过一篇文章。投稿这件事，不要急。写作，是一个累积的过程。写着写着，会找到窍门，会越写越好。只有写，才会写。当然，为了有效发表文章，除了提高稿子质量，积极投稿，也有一些小窍门。

第一，研究杂志的风格非常重要。有的杂志喜欢刊登案例，不适宜投学理性极强的学术论文。如《小学教学》这份杂志刊登案例、教学赏析、随笔等比较多。反过来，有些杂志（如《语文教学通讯》）学术性比较强，一般发论文和课堂实录比较多，你投一些比较小的案例，就比较难发表。如《小学语文教学》经常有主题征文，教师可以关注，积极投稿。《小学语文教师》比较综合，文本解读、教学叙事、教学实录、小论文等都可以发表。有些杂志有话题讨论，如果你对某个话题感兴趣，你还可以邀上两三位志同道合的同行，围绕一个感兴趣的或是正在研究的专题写一组文章。只要你的文章有价值，就可能被录用。

第二，一定要注意进度。一般来说，投稿要遵循"提前四个月"原则。对稿件质量要求高的杂志，一般都是三审制（一审、二审、终审），从投稿到出版，要有四个月的周期。对名师的教学实录的评析，也要关注时间节点。一般秋冬两季（下半年）的文章，要在上半年投稿，春夏两季的文章，要在下半年投稿。

第三，格式要规范。文章的标题、姓名、单位、摘要、正文、参考文献都要规范（尤其参考文献，很多人的都是错误的，这样的文章采用概率很低）。文章末尾要有这些基本信息：姓名、邮寄地址、邮箱、联系电话，现在还有银行卡卡号和开户行信息。尤其是电话号码，很重要。有时候，编辑看到你的一篇稿子，内容不错，但希望你加急修改一下。你却只有个邮箱地址，没有电话，不能及时联系到你。等你打开邮箱，错过了编辑联系你的时间。

第四，还有一个重要窍门，即结识一些编辑。客观地说，大部分编辑是按质量标准来选稿的。你的稿子质量高，一般是会被编辑发现的。但如果编辑认识你，知道你写稿不错，有时候急需一些特别的稿子，他们也许会主动问你有没有这方面的文章。怎么认识编辑？关注征文启事，可以按照联系方式给编辑留言，提前沟通，一来二去，就熟了。

其实，文章的质量是王道。投稿之前，尽可能找几个朋友对你的稿子提提意见，反复修改。著名特级教师钱正权先生，退休多年，一直笔耕不辍。他生前常常把写好的文章发给我们年轻教师，征求我们的意见。每个人都要对自己的文字负责，保证出手就是精品，至少从自己的角度看是最好的。

春风化雨：特级教师张祖庆的做法和体会对我们的启发太大了。

生命如歌：根据我个人多年发表交流论文的体会，结合张祖庆的做法和体会，我认为教师向教育刊物投搞，要特别注意这样几个问题：

一是明确投稿的方向，以提高录用率。文章写好后，在准备投送刊物编辑部之前，你还应根据稿件内容，去了解刊物的特点。怎样才能选准投稿刊物呢？首先，要把握好投稿的时机。机不可失，时不再来，时效性是至关重要的。如高考复习指导、教材教法分析、解题技巧辅导等方面的文章，一般要有足够的超前意识才能配合教学进度。其次，要注意“门当户对”与“投其所好”，投稿要能够正中编辑下怀。因此，教育者要用心研究各类专业报刊的宗旨和风格，以及栏目特色和近期组稿重点，尽量从已发表的论文中揣摩编辑的“口味”，杜绝盲目性投稿。如有关教材教法等适用教师阅读的文章，就要投向教师刊物；有关学生学法指导等适用学生阅读的文章，就要投向学生刊物。

二是从自己的实际水平出发，眼睛向下，紧紧盯住自己最贴近、最熟悉的期刊“钻空子”。初发稿件，暂且不必向门槛高、通道窄的权威期刊“进军”。一般，向新辟栏目投递稿件的作者比较少，因而向此类栏目的有关刊物投稿，采用率就比较大；给缺稿件的栏目撰稿，稿件被采用的可能性也很大。如果你的文章能受到行家的认可，并予以发表，你就进行了一次成功的尝试，写作热情会更高，信心也会更强。但如果文章不尽如人意，受到一点挫折，你就灰心丧气，甚至就此搁笔，那将是十分可惜的。我坚信这样一句话：多写点，少写点，多少写点；早发表，晚发表，早晚发表。

三是射箭要对准靶子，产品要适销对路。同样，论文写出来，投向何处，也要选准对象，否则文章写得虽好，由于投的对象不对，也不能被采用。比如，你写的是厚重的教育论文，但投到综合性教育行政刊物上，采用率就极低。如今，各种教育刊物琳琅满目，令人应接不暇，这就需要辨别，从而找到合适的"用户"。

怎样找到合适的"用户"呢？首先要对"市场行情"有所了解，目前我国教育刊物大体可以分为以下几大类。

（1）由教育科研部门主办，层次较高、学术性较强的教育刊物。如《教育研究》《课程·教材·教法》《教育理论与实践》《班主任》以及众多师范院校的学报等。

（2）由国家教育部、省教育厅等行政部门主办的综合性普及刊物。如《人民教育》《上海教育》《北京教育》《辽宁教育》等。

（3）由学术团体、教研部门主办的各科教材教法和其他教学研究刊物。如《语文教研》《化学教学》《思想政治教育》《物理教师》《中小学数学教学》《小学数学参考资料》等。

仅仅掌握各类刊物还不够，对每个刊物开设的栏目还要有所了解。看一看这些刊物都辟有哪些栏目，如《课程·教材·教法》辟有"教学改革与实验""教学理论与方法""中小学各科教材和方法"等栏目；《辽宁教育》辟有"思想教育""教育论坛""教育改革""教法研究""班主任"等栏目；《语文教学之友》辟有"教材与教法研究""写作教学""教学论坛""阅读与欣赏""语法、逻辑"等栏目。选准了刊物，又对刊物的栏目有所了解，就可以决定将文章投向何方，争取"对号入座"。

显而易见，为了更好地了解诸多教育刊物，教师应大量阅读教育刊物，敏感捕捉各类信息，这样才能做到有的放矢。如不掌握各类教育刊物的情况，不仅会错投对象，还容易造成文章的重复，即你所谈的问题，刊物已发过了。这种情况下，是不会再用你的文章的。

为了争取文章发表机会，作者应与编辑加强沟通。有的教师是写好了一篇文章，投到了某刊物，然后左等右等，不见录用；然后再写、再投、再等……如此循环。为了避免此种情况发生，作者要加强与编辑部的联系，主动与编辑老师进行沟通。具体来说，文章寄出去一段时间以后，就可与编辑部进行联系，了解审稿的进展情况，同时，及时向编辑老师进行文章观点的阐释，这样才能获得修改文章的机会。

六、论文不被采用怎么办

春风化雨：提交到年会上的论文没有被选用，投到教育刊物上的论文石沉大海，杳无音信。遇到这些情况该怎么办呢？

生命如歌：论文没被采用，不同的人会有不同的心理反应。有的初写者，论文完成后十分兴奋，投出去后，常伴随着各种想象，盼望着手稿变成铅字。可是一旦接到退稿，或者石沉大海，便心灰意冷（特别是被屡屡退稿者），从此失去写作和投稿的兴趣。而有的初写者，在得知论文没有被采用之后，虽然也会产生一定的失望情绪，但是他们在冷静下来以后，认真分析自己的文章，找到失败的原因，花大力气修改，并依然充满信心，不怕挫折和失败，锲而不舍，直至最后取得成功。

应该看到，从撰写论文到得以发表，确实要经历一个曲折的、艰难的过程。对此，教师们要有充分的思想准备，更要采取正确的态度。

1. 坚定信念，锲而不舍

爱迪生说：“世间没有一个有价值的东西，是可以不经过艰苦辛勤劳动而能够得到的。”探寻名人成长的脚步，发现不论是具有远见卓识的政治家，还是战功卓著的军事家，乃至硕果累累的科学家，他们都有一个艰苦奋斗的历程，都是经受了失败的考验，才取得显赫成绩的。所谓“失败乃成功之母”，意即在此。

再则，辩证地看，一次论文投稿没被采用，并不等于以后写的文章都不会被采用。况且，失败当中尚蕴藏着成功的因素。论文没有被采用，并不等于写作水平没有提高。对于作者来说，每一次论文的写作过程都是重要的写作训练，这是提高写作水平的必由之路。这若干次失败教训的积累，必将为获得成功打下基础，开辟道路。

2. 克服急于求成心理，注意打好基础

急于求成，是初写论文者容易出现的心理问题。这很容易产生两种不良

的结果：一是贪多求快，草率从事，忽视文章质量，将粗糙的东西投出去，这样发表率必然很低；二是期望值高，希望速成，不切合实际，必然失败。更为严重的是，这种失败体验容易产生自卑感，打击教育者的研究兴趣，阻碍教育者的研究之路。

为此，初写论文者不要急于求成，要在写作基础训练上下功夫，稳扎稳打，反复推敲，不厌其烦地修改论文成果。要客观分析自身情况和写出的论文，既不要盲目乐观，也不能妄自菲薄。

3. 分析原因，在提高文章质量上下功夫

常言“失败是成功之母”，并不是说失败后一定会迎来成功，更不能说成功是失败的必然结果。如果失败后，不挖掘失败的原因，吸取教训，加以改正，那只能再次失败。投稿失败后也是这样，作者应该思考为什么不能被采用，看到差距，分析不足，再加以提高。首先，应该分析文章质量。对于初写论文者而言，提高文章质量是第一位的。判定文章的质量可依据以下标准：选题是否有价值、是否新颖；论点是否明确、是否开凿得深；结构安排是否合理；论证是否清楚，是否符合逻辑；语言是否精练、严谨；等等。要静下心来，冷静地分析不足之处，花大力气修改，或者重写。

有的初写论文者被退稿以后，不从主观上去寻找原因，而总认为是客观原因造成的，甚至想方设法托人情，想通过关系把文章发表出来。显然这种想法和做法对提高写作能力是不利的。

诚然，托人情发稿的事不能说没有，但这也只能是在条件相差无几的情况下的抉择。任何刊物也不会照顾人情，因为刊发劣稿会败坏杂志和编辑的声誉。如果是高质量的论文，只要符合刊物的编发要求，一般是会被采用的。

4. 向有经验的人请教

初写论文者没有经验，选择、撰文、交流都是在摸索中进行，如同盲人摸象。为了减少那些盲目性的尝试，可以向有经验的人请教。特别是当论文屡投不中时，就不一定非要蛮干下去不可，可以通过书信或者当面请教杂志社的编辑同志，也可请教常发表论文的同志。因为编辑接触的作者多，又亲自约稿、审稿、修稿，他能有效分析文章的缺点，帮助你找到失败的原因，并能有效指出你今后努力的方向。而常发表论文的作者，必然也有过或多或少的退稿教训，向他们请教，把他们的经验和教训吸取过来，你就会受益匪浅，从而找到自己的成功之路。

教师发表论文尤其要提防非法期刊。根据规定，在职称评审中，非法期刊上发表的论文是无效的。何为非法期刊？主要是没有自身刊号的期刊。鉴别非法期刊的官方行政机构是新闻出版总署。新闻出版总署首页有一个期刊检索窗口，凡在新闻出版总署期刊检索窗口中检索不到的期刊就是非法期刊。也就是说，正规期刊都能查到自身刊号。

后　记

为什么要写这样一本书呢？首先是源于笔者的小课题研究经历。笔者当过教师和校长，做过教师进修学校主管教研、培训、科研的副校长。后来到北京华师教育科技研究院工作以后，笔者除了承担教学工作外，还继续做教研、培训工作。笔者从1983年开始做研究工作，此后便一发不可收，几十年来已记不清做了多少项大大小小的课题研究，但这些研究恰是从小课题研究起步的。因为有了无数个小课题研究的积累，我很早就出版了《教师应用心理学60个案例》一书，至今已经出版了70多部专著。

2011年3月，在本溪满族自治县教育局的支持下，我们在全县中小学教师中全面推进小课题研究的实验。3年后，取得预期的效果。本溪市教育局在我们这里召开了小课题研究成果展示会。辽宁省的大连、辽阳、营口，吉林省的白山的教育界的领导和教师，以及东北师范大学国培班学员和北京教育学院朝阳区分院的领导和教师纷纷前来学习小课题研究经验。

做小课题研究尝到了甜头，笔者很希望把自己的经验做法和体会分享给全国的教师们，于是，2011年我撰写了《教师怎样做小课题研究——高效助力教师专业化成长》这本书。整整10年过去了，这本书始终很受广大教师和校长们的青睐和好评，一印再印。

多少年来，笔者应邀到全国各地给学校和教师做“教师怎样做小课题研究”讲座的机会特别多，也会经常深入基层学校做小课题研究的针对性的现场指导。小课题研究大有可为，笔者愿意为这项工作的蓬勃发展继续做出自己的努力。

在本课题的研究中，我们参考了一些名师的研究成果，在此向名师们表示最诚挚的谢意！由于我们的学识水平和教育理念不足，加之时间匆忙，书中肯定会存在很多问题和不足，乃至错误，诚恳希望广大专家学者、教育同仁不吝批评斧正。不胜感激。

徐世贵

2021年9月1日

后　记

[illegible]

2021年9月于[illegible]

参考文献

[1] 苏鸿 . 教师的教育研究 [M]. 天津：天津教育出版社，2012.

[2] 周国平 . 独处也是一种能力 [J]. 记者观察 . 2015（07）.

[3] 徐世贵，刘恒贺 . 教师怎样做小课题研究——高效助力教师专业化成长 [M]. 重庆：西南师范大学出版社，2011.

[4] 董大方 . 我这样当班主任 [M]. 大连：大连理工大学出版社，2009.

[5] 应嘉，徐晶晶 . 推人才 助课改 明方向 上海市基础教育“四项评选”二十余载结硕果[J]. 上海教育，2011（05）.

[6] 熊慧娟，刘晓杰 . 教师经营幸福人生的智慧 [M]. 南京：江苏美术出版社，2011.

[7] 吴再柱 . 从“小课题”到“大选题”——一位特级教师的专业成长之路 [J]. 黄冈师范学院学报，2021（01）.

[8] 雷国强 . 怎样进行课题研究设计 [DB/OL]. 360doc. com 个人图书馆，2010. 09. 03.

[9] 陶行知 . 陶行知教育论文选辑 [M]. 北京：生活 · 读书 · 新知三联书店，2014.

[10] 丛立新，黄华 . 阿宽从教记 [M]. 北京：教育科学出版社，2007.

[11] 贲友林 . 不仅仅是一本书 [J]. 当代教育家，2015（04）.

[12] 马际娥 . 顺应天性，智言妙语巧说服 [J]. 教学与管理（小学版），2006（05）.

[13] 胡建国 . 来自实践的思考 [M]. 北京：党建读物出版社，2005.

[14] 李洪玺 . 董大方教育教学实践 [M]. 长春：吉林人民出版社，2003.

[15] 许心蕾 . 用自己的方法卖辣椒 [J]. 名人传记（下半月），2009（007）.

[16] 兆兰 . 阳光教师——曹阳明的创新组曲 [J]. 人民教育，2002（06）.

[17] 薛法根 . 薛法根教学思想与经典课堂 [M]. 太原：山西教育出版社，2005.

[18] 俞洋 . 科研——教书育人的金钥匙 [J]. 北京教育，1999（04）.

[19] 窦桂梅 . 听窦桂梅老师讲课 [M]. 上海：华东师范大学出版社，2006.

[20] 董彦旭 . 课堂教学“心”主张 [M]. 上海：华东师范大学出版社，2014.

[21] 徐世贵，史丽丽 . 怎样梳理教学经验与研究成果 [M]. 长春：东北师范大学出版社，2018.

[22] 沈建民 . 教师的课程意识与专业成长 [M]. 杭州：浙江大学出版社，2009.

[23] 白文阁，徐世贵 . 骨干教师成长案例与精彩课堂实录 [M]. 北京：科学出版社，2009.

[24] 徐世贵，纪文杰 . 青年教师自主成长的秘诀 [M]. 上海：华东师范大学出版社，2021.

[25] 贲友林．教学反思：基于自己，成就自己［J］．小学教学研究，2012（01）．
[26] 仲丽娟．教师专业发展的叙事研究：一位中学教师的亲历亲闻［M］．北京：北京大学出版社，2010.
[27] 张学军．地方教育科研导论［M］．北京：教育科学出版社，2008.
[28] 冯树建．教师和孩子的故事——爱，使王思回到孩子们中间［J］．北京教育（普教版），2000（09）．
[29] 钟九英．如何赢得学生的心［M］．长春：吉林大学出版社，2010.
[30] 黄高才，刘会芹，等．大学语文（第 2 版）［M］．西安：西安交通大学出版社，2014.
[31] 周令瑜．别以为你懂孩子的心［M］．长春：北方妇女儿童出版社，2011.
[32] 于永昌．教学设计论［M］．沈阳：辽海出版社，2007.
[33] 徐世贵，李淑红．做个研究型教师：微课题研究实施指南［M］．上海：华东师范大学出版社，2019.
[34] 杜全平．教学因我而不同［M］．桂林：广西师范大学出版社，2012.
[35] 储建明．原来教育是一种文化［M］．北京：国家行政学院出版社，2013.
[36] 高源．师者：特色至善［M］．北京：团结出版社，2017.
[37] 薛法根．和组块教学相伴一生［J］．中国教师，2018（06）．
[38] 包全杰．作文循序教学法［M］．沈阳：辽宁人民出版社，1998.
[39] 缪蓉．教师教育技术能力：标准、培养及评估［M］．北京：北京大学出版社，2012.
[40] 张景焕．教育科学方法论［M］．济南：山东人民出版社，2000.
[41] 教育科研是教师成才的必由之路——关于教育科研的教师座谈会纪要［J］．人民教育，1997（Z1）．